成长不烦恼

——青少年心理亲子共读

王睿 / 著

世界图书出版公司

图书在版编目（CIP）数据

成长不烦恼：青少年心理亲子共读 / 王睿著 . --
北京：世界图书出版公司，2021.4
　　ISBN 978-7-5192-8478-7

　　Ⅰ . ①成… Ⅱ . ①王… Ⅲ . ①青少年－心理健康－健
康教育 Ⅳ . ① G444

中国版本图书馆 CIP 数据核字（2021）第 054327 号

书　　　名	成长不烦恼——青少年心理亲子共读
（汉语拼音）	CHENGZHANG BU FANNAO——
	QINGSHAONIAN XINLI QINZI GONGDU
著　　　者	王　睿
总　策　划	吴　迪
责　任　编　辑	王林萍
装　帧　设　计	包　莹　赵笑颜
出　版　发　行	世界图书出版公司长春有限公司
地　　　址	吉林省长春市春城大街 789 号
邮　　　编	130062
电　　　话	0431-86805551（发行）　0431-86805562（编辑）
网　　　址	http：//www.wpcdb.com.cn
邮　　　箱	DBSJ@163.com
经　　　销	各地新华书店
印　　　刷	北京广达印刷有限公司
开　　　本	787 mm×1092 mm　1/16
印　　　张	22.25
字　　　数	219 千字
印　　　数	1—5 000
版　　　次	2021 年 4 月第 1 版　　2021 年 4 月第 1 次印刷
国　际　书　号	ISBN 978-7-5192-8478-7
定　　　价	68.00 元

心 语

写
给
住
在
你
心
里
的
那
个
孩
子

也许，在你的生命里，还是第一次读一本"亲子共读"的书吧？

之所以叫它"共读"书，是因为：这不仅仅是一本写给孩子的心理书，同时，也是一本写给家长的"育儿指南"，不仅如此，这本书，更是写给每一位希望能够以一己之力，修复原生家庭创伤之人的"回溯童年自我疗愈秘籍"。

不管你此刻的身份是什么，也不管你的生理年龄是多大，只要你识字，只要你在成长的过程中，曾经受过一些不够健康的对待，没有得到真正滋养灵魂的、温暖的、真挚的、健康的爱，有一些创伤被掩埋在潜意识中隐隐作痛，那么，这就是一本写给你的自我修复之书。

▶ 这是写给孩子们的心理书

首先，亲爱的孩子，毋庸置疑，这是一本写给你的书。

我虽然不知道与这本书相遇的你，此刻是几岁，但只要你识字，就可以试着去读这本书。也许，里面写的一些文字和语言对你来说略深，但是，我相信只要真诚，心与心是相通的，用心去体会，我想你能懂我要表达什么。

当你降生于这个世界，毫无疑问的，你是一个珍贵的宝贝。

你配得上这个世界上最好的一切：爱、温暖、尊重、理解、陪伴、看见、滋养……

但是，就像一株小苗可能会遇见不太会照顾它的园丁，一个孩子，也可能遇见不太懂得如何给你健康之爱的养育人——通常是你的父母。

一株柔嫩的小苗，得不到健康成长所必需的阳光、雨露，当然就容易营养不良；

一个柔软的孩子，得不到健康成长所必需的物质、精神、情感上的养分：爱、高质量的陪伴、尊重、懂得、身心满足、安全感……当然也跟小苗一样，无法健康成长。

但是，亲爱的孩子，得不到必需的营养不是你的错，绝不意味着你不是一个好孩子，不配得到健康的、充沛的爱。这通常意味着——你的父母，他们的心可能生病了，他们的童年也没有得到过健康的爱，他们自己的内在，还住着一个没有真正长大、懂得如何去爱人的孩子呢！

所以，作为一个孩子，如果你的生活十分幸福、甜蜜、自由、快乐、满足，那么，除了为你感到幸运和开心，除了祝福，再没有什么要说的了。你也不需要看这样的一本书——就像一棵得到了充足的阳光、雨露的小苗，相信你的心中也没有什么困惑和烦恼，可以自然地茁壮成长，长成一个身心健康的成年人。

但是，如果，你的生活中，有什么人、事、物，以及问题的存在，让你感觉不是那么舒服、安全、满足……那么，就让我们一起试着通过这些不舒服的感受、困惑的问题，走进你的心，找寻问题的根源。

当然，亲爱的孩子，这并不意味着本书所提供的就是唯一正确的答案。

写这本书的初衷，是希望通过提出孩子们在成长过程中比较常见的问题，能让每个孩子——包括那些曾经的、身体已经长大心理却未必真正成熟的孩子——

✓ 面对成长过程中遇到的心理创伤，学会自我修复；

✓ 懂得尊重和表达自己的感受和需求；

✓ 不盲从权威，遇到问题能够独立思考；

✓ 学会正确的情绪自我疏导方式；

✓ 恢复身心健康，能在内心建立一个强大笃定的内核，跟自己建立起和谐的关系；

✓ 能共情自己，能同理他人……

这些，对于一个孩子最终能成长为有能力让自己幸福的成年人，能为自己创造高质量的生命体验，都是弥足珍贵并且是必需的品质。

我的很多来访者会感慨地说：如果有一位你这样的人做我的妈妈，我就绝对不会出现这些心理问题，人生里也不会吸引来这样的痛苦的剧情和功课。

所以，趁着一个孩子还没正式进入成年人的生活，他的自我和人格还在塑造期，如果通过这样的一本书，可以把一个孩子童年所遭遇的负面影响，及时看见并化解掉，进而以一个比较健康的身心状态进入成年人的生活，他的人生，真的就可以少受太多苦，少走太多弯路。

▶ 想爱孩子的家长，您更适合看

没错，这也是一本写给家长的书。

未成年的孩子，没有能力独立生活，需要家长的呵护。

可以说，父母是原件，孩子是复印件。那么，谈家庭教育、人格塑造，就离不开家长的配合。让家长能意识到家庭教育、原生家庭对孩子一生的重大影响是非常非常必要的。

不是有那么一句话嘛：做父母不用培训考试就可以上岗，是件恐怖的事情。

确实，做父母无须持证上岗意味着：当一个小宝宝被动无助地出生在这个世间，会遇到什么样的父母，完全是一件撞大运的事。

当然，很多父母会说，我虽然没有经过培训考试，但是，我是爱孩子的呀！这就足够了！

可是，每个人对爱的理解不同，爱的方式也不同。可能确实很多父母都在按照自己认为的"对的"方式在给予孩子爱，但是，却很少人真的从孩子的角度出发，去问问孩子"你到底需要什么样的爱"，也很少问自己"我给予孩子爱的方式是足够健康的吗"。

甚至，即便是生活在同一屋檐下的父母双方，可能对爱的理解、教育的理念都不相同。

我们可以想象，一个小小的孩子，面对不懂得自己的感受、不尊重自己的需求的父母，不得不被动地去适应成长的环境——哪怕这个环境是很恶劣的、父母本身的教育理念是不同的、父母之间的关系不和谐的……那么，这个孩子的内心该有多么的迷茫、无助、痛苦、无所适从啊！

我知道，还有些人认同"挫折教育"的理念，觉得艰难的环境才能让孩子坚强。

但儿童心理的发展规律不是这样的。

从儿童心理的角度来看，小小的孩子会把发生在自己身上的所有事，都跟自己建立起联系，而不会区分是"别人的问题"还是"我的问题"。所以，对于一个孩子来说，如果主要抚养人没有及时回应我、尊重我的感受、在我害怕的时候陪在我的身边，不接纳我真实的样子、说我不如别的孩子……那么，孩子就会真心认为：是我不可爱、是我不够好、是我不对、我是一个不值得被爱的人、我的感觉是不应该的、我的需求是不值得被满足的……

这就是孩子们形成自我形象、完成自我认知的方式。

可怕之处在于，孩子们的自我认知一旦建立，除了少数人能通过自我觉察到问题的真正成因而自我疗愈、进入潜意识自我修复、冲破原生家庭的限制，——多数人会终其一生都活在童年的感觉和认知里。

就如同阿德勒曾说过的那句非常著名的话：

幸运的人，一生都在被童年治愈；

不幸的人，一生都在治愈童年。

很多成年人，只是身体看起来长大了，可是，心里却还是住着那个没长大的孩子。

诗意一点儿来说——灵魂是有记忆的；

科学一点儿来说——神经细胞是有记忆的。

然后，这个孩子会携带着原生家庭带给自己的感觉和自我认知，进入伴侣关系、进入成年的生活……

这个心智并没有真正健康、成熟长大的"成年孩童"，带着童年形成的负面的自我认知，带着童年的创伤和阴影，不得不以扭曲自己、忽略自己感受的方式活下去。就好像一棵小苗刚出土，就被扭曲成了盆景。

可是，谁不愿意舒展地活着呢？以扭曲的方式活着，谁能不难受呢？

而那些压抑到潜意识里的自卑、恐惧、愤怒……还是会不时地冒出来，投射到成年之后的生活里，就如心理学家荣格所言："潜意识操控着你的人生，你却称之为命运。"

童年一调羹的阴影，长大之后会成为一千吨的自毁；

童年一调羹的温暖，长大之后会成为一万吨的力量。

虽然，没有能力爱孩子的父母，也不是故意的，根本原因在于他自己也只是一个没有得到过健康的爱的孩子——因为没有得到过，所以才没有办法给予。

但是，这个孩子，如果像写好了程序的电脑，无意识地惯性运行下去，就会把一份有毒素的爱，再像击鼓传花一样传递给自己的孩子。

除非这个循环里有人有意识地做出改变，否则就会形成一个恶性的循环。

我相信很多家长都有一颗希望孩子好的心，但是，他们"爱的意愿"和"爱的能力"却常不能匹配。

于是，一方面为孩子操碎了心，另一方面，孩子却没有达成预想中的样子，甚至亲子教育过程中问题百出。

所以，这本书在提出一些孩子成长过程中比较容易遇到的问题时，会从孩子和家长两个层面来探讨。

我常常在咨询中遇到做妈妈的说："早知道心理健康这么重要，我就对孩子什么也不要求了，只要孩子身心健康地成长就好。"可是，心理健康这个东西很怪，只要有了它，你想让孩子其他方面活得不好、做出错误的选择都难。

道理很简单——有力量、有智慧、身心健康的人，怎么会活不明白呢？

不是有那么一句话嘛：教育的本质是家长的自我成长。

所以，亲爱的家长朋友们，您自己，身心健康吗？生命品质好吗？有能力建立健康亲密的关系吗？您自己的内在，是否还住着一个受伤的没有真正长大的孩子？要知道，一个人如何对待自己内在的孩子，就会如何对待外在的孩子，亲子教育里出现的问题，常常是一个人内在的恐惧、创伤的投射。想教育好孩子，以健康的方式陪伴孩子成长，究其根本，其实还是一个人跟自己的关系。如果，你内心的创伤，在亲子教育中被激发出来，那么，借着面对孩子身上的问题，我们也往自己的内心看一看，重新自我修复一番，成为一个更健康的人——这，岂不是一件孩子自己都受益的两全其美的好事儿？！

▶　让每个成年人可以自我修复，疗愈你的"内在小孩"

　　其实，这本书不仅适合孩子和家长看，也适合每一位从原生家庭中带着某些创伤长大的人——那些像小苗一样被从小扭成了盆景，但是并不甘心永远活成一盆扭曲的盆景，想凭一己之力自我修复，可以身心健康地活着的人——来读。

　　因为，每个人的内心，只要有创伤未完全被看见和愈合，我们的某一部分，就依然是一个孩子——一个过度恐惧的孩子、一个想被看见的孩子、一个渴望着爱的孩子、一个自我设限的孩子、一个对世界充满负面投射的孩子……

　　看起来，是命运抛给我们很多艰难，事实上，那里面，都有其发生的内在原因。

　　那些让我们困扰的与外在世界互动的模式，追根溯源，通常也都是童年时我们与父母、养育者互动关系模式的再现。

　　所以，我真诚地邀请你内在的那个孩子，来读这本书。

希望通过这本书，可以让那个孩子被看见，可以让那个孩子发出压抑已久的声音……我们可以一起，陪着那个孩子真正长大，活出健康的、高版本的自己。

蒙台梭利博士说："每种性格缺陷都是由儿童早期经受的某种错误对待造成的。"

人是物质、精神、情感三位一体的生物。

多少父母，只能给出最基本的生理需求上的滋养，却满足不了孩子情感、精神上的需求。

错误地对待孩子的父母、无法真正满足孩子需求的父母，通常是来自于对于"孩子需要什么才能健康成长"的无知。

但孩子通常很难意识到真正的问题所在。

如果孩子意识不到父母没有满足自己，并不是自身的问题——不是你不值得、不是你不配、不是因为你不是好孩子，就会一直带着这些匮乏感、"我不够好"的自我设限的信念去面对生活。

对于一个人来说，这是一件多么可怕和无望的事啊！

你看——我们期待一个美好的人生，就应该从童年开始。

而父母是根，孩子是花。

父母提供的营养不够，就要孩子自己向外去吸收营养，才能身心健康的成长。

这本书，就是给孩子们准备的养分。

专治各种成长期营养不良。

而这个孩子，是内在有创伤未愈的每一个人。

　　在英国纪录片《56UP》中，每一集影片都以一句话开篇："让我带一个孩子到7岁，以后随你怎样带，随他怎样长，他会成为什么样子的人已是注定。"

　　但是，我们写作、出版这本书的目的，就是想打破这个"童年模塑一生"的魔咒。用这样一本书，陪伴每一个"孩子"——大孩子和小孩子——真正长大，并且知道：哪怕父母没有满足你、父母没有学会给你健康的爱，你依然可以去试着自我修复，为自己创造美好的生活。

智育只是教育这朵花中的一个花瓣，

我们不能用一个花瓣取代整个花。

——苏霍姆林斯基

我时常遇到这样的咨询预约：

老师，您一定要好好教育一下我的孩子啊，他太不听话太不懂事了，特别是他的学习，老师您一定要帮我好好督促一下他，还有，您要让他不要再玩儿游戏啦，不要再玩儿手机啦，不要……

通常，我就会说：那如果我按您的这些话对孩子说，还做什么咨询啊！您自己对孩子说不就完事了？！

看，多少父母，哪怕是在孩子的教育里遇到重大问题和障碍，不得不求助于"外援"，心里呀，却还是想操控咨询这件事，还是想让咨询按自己的心意发生，还想用自己的方式教育孩子——只不过孩子不听自己的，只好借心理医生之口来表达和实施……归根结底，就是还想让孩子成为"自己期待的样子"。

好，现在，重点来啦——

既然，教育的本质是塑造人，那么，这本谈教育的书，就非常有必要明确一下自己的首要教育目标，是要塑造怎样的人呢？这样，才能在阅读之前，确保本书与您的教育目标是一致的！

教育的目标，真的是太重要了——教育的终极目标不同，养育出来的孩子自然会不同。

比如，在古斯巴达，教育的目的，是让每一个男孩都成为战争和杀人的机器，以此为目的，自然需要那些泯灭人性、增加兽性的方式方法才行。

在现代，家长的教育目的也不尽相同：学习好啊、孝顺听话啊、成功啊、出人头地啊、人见人夸啊……

在说明本书的教育理念与目标之前，我想先问一下：

——作为家长，你，希望把孩子养育成什么样的人呢？

——亲爱的孩子，你自己，希望自己成为什么样的人呢？

不知道你的答案是什么，但这本写给青少年的心理书，首要的目标可谓简单明了，那就是：让孩子成长为一个身心健康的人。

学习好重不重要？重要。用知识充实自己当然重要，但很明显，这不是教育的全部，也不是人格塑造的全部，更不是人生的全部。

教育的其他目标——成功、听话……，就是仁者见仁智者见智的事啦。

但，人活着，身心健康才是一切的根本吧？！如果把人生比喻成建一栋大厦，身心健康就是这栋大厦最基础的地基，地基打不牢固，上面建立起来的一切：关系、工作、金钱、发展……都无从谈起，是不是？

人生，并不是一条线段，而是一个多维度的立方体，它需要的是完整和平衡，这样复杂的任务，离开了身心健康做保障，又如何能应付得了呢？

好，如果你认同身心健康才是教育最重要的目标，那我们也不要急着握手，你也不必急着开始自己的阅读，我们还需要一起来看看，下面的育儿理念、原理和原则，你认同和接受吗？

如果你不接受，比如，你不认同"孩子和父母是在人格上完全平等的人"，那么，这本书，也是无益于完成你的教育目标的。

本书所秉持的主要育儿理念包括：

·孩子是一个独立的个体，而不是父母的延伸；

·孩子与父母在人格上是平等的；

·人是环境的产物，家庭环境塑造人，父母是原件，孩子是复印件，父母是孩子的人生第一任和最重要的老师，孩子会内化与养育者的关系、互动的方式来面对成年的生活；

·孩子不是缩小版的成人，他们在不同阶段有不同的心理需求，前面阶段的需求得到满足，孩子才能顺利发展下一阶段的需求，所以要尊重孩子的身心发展规律，不能刻板地用成人的道理和标准来扭曲孩子的身心；

·孩子的自我认知来自于父母、养育者的互动，可以说，孩子是透过父母的眼睛看到自己的；

·人，是物质、精神、情感三位一体的生灵，这三方面的需求都需要得到满足，如果有一方面缺失，孩子也会如同小苗得不到足够的阳光、雨露的滋养一样，无法真正健康地成长和生活；

·"孩子很小，什么都不懂，长大后自然会忘记那些不开心的事情"，是一种错误的观点，事实上，不管是自己能意识到的，还是被压抑在潜意识里的，所有的记忆早已成为生命中的一部分，牢牢控制着成年后的生活。就如同蒙台梭利博士所说："每种性格缺陷都是由儿童早期经受的某种错误对待造成的。"

·心理学家科胡特曾说："对孩子来说，父母是什么人，比父母做什么要重要。"如果父母本身心理有问题，人格不独立、过度依赖或是过度控制……那么他们怎么做都可能会散发出不健康的味道，孩子如果在这种不健康的味道中长大，他们也会出现同样的问题，身为父母能为孩子做的最重要的一件事是自我成长，给孩子一个身心健康的自己；

·人怎么对待自己内在的孩子，就会怎么对待外在的孩子，与其问怎么做才是真正爱孩子，不如先来学着爱自己。

微博一位做爸爸的博主@巴南区杨老师，在自己的微博里写过这样一段很打动我的话：

和小宝沟通有感：

她虽然是我的女儿。

但是我们只养育了她。

她存在没有分走我的寿命，

也没有分走属于我的血肉。

我没有因为她的出生四肢残缺，

所以，她的生命是独立存在的。

她的脑子是她的脑子，

她的想法也是她的想法。

她只是我的女儿，

不是我的副卡。

另一位伟大的诗人纪伯伦则说：

你的儿女，

其实不是你的儿女。

他们是生命对于自身渴望而诞生的孩子。

他们借助你来到这个世界，

却非因你而来。

他们在你身旁，

却并不属于你。

你可以给予他们的是你的爱，

却不是你的想法，

因为他们有自己的思想。

你可以庇护的是他们的身体，

却不是他们的灵魂。

如果，身为家长的你，和身为孩子的你，都跟我一样，认可那位爸爸和纪伯伦的理念，也认同让孩子能成长为一个身心健康、充满能量的人，是教育的第一目标，那么，就请打开这本书，跟我一起，开启我们的内在探索之旅吧！

我深深相信，假的爱、病态的爱，换不来真正的"好"孩子。

好在，爱这件事，我们永远是有机会的。

当孩子的身心出现问题，那其实是孩子在用自己的痛苦在提醒父母要去成长、去学习爱。

所以，孩子，是来提醒家长自我成长的天使啊！

自我成长这件事，虽然看起来有些辛苦，但其实，不管对孩子，还是对家长，成长的回报，绝对能让所有的付出和辛苦，都甜回来。

Are you ready?

这场内在之旅，让我们开始吧！

目／录

第六部分：人生中不可不知的几件事 / 295

后记：不一样的导盲犬 / 327

第一部分：
家是传递爱的地方，
却也会传递伤害

心　语

童年会为一生的天空染上底色：
从一例狂犬病恐惧症说起

幸运的人

一生都在被童年治愈，

不幸的人

一生都在治愈童年。

——阿德勒

从一个案例讲起

我的一位中年男性来访者,他的求助和想解决的主要困扰是: 咳咳咳——害怕狗狗!

是的, 你没听错, 一位成年男性, 而且是挺成功的那种, 他一辈子最大的困扰, 是害怕小狗狗! 当然, 在心理上, 这种对狗狗的恐惧也被称为: 狂犬病恐惧症——不过, 乍听起来还是很有喜感, 是不是? 可是, 这却给他几十年的人生, 带来了实实在在的沉甸甸的痛苦。

比如, 他如果偶然看到一只死了的狗狗, 就会吓得要死, 然后会无比自责, 骂自己为啥要走这条路, 为啥偏偏要在这个时间出门……否则, 就不会看见可怕的狗狗了!

然后, 他回到办公室里, 还会逼着自己坐在椅子上一动也不能动很久很久, 哪怕腿麻了也不能动, 因为他会想象自己的衣服上、脚上……已经沾满了狗身上的病菌, 如果自己一动, 就会弄得哪里都是, 就会传染给其他人, 就会让自己和其他人都得病死掉……他就在这样的痛苦里折磨了自己几十年。

他的身体也慢慢变得不好, 全身的肌肉和筋都紧张僵硬, 背、腰、腿时常疼痛……

我是一个喜欢给自己做完的咨询录音取名字的人, 在给他的几次疗愈里, 我取过以下的名字, 通过这些名字, 细心的你, 可能就会领悟到他为什么会活得如此恐惧:

第一次：恐惧狗狗的背后

第二次：身体是有智慧的

第三次：鼓励缺失导致的自我批判

第四次：允许恐惧表达自己

第五次：仿佛飘在空中缺乏联结感

第六次：像石头一样不回应的妈妈

第七次：潜意识浮现

第八次：跟着感觉疗愈自己

第九次：困在孤岛无法解脱

第十次：生命的底色是恐惧

……

看，真相就这样一点点浮出水面：是没有人回应的童年，像石头一样不能及时回应孩子的妈妈，让他的生命底色充满了黑色的恐惧，没有安全感。而狗狗，只是他投射自己的恐惧的一个工具……

心理学家阿德勒曾说，幸运的人一生都在被童年治愈，不幸的人一生都在治愈童年。

这位男士，一生都在深受童年创伤的折磨。

如果他不是实在忍不了了来求助，那么，可能一生都活在童年带给自己的恐惧感里，而如果一个人一直如此恐惧、紧张，那么，是很难真正去享受生命的美好，也很难创造真正轻松、舒服的关系的……那么，问题来了——

▶ 童年的经历，原生家庭的影响，对一个人的一生，真的有那么重要吗？
为什么长大了，还是摆脱不了童年的创伤呢

让我们，从一个真实的心理学实验讲起吧！

在这项实验里，研究人员把刚出生的婴猴跟亲生妈妈分离，之后的 156 天，它在实验室的笼子里跟两个假妈妈一起生活：一个是绒布做的妈妈，一个是铁丝网做的妈妈。

绒布妈妈虽然温暖，身上却没有奶瓶；铁丝网妈妈冰冷，但身上有个奶瓶，小猴子可以吸吮。结果发现，小猴子几乎所有时间，都宁愿饿着也不去铁丝妈妈那里，饿急了，才会去喝一口奶，然后赶紧回来继续抱着绒布妈妈。如果给它新奇的玩具，它会一只脚钩着绒布妈妈的身体，尽量地往前延伸自己的身体以便摸到玩具，非常没有安全感。

这些小猴子长大后，非常孤僻，不能正常地交配。用人工授精的方式让它们怀孕之后，它们会把亲生孩子虐待致死；而且施虐的方式非常残忍：用嘴咬、用手撕、把小猴从笼子顶上往下摔，所用的手法也是令人匪夷所思。

这真的是一个让人感到悲伤的实验，是不是？

可是啊，从心理健康的角度来说，我们每一个人，来到这个世界上，都跟这只小猴子一样，不仅仅需要物质上的养育——喝奶，更加需要精神和情感上的及时的、稳定的、安全的滋养——

我们需要常常被温柔地抱起与抚慰；

我们需要有人能及时回应自己的需求；

我们需要那个主要照顾者不要经常的与自己分离、变动；

我们需要能够向主要照顾者表达情绪与互动；

有事情发生，让我们感觉害怕、迷茫、无助时，我们需要可以被安慰，感受能被看见和尊重，照顾我们的人可以坚定地站在我们这边支撑自己……

因为作为未成年的孩子，这些都是我们健康成长之必需。当我们这些最基本的生理和心理需求都能被满足，我们就会感受到爱和安全，我们就可以心无旁骛地去探索世界、发展自己，我们感受到了爱与接纳，自然也容易自我接纳与自爱，也自然学会了去用爱与接纳的方式与人互动——一个自爱又懂得爱人的人，自然容易拥有一个温暖美好的人生。

可是，若是这些正当的需求没有及时被满足，那么，不管是什么方式和形式的不被满足，都会像前面实验里的小猴子一样，留下深深浅浅的创伤。

这些创伤，并不会随着时间的流逝，自然痊愈。恰恰相反，那些因为创伤、受虐而留下的心理烙印，也跟小猴子一样，在控制着、破坏着我们成年之后的人生。

有的人，会认为孩子还小，没有记忆，什么都不懂，也什么都不知道，所以，只要有人给他吃的喝的，那么，其他的怎么做都可以：可以随意把小小的孩子从父母身边带走，送给爷爷奶奶、姥姥姥爷，甚至阿姨之类的人来抚养；可以把小小的孩子当成出气筒，心情不好时随意释放自己的负面情绪……可是啊，却意识不到这些对于小孩子来说就是在虐待，哪怕只是语言上的辱骂，都是有声的暴力。

科学家利用核磁共振，看到了童年的受虐不只是烙下心理痕迹，还会改变大脑的结构：

在受虐儿的大脑中，管记忆的海马回会比一般人小，连接两个脑半球的胼胝体（这是百万以上的纤维束，负责两个脑半球的沟通）比一般人薄，连小脑蚓部的血流量都比一般人少。

这会影响左、右脑的整合，导致情绪上的不稳定，更容易发脾气，还容易导致他们无法进行有效的压力应对，情绪调节的困难，长期存在的焦虑感、冲动、认知能力的损伤，以及长期持有的世界是不安全的主观体验。还容易产生自我厌恶感、低价值感、自卑，因为他的潜意识会认为是自己不值得被回应和满足，这种自卑感通常会持续到成人时期，对日后的人际互动和亲密关系产生影响。而为了逃避痛苦的感觉，受虐的孩子也更容易用各种瘾来麻醉自己……

▶ 面对伤害，我还是一个孩子，我能怎么办

作为一个孩子，我们生到这个世界上，是没有办法选择父母的。但是，这并不代表着我们只能被动忍受无能为力，如果你的父母，无意之中做了什么伤害你的事，那么，请你记得：

第一，这不是你的问题，而是父母的问题，他们不懂得如何健康地爱你，并不意味着你不可爱、不够好，只意味着他们缺少爱的能力；

第二，他们很可能不是故意的，也许，他们自己的童年，也没有得到健康的爱，也受到了创伤，所以，他们才无法给予自己的孩子健康的爱，他们自己的内心深处，也住着一个无助的孩子；

第三，试着把自己的感受告诉你的父母，这样，别人才有可能知道你的感受，知道你真正的需求是什么，才可能知道如何做对你更好；

第四，如果父母不理解你、不满足你，甚至指责你、否定你的感受，请试着向其他你信任的人求助，而不要用伤害自己的方式试图表达自己的痛苦；

第五，无论如何，一定要知道，你是值得被爱的，如果没有人看见你的感受、满足你的需求，那么一定不要自己也去压抑和否定自己的感受，要允许自己内心的每个感受存在、表达出来——想哭的时候，陪自己哭，生气的时候，可以打枕头、踢石子、在无人处对着天空呐喊……无论要表达的情绪是什么，都要允许情

绪可以完整地表达自己，不要压抑自己，否则，压抑情绪，对一个孩子的身心健康是非常不利的，要么，这些情绪会变成向内攻击自己的力量——这常会造成各种身心疾病，要么，当情绪压抑到一定程度失控的时候，可能会过度地向外投射，去攻击别人，比如校园暴力的施暴方；

　　第六，我们的心有着了不起的自愈能力，即便它受伤了，也不要气馁，只要我们学着自己爱自己，让自己的感受可以表达出来，我们的心依然可以恢复健康，我们依然可以拥有美好健康的人生。

▶　下面的话，是说给家长听的

　　写这些文字的前一天晚上，我做了一个梦。

　　梦里的我，是一个小孩，我想下楼梯，却很害怕。

　　这时，有一双大手握住了我的手。

　　那双手，是那么温暖、厚实、柔软……让我感觉接纳、甜美和安全，让我一下子有了十足的勇气，迈开了下楼的第一步。

　　梦里我对自己说：好温暖啊，这就是爱的感觉啊……

　　醒过来，直到写字的现在，那种美好的感觉还在。

　　我很想把这个梦，讲给每一位身为父母的人听。

　　你的孩子，其实就是梦里那个小小的"我"。

　　"我"太小了，还没有能力独自面对这个世界，所以需要来自父母的保护，需要一只手牵着"我"的小手，跟"我"一起面对成长的路。

　　如果，牵着"我"的这只手，是温暖的、有力的、稳定的，"我"就会感觉到安全和爱，就有足够的力量去走好长长的一生。

这只手所带给"我"的感觉，会伴随着"我"的整个人生。

也许，有些家长会以为孩子小，怎么对他都没什么关系，但其实真的不是这样的。

你看，前面介绍的心理实验、科学研究，都在告诉我们：童年会模塑孩子的一生。

孩子是看不见自己的，孩子是通过父母的眼睛来认知自己。

父母会用自己的言行影响孩子模塑对自我的认知，形成和自我的关系，创造一份潜意识。

自我认知比较好理解，就是一个人：觉得自己可爱还是不可爱，值得还是不值得，好还是不好，行还是不行……

跟自己的关系也比较好理解：倾向满足自己还是苛待自己，喜欢自己还是讨厌自己，鼓励自己还是批判自己……

而潜意识听起来则好像很神秘，但其实它就是指人的一种惯性的对外界刺激的本能反应。潜意识的本能反应，是建立在一个人的"心理投射"的基础上的。那么，"心理投射"是怎么来的呢？

请允许我举个例子：

从一只猫身上，我们可以轻易地看出它的前主人待它如何。

比如，你在一只猫面前举起巴掌，惊恐而逃的，是经常被前主人打；

淡定自若的，是没受过虐待和恐吓，以为你要爱抚它。

对于猫来说，它对举巴掌行为所做出的反应，就是一种"心理投射"。

"举巴掌"这个行为本身是中性的，猫如何反应，取决于之前的经验。可见，一个人会形成怎样的潜意识，与生命早期的经历息息相关。一旦形成，会像人生的方向盘一样，将一个人引向不同的路，遇见不同的风景。

而潜意识不经过深度的疗愈，是不容易改变的。

有些家长会对自己的孩子很失望，觉得孩子不够好，不符合自己的期待，或者跟自己不亲近，真的是孩子的问题吗？分享一位网友的留言，也许对我们有所启发：

待宠物跟待孩子是一个道理。

上述案例的主人公曾有这样的表述：我家的狗因故寄养在奶奶家，奶奶给狗狗顿顿好吃好喝，没事就抱抱，摸摸毛。一年下来，狗的性格都变开朗了。以前在我家，跟我爸妈住，几乎从来都没人摸它一下，整天呼来喝去的，狗狗一点儿不活泼，一副毫无生气的样子，看人都是低眉顺眼的。

我小时候爸妈工作忙，没时间照顾我，就常常把我一个人锁在家里。我一个人在家真的非常非常害怕，可是，父母却说你要懂事你要乖。后来又被强行送过奶奶家，寄宿过老师家，再大一点儿就扔去寄宿学校。现在我胆子小、抑郁……心理问题一大堆。父母反过来责备我，为什么抑郁胆小？为什么跟家人不亲近？可是我从小到大，都不知道什么是亲近，也没人跟我亲近过啊！

相反的例子，我也想举一个，就是我最喜欢的动画角色小猪麦兜。

麦兜，他并不是普通意义上的幸福孩子——不知生父是谁；妈妈靠街头杂耍、打好几份龙套零工勉强度日；麦兜想去马尔代夫，麦太只能带他去海洋公园；麦兜长高了，只能按照"勾股定理"斜着睡他的小床……

可是他的妈妈麦太，给了他很多无条件的爱、接纳和鼓励。每次麦兜在外面受了挫折，全世界都笑话他时，是妈妈把他抱在怀里，哭着对他说：全世界都不信你，我也信你，信你信到脚趾头；全世界不爱你，我也爱你，爱你爱到心肝里。

所以，麦兜才能幸福地成长，长成一个每次出现，都给我们带来欢乐、爱和温暖的可爱的麦兜。

爱与冷漠、自由与掌控、接纳与改造、温馨与冰冷、明朗与灰暗……这些对立的体验，形成了我们生命中积极和消极两种对立的力量和倾向，是我们整个生命的底色。两者此消彼长，决定了个体的生命里，是衰落枯竭还是蓬勃向上。

亲爱的家长，聪明如你，睿智如你，一定希望自己的孩子能成为一个快乐、温暖、有爱、蓬勃向上、有能力幸福生活的人吧！那么，就加把劲儿吧，好好倾听孩子的心声，好好满足孩子的需求，好好地爱孩子，给孩子提供一个可以安心地成为自己的成长环境……我知道，有些家长自己的童年也没有得到这些，可是，我知道你是希望孩子健康长大的，不是吗？你当然不会忍心让自己的孩子去承受你曾经承受过的那些痛苦，对不对？那就好好面对自己内心的那些遗留下来的创伤，让自己的伤愈合，成为真正懂爱的健康的大人吧！

▶ 创伤，是可以避免的，也是可以修复的

不知你有没有一种好奇：那位害怕狗狗的男子，后来怎么样了？

那就看看他自己是怎么说的吧：

王老师，我迫不及待地想和你一起分享我的快乐……

咨询当晚和第二天上午，我浑身酸疼，晚上做梦竟然疼得喊了出来，下午开始我就觉得我的身体柔软起来了，我的心竟然也柔软起来了，我看到的所有的一切也都柔软起来了，虽然还有很多强迫想法和行为，但是恐惧和自责少很多，我感到了稳定、柔软，还有一丝丝喜悦，这种感觉我从来没有体会到，原来这种感觉如此美好，原来世界如此美好，我看到的所有人都是笑脸，竟然还有想帮助人的冲动。王老师，你让一个在孤独凄冷的黑暗中摸索、原地打转的人看到了光，你让我找到了通往喜悦自由的路，谢谢王老师！

你看，虽然受伤很重，但是，他在一点点地修复自己，正在从恐惧中走出来……

童年，真的会为我们一生的天空画上底色。

如果更多的家长意识到这个道理，给孩子一片纯净美丽的蓝天，那当然是孩子的幸运；

但如果，家长无意识地给了我们一片灰色的，甚至像案例里的男士一样，被涂满了可怕的黑色，那就试着修复自己吧！

每一个曾经活在灰色、黑色天空下的人，不管你是大孩子，还是小孩子，让我们都拿出勇气、拿回力量吧，不要放弃自己，请用自己想要的颜色，重新画天！

家庭能量是看不见摸不着的，对孩子的成长有影响吗：

「承接」了妈妈的抑郁的女孩

大自然是很有耐心的，你所有不愿意疗愈的，都会传给你的孩子。如果你不愿意孩子受你同样的苦，最好疗愈自己、让自己成长。

——斯蒂芬·吉利根博士

从一个案例讲起

　　记得大约三年前，一对母女来到我的工作室，她们希望我能帮助上初中的女儿，摆脱抑郁症的困扰，睡得着觉，神经不再紧张，可以像正常的孩子一样去上学——孩子的抑郁症已经严重到好几个月无法上学了。

　　我问孩子具体哪里不舒服，孩子说：我感觉自己好像妈妈上身了，你知道吗？我妈妈睡眠不好，喝各种药，我慢慢地就也睡眠不好；妈妈的头总是痛，我也头痛；妈妈胃不好，我的胃也难受；妈妈抑郁症好多年了，一直在吃药，我也抑郁了……爸爸工作很忙不太回家，我跟妈妈相依为命，妈妈不开心，我就也不开心……我觉得我心里好像有两种力量，一种是希望自己好起来，可以上学；还有更强烈的一种力量，这股力量不允许我自己开心，好像跟妈妈一样痛苦，才是对的，跟妈妈一样，才有安全感，才让自己心里感到踏实，如果我很阳光很健康很快乐，就会觉得紧张，感觉不正常不安全不应该……两种力量拉扯着我，让我的心很难受，脑子特别忙，渐渐地就连上学都上不了了……

　　很明显，这个孩子抑郁的根源在于家庭能量不良带来的影响。

　　如果她有一个温馨放松的成长环境，一位阳光健康的妈妈，她根本就不会抑郁。

　　反过来，疗愈她的抑郁，如果妈妈也同步疗愈自己，家庭能量能正向起来，那么，效果就会事半功倍。

　　事实上呢，这个案例的结局也是皆大欢喜：孩子用自己的抑郁、不能上学，逼着妈妈不再逃避，直面创伤，深层"排毒"一番，不仅孩子好起来可以继续上学了，妈妈也焕然一新，不再吃药，十几年没有工作的她还跟随内心，选择了出门工作。而随着妈妈可以表达自己的感受和需求，开始活出自己了，她跟爸爸的关系呢，也融洽了起来，这个曾经冷冷清清、紧张压抑的家庭，慢慢有了欢乐……

可能能量这个词，听起来玄玄乎乎的，看不见也摸不着，不禁让人产生疑问：一个孩子，吃饱了、穿暖了，就行了，"家庭的能量"这种东西，真的对孩子的成长有影响吗？

其实，一个家庭的能量，简单点儿去理解就是一个家庭的氛围。这种氛围可能看不见摸不着，但是却能被人所感知，也会带给生活于其中的人巨大的影响，特别是幼小的孩子。就像案例中的那个孩子，抑郁的妈妈创造了一个压抑、不快乐的氛围，孩子就自然被"传染"。

让我们再来看两个真实的故事吧。

第一个，是《童年会为一生的天空染上底色：从一例狂犬病恐惧症说起》那部分讲过的一位狗狗主人的自述——

我家的狗因故寄养在奶奶家，狗狗顿顿好吃好喝，没事就抱抱，摸摸毛，一年下来，狗的性格都变开朗了，以前在我家，跟我爸妈住，几乎从来都不摸一下，呼来喝去的，狗狗都是低眉顺眼的。

我小时候爸妈工作忙，没时间照顾我，就常常把我一个人锁在家里，后来就扔去寄宿学校，送过奶奶家，寄宿过老师家，从幼儿园开始就扔。

现在反过来责备我为什么抑郁胆小，跟家人不亲近……

　　第二个故事，是一个孩子，他爸爸是那种非常传统的好人，自从结了婚就跟岳父岳母一起生活。岳母强势，但他从来没跟岳母红过一次脸，凡事以和为贵，忍耐顺从，甚至有时实在压抑委屈，就一个人偷偷躲到卫生间去哭……因为工作忙，孩子主要由岳母带，岳母带孩子也非常强势，什么都要自己说了算，孩子必须要按她的标准来，稍有不满，就威胁孩子，比如："你再不乖，我就跳楼给你看！"或者："你不听话，我就下跪给你看，看你听不听我的。"……但是，孩子却无法向父母求助，因为父母理所当然地站在老人的一边。结果呢，可想而知，这个孩子的心变得错乱了，他一边对整个世界充满愤怒，一边想用讨好去换得一点儿肯定与爱；一边想保护自己，不信任所有人，一边恨这个不被人喜欢的自己，自己也不信任自己……

　　想想看，这两个故事里的小狗和孩子，如果，在生命之初，就一直生活在一个安全、温馨、感受能被看见和尊重的家庭，会变得毫无生气、郁郁寡欢吗？不会的，他们都会身心健康、能量满满地成长。狗狗，不会变成让人生厌的"问题狗"，孩子呢，也不会变成心理扭曲的"问题人"……

　　孩子就如同海绵，从出生的那一刻开始，就会自然地捕捉和吸收家庭的能量和讯息。哪怕是隐藏起来的不易被觉察的那些：每个人心里隐隐的焦虑、压抑起来的愤怒……也会被孩子捕捉到，并成为孩子心里的不安与隐痛。

　　孩子如同小苗，小苗的成长，需要充足的阳光、雨露的滋润，孩子也是一样，需要足够的安全、稳定、温暖……缺失了一样，孩子也无法健康成长；

　　小苗的成长，不能有怪异的狂风、污染的毒气，孩子也是一样，在冷漠、否定、充满控制……的环境下生活，会变得懦弱、无力、扭曲，如果长时间在这样艰难的环境中成长，孩子甚至会想逃离，或者活不下去。

▶ 一个家庭的能量到底是由什么决定的

最简单来说，取决于每个家庭成员自身的身心健康状态，特别是情绪状态，以及家庭成员之间的关系是否真正和谐和亲密。

没错，家长的情绪对孩子的影响，远远超出想象，而且孩子的心捕捉到的，是家人最真实的情绪，所以，即便家长假装快乐、平和也是没用的，孩子的心最纯净，容不下欺骗——是这样吗，亲爱的孩子？如果家长假装开心，你能感觉到吗？

还有，孩子也能捕捉到家人之间关系的真相，如果一个家庭，大人之间总是平平静静的，不吵不闹，但是，彼此之间并不真正信任、亲密，真的也是骗不过孩子的。

我知道，很多家长会觉得自己是非常努力和负责任的父母，而且非常爱自己的孩子，辛辛苦苦就是为了给孩子一个好的成长环境。所以，当孩子出现一些问题，比如身体不够健康、心理不够健康，就会认为这些都是孩子自身的问题，因为自己已经拼尽全力了！

但是，奥运会的金牌，并不是按谁付出最多、最努力颁发的，而是按照比赛结果颁发的，不是吗？陪伴孩子成长也是一样，我们的目标是养育出健康快乐、能量满满的孩子，作为一个家庭的复印件，孩子出了问题，我们原件很难说"我已经很努力了，所以我毫无责任，都是复印件自己的问题"吧？

孩子是不能选择自己的原生家庭和父母的。将心比心，全然要依赖父母的孩子，生活在一个不利于自己身心健康的环境，却无能为力，甚至周围的人都觉得没有什么不对，你怎么呼喊也无人来救你——这是多么的无助啊？！孩子被迫去适应这样的环境，身心又怎么能不扭曲呢？他的痛，即便用力呐喊也没有人真正听到，该是何等的绝望啊？！

这样的案例，在咨询中，遇到的太多了。比如一个男孩，从小带他的亲戚本身有抑郁症，常常背着他的父母虐待他，但却不会在他身上留下印记。他试图跟父母求助，但是父母工作非常忙，宁愿相信那个亲戚也不相信他。他就这样在这样的环境中瑟瑟发抖地生活到 10 岁多，直到抑郁发作，才引起父母的重视。

我相信父母都是在以自己认为对的方式在对待孩子，但是，孩子的状态，才是最好的评判这些方式好与坏的标准。

而孩子的状态呢，不在于学习成绩的好坏——身心状态才是根本。

身心健康的孩子，自然有能量搞定人生的方方面面，身为父母，会无比省心；身心一旦出问题，后果往往是父母、孩子都遭殃。

也许看到这里，有家长会迫不及待地问了：那到底怎么做，能提升我们家庭的能量，让这个家更适合孩子的成长呢？

心理学家荣格说：健康的人不会折磨他人，往往是那些曾受折磨的人会折磨他人。

这句话，道出了最终的秘密：家长自己心理健康才是根本。

如果你的成长环境也不够健康，那么，最好的家长，就是愿意陪伴孩子一起自我成长、自我修复的家长。

▶　家长的状态，决定孩子的未来

身为家长，你要意识到，孩子的未来，其实，是掌握在你的手中的。

你与孩子互动的品质：是否及时满足孩子的需求、是否以平等尊重的方式对待孩子、是否接纳真实的孩子、是否忽略孩子的感受……决定了孩子的能量状态：紧张的、沉重的、充满不安全感的、害怕被抛弃的、被否定的、讨好的、压抑的、愤怒的、焦虑的、自卑的……，还是轻松的、愉悦的、安全的、自信的、平和的、阳光的、充满希望的……

　　家长们最常犯的一个错误，就是以为要改变的那个人是孩子，所以，我们不停地去尝试改变他。但是，事实是，如果我们家长这个原件没有真正地改变，孩子所谓的"改变"可能反而对他的身心健康更不利。

　　我时常喜欢对那些觉得自己没问题，都是孩子自己的问题的家长说：

　　——"你信吗？如果给你的孩子换一个妈——比如换我，那孩子的问题就会好起来？"

　　家长们通常会说：

　　——"嗯，那我信……"

　　我：

　　——"那你觉得到底是孩子的问题，还是我们家长的问题呢？"

　　所以，家长想让孩子可以健康成长，其实很简单，让自己身心健康、真的懂爱就好了。

　　那么，一个从小也没有学会健康地爱别人的成年人，内心深处也充满自卑、焦虑、匮乏……的人，又该如何修复自己呢？

　　很简单，当下就是最好的时机——每一个被激发出不舒服的"负面"情绪和感受的当下，都是最好的释放情绪、让内在的那个无助的孩子表达自己、疗愈自己的时机。

　　孩子身上的"问题"，其实是孩子在用让自己痛苦的方式来提醒家长：爸爸妈妈，你们是时候看见自己内在的创伤，修复自己了……

　　给自己多一些爱，多一些陪伴，多去看见自己的感受，陪自己内心受伤的那个孩子真正长大，当我们会照顾自己内心的孩子，就自然会爱身外的孩子了！

　　斯蒂芬·吉利根博士说过一段非常有智慧的话：大自然是很有耐心的，你所有不愿意疗愈的，都会传给你的孩子。如果你不愿意孩子受你同样的苦，最好疗愈自己、让自己成长。

人的心，其实蕴含着巨大的自愈能力。

与其在孩子身上使劲，不如把力量用在自己身上。

每个人的灵魂都是闪亮的。

你的灵魂有光，自然就会照亮孩子的人生。

若你光辉的灵魂被锈迹掩盖，所有需要的，就是再磨砺一次。

我是一个孩子。

我有一双眼睛、一双手，

我能说话，我更有一颗心。

当然，我还有我的权利。

我有权不受暴力的伤害。

任何人无权利用我牟利——

绝对无权，

因为我是孩子。

我有权自由表达

自己真实的想法，

不管爸爸高兴还是不高兴；

我有权说出

自己内心的感受，

即使这样会惹妈妈生气。

——阿兰·塞尔《孩子的权利》

从一个案例讲起

在校园欺凌的那个部分里，我们举了一个案例：一位 17 岁的高三男孩，从高一起，被同桌语言暴力，经常说他傻，说他笨，说他智商低，还说他是猪之类一些话，总之就是各种贬低导致这个男孩晚上学习脑子里不停地过画面，不停地想以前发生的事，想同桌说的那些话……后来某一天，突然就开始不停地反复想，非常严重，根本学不了习，整个生活被搞乱了……因为这种强迫性思考的状态，本来学习成绩不错的重点高中的学生，高考可能只能考 400 多分，非常不甘心，想复读，可是这种状态，复读也感到压力很大……

在找我之前，这个孩子也试图去解决这个困扰，他想出的办法之一，就是给那个贬低他的孩子打了电话，说："你看我被你弄得这么痛苦，你要配合我好起来……"那个孩子也意识到了自己对他的伤害，所以，表示愿意配合。于是，这个孩子对伤害自己的同桌说："你夸我行不行？你夸我好吗？"同桌配合地夸了他，结果，男孩的心情变得比之前好多了……

为什么一个高中生，对别人的贬低如此敏感？

为什么他想到的疗愈自己的方法，是想要别人可以夸夸自己？

因为，我们深入他的童年，了解到他有一位喜欢用贬低别人来缓解自己的焦虑的妈妈。

也就是说，长年累月的来自妈妈的语言暴力、用贬低的方式给孩子压力的妈妈，才是他心理问题产生的真正根源。那位同学，只不过是激发了他长期用理智压抑起来的那些自卑、自我否定、自我怀疑……而这些负面的情绪和自我认知的源头，是自己的妈妈。

这个男孩，在成长的过程中，太缺少肯定、鼓励和赞美了——虽然他很棒。

孩子是看不见自己的，他们要通过父母的眼睛看见自己，通过父母的嘴巴认知自己……

语言，对幼小的孩子，有着超越理智控制范畴的巨大的暗示作用。常常，家长的嘴说孩子是什么样的，孩子就会变成那个样子……

▶ 话是开心的钥匙

以上，是一个关于"语言暗示"的负面案例。

再说一个正面的吧！

《窗边的小豆豆》是我儿子人生里读的第一本正式的书，我和他都非常喜欢。

书里面，童年时期的作者——小学一年级的小豆豆，在遇到小林校长之前，是一位被学校退学的"问题小孩"，身上有一串让老师谈之色变的标签：调皮捣蛋、缺少纪律、屡教不改乃至带坏风气。妈妈不得已将她送入一所规模很小、毫不起眼的学校"巴学园"。

第一次见面，穿着干净旧西装的小林校长接待了小豆豆母女。他面试的方式，不是刻板的一问一答，而是留下小豆豆一个人，倾听小小的她自由讲述自己的乐趣与烦恼，听了整整四个小时。

在小豆豆终于无话可讲的时候，小林校长用温暖的大手摸摸小豆豆的头，说：

"从今天起，你就是这个学校的学生了。"小豆豆非常高兴，因为从出生到现在，还没有一个人认真地听她说这么长时间的话。小林校长让小豆豆彻底释放了自己的好奇。她生平第一次遇到了真正喜欢的人。

其实，好好地用心地说话，好好地用心地倾听，不仅对小豆豆，对每个孩子来说，都像阳光雨露之于小苗，是健康成长不可或缺的营养。

说说我自己的故事吧！

在我自己还是一个很小的小女孩的时候，我记得我奶奶特别喜欢说一句话：话是开心的钥匙。记忆里我奶奶是这么说的，也是这么做的。当我遇到什么挫折和不开心的时候，奶奶就会说些很暖心、很接纳的话，让人觉得听到那些话的瞬间心就被抚慰得妥妥贴贴的。

▶ **话，也可能是伤人的利剑**

不过，在我妈妈身上，我也领略到了，话也可以是伤人心的利剑。

记得初中时有一次总是考第一名的我，考了第二名回家，我奶奶对沮丧的我说："胜败乃兵家常事，奶给你炒油茶面儿，喝完就开心啦！"要知道，在那个物质还比较匮乏的年代，我最喜欢喝奶奶炒的油茶面儿了！而炒油茶面儿的工序非常麻烦，不是想喝就能做的，我考试没考好，奶奶不但没有责怪我，还特意为了安慰我，给我做好吃的，真的瞬间就觉得"我又好了"。

可是，我妈妈呢，听说了我没考第一，她恶狠狠地走到我面前，对我说："你考了第二还有脸回家？！我要是你我就去死去！"

你能明白一个很努力很努力的孩子，一次考试没发挥好考了第二名，就被自己的亲生妈妈诅咒去死的感觉吗？

——无地自容，觉得自己全世界最差，对不起家人，没脸活着，应该去死……一次在网上看有人说，日本语里几乎没有脏话，于是一个马来西亚的博主到东京街头采访，问他们觉得最脏的脏话是什么。一位高中男孩说，"你绝对不行，你绝对办不到"是最脏的话，因为破坏人的梦想，是最坏的行为。

真的不能同意得更多了。一个脏字都没带，却是最伤人的话，如同一把利剑插入人心。

而伤人的利剑常常比开心的钥匙更有力量。抚慰一颗受伤的心，可能没那么容易，可是伤害一颗心，特别是孩子的心，特别是说话的人还是最最在意和信任的自己的父母，那真的是不要太容易！

可能，就是这样一些妈妈无意识地说出来的"为了你好""为了让你更努力"的话，却一点点地拿走了我的"生本能"，让我上学的期间，常常想死。

我当然知道，我妈不是故意要伤害我的，她的本意是希望我能更好，可是，她的话真正起到的作用，却只有坏处没有好处……真的，一点儿都没有。

后来，当我疗愈了自己之后，我才意识到：我妈妈是一个重男轻女家庭里面的第三个女孩，她自己本身也是一个缺少价值感，用非常懂事和努力来证明自己的存在有一些价值的人，于是，她才把自己的无价值感投射到了我身上，要求我跟她一样拼命努力。

她也不是不想看见我的感受，而是因为从小到大，长期的没有人看到她的感受，所以，活在拼命努力中的她，变得麻木，根本就没有能力看见自己的女儿，没有能力感受到女儿的心，更没有能力给予女儿每个当下真正最需要的。

她唯一能给出去的，就是自己真的有的：匮乏、压力、否定、担忧……

渐渐地，我就跟妈妈变得不那么亲近。我们虽然天天见面，可是，我有什么话都跟奶奶说，对妈妈，则关闭心门，不想交流。在妈妈面前，我是一个很懂事的女儿，我们能说的，只是这次考了多少分这样的话题，而我心里深层的感受，我来月经了这样私密的事，我都是跟奶奶说。

直到我成年，我妈妈都觉得我被奶奶抢走了，跟她不亲近。

但是，其实，并不是奶奶抢走了我，而是她自己推远了我。

我妈妈骨子里是一个非常看重孩子的人，我相信，如果需要牺牲她的生命来换我的生命，她是愿意的。

她的问题，并不是出在她"不想"爱孩子，而是出在她"不会"爱孩子；不是她"不想"好好说话，而是她"不会"好好说话。

▶ 关于沟通的一些秘诀，标本兼治——一般人我不告诉他

亲爱的孩子，不知道你的情况如何？你的爸爸妈妈，是能用心地去感受你，跟你说话的人吗？

你的爸爸妈妈，说的话，是"开心的钥匙"，还是"伤人的利剑"？

或者，哪一种话更多？

亲爱的家长，你觉得自己对孩子说过"伤人的利剑"这种话吗？还是你说的"开心的钥匙"更多？或者，你是一个用心去感受孩子，从不曾用"伤人的利剑"伤害孩子的人？又或者，你认为那些"伤人的利剑"并不伤人，因为你的出发点是"为了孩子好"啊？

我想，如果让读到这里的每一个孩子，都跟父母分别评估一下家里交流的情况，会不会有些家庭，孩子和父母，两方的感受会很不一样呢？

如果，你的家庭，双方的感受很一致，孩子和家长都觉得，这是一个可以好

好地用心感受对方，大家可以真诚地好好说话的家庭，那么，真的恭喜你们，这真的太棒了！

如果，你的家庭，有一方或双方都觉得这个家庭沟通有些不良，家人之间无法好好说话，那么，问题通常不是出在孩子身上——因为毕竟，孩子只是家庭的复印件啊，复印件身上的问题，当然是出在家长这个原件身上啊！

所以，作为家长，如果你也跟我的妈妈一样，不是"不想"爱孩子，而是"不会"爱孩子；不是"不想"好好说话，而是"不会"好好说话，那该怎么办呢？

首先，请记得治标的重点：能对孩子好好说话，父母需要有一颗敏锐的心。言为心声，有了这样的一颗心，剩下的好好说话就都自然而然了。

因为当你的心敏感，不麻木，不僵硬，自然就可以敏锐地感知自己，看见自己的感受，尊重自己的感受。当一个人能感受到自己，就能与别人的心共振，就容易感知到别人的感受，共情能力就会强，能看见别人的感受，知道别人真正需要什么，那么，说出的话就会说到别人的心坎儿上，就会打动人心，就会用语言打开别人心里的"锁"。

这就如同一条河流，自己的水是干净清澈流动的，自然碰到什么，都会用自己干净清澈的水，浸润别人；但是，如果自己的水是浑浊污秽冻结的，那么，谈什么流动出去清澈甘甜的水去浸润别人的心田呢？！

拥有一颗健康敏锐的心，这是好好说话的根本。

如果你没有，那么，你就会在沟通中出现很多问题，比如：爱讲大道理，喜欢评判，语言暴力……还有人呢，逃避沟通——或者觉得沟通也是没有用，或者什么都不说，却希望别人能懂……如此种种，通常是因为你自己的心，在成长过程中也没有得到充分的看见和滋养，你的内心深处，也住着一个压抑的逼着自己要理性的孩子。

一颗心麻木了、僵硬了、受伤了，固然可怜，但好消息是，这并非是不可修复的。如果你愿意，为了孩子，更为了自己，去试着和内心深处那个曾经被父母也被我们自己忽视的孩子建立沟通吧！去试着多倾听自己内心的声音，用心去感受自己——是的，甚至不需要其他人的倾听，只要我们自己肯多倾听自己、感受自己、表达自己，我们的心就可以渐渐苏醒，恢复健康的感受力。

为什么很多家长，喜欢讲一些僵化的大道理？明明说了对方也根本不爱听，根本就是无效沟通，却只会用大道理来讲话呢？根本原因就是因为心灵的麻木。

人与人之间，为什么需要交流呢？还不是想让自己内心的感受可以被对方看见，同时也看见对方的感受吗？与其去学习说话的艺术，不如去提升自己的感受力，让自己拥有一颗健康敏锐的心——只有能看见自己的感受，才能对别人感同身受。

但是，如果你的感受力还没有那么敏锐，那么，想建立真实有效的沟通，也不是没有一些小秘诀的——

秘诀之一：学会倾听。

没错，倾听对方在表达什么，这是有效沟通的第一步。

很多所谓"交流"，其实连对方到底说的是啥都领会不了，这就好比鸡同鸭讲，鸡说："咯咯咯，我刚下了一个蛋！"鸭说："嘎嘎嘎，今天的天气不错呀！"对于鸡来说，自己的话白说了，一点儿回应都没有。

也许你会纳闷儿，明明听力没有什么问题，怎么会有人听不懂对方的话呢？

这很简单，一方面，是因为在对话时，带着自己原本就有的一些主观评判和负面感觉来倾听对方，这时，根本就没有用心听对方在表达什么，而是在投射自己的感觉到别人身上。也就是说，你还没说话，人家就已经预设了立场，你说什么都没有用。

另一方面，是因为在沟通之前，就不是抱着平等交流的心态，而是抱着居高临下的"说服、教育、引导、改造"的心态的。这样的心态，重点在于让你听我的，我要改造你，当然不会在乎你的感受啦！你表达什么不重要，你心理上的需求是什么不重要，把你改造成"我想要的样子"才重要啊！

这种对话其实在生活里比比皆是。比如一个女孩跳舞跳得很开心，带着这份快乐和满足，回家兴奋地对妈妈说："妈妈，跳舞的感觉真好啊，好开心哦！"而妈妈呢，则粗暴地打断孩子："作业写完了吗？学生学习才是正事，学习不好啥都是白搭！"

对于一个试图跟妈妈分享感受的孩子来说，这样的对话足以把自己所有正向快乐的感觉击碎，瞬间胸口被憋住，这种被淤堵于心的负面感受，很容易就会在下次跳舞的时候被激发，从此失去用跳舞来给自己的生命带来乐趣的激情，生本能渐渐暗淡，成为一个不快乐的人。跟妈妈的关系可以想见也会越来越有距离感，因为妈妈走不进孩子的心。再然后呢，如果这个孩子没有经过心理创伤的修复，就可能在自己成为妈妈之后，用同样的方式跟孩子对话，把这种负面感受传递给自己的孩子……

还有更隐微的听不懂别人说话。

已故台湾作家林奕含的作品《房思琪的初恋乐园》，描写了遭遇性侵的女孩房思琪在缺席性教育的环境下，人生如何一点点陷入泥沼，和思琪有着相同遭遇的作者也在 26 岁时选择了告别这个世界。

在书里，有这样一个对话的场景：

刚刚在饭桌上，思琪用面包涂奶油的口气对妈妈说："我们的家教好像什么都有，就是没有性教育。"妈妈诧异地看着她，回答："什么是性教育，性教育是给那些需要性的人，所谓教育不就是这样吗？"思琪一时间明白了，在这个故事中父母将永远缺席，他们旷课了，却自以为还没开学。

你看，在这个对话里，孩子看起来是在轻描淡写地说家里好像缺少性教育，但其实，如果妈妈处在一个用心倾听、不带主观评判的状态，她应该能听出来，孩子谈性教育的背后，可能是在向妈妈发出求救；她可能还会听出来孩子面包涂奶油的口气背后，是恐惧、不安、惶恐、不知所措；如果她真的用心去感受孩子，就能感受到那些孩子真正想表达却不敢表达的东西。如果妈妈能做到这些，那么，她的孩子不仅仅是可以跟妈妈建立真正的交流，而且可能就不需要后来选择无望地自杀了。

我知道身为父母，很多人一心想着要"正向引导"孩子，可是，如果连孩子说什么都不知道，孩子的感受也看不到，那么，这样的"正向引导"真的会对孩子的人生，产生"正向"的结果吗？

秘诀之二：真实真诚，比正确重要。

足球明星梅西说：我总是实话实说，这让我很平静。

真话，不仅能让我们平静、踏实，更会把我们的想法准确地传递给对方。既然要建立有效沟通，那么，只有对方清楚地知道我们的想法，才能给予我们建立在真实信息基础上的反馈，是不是？

彼此真诚，才是一份关系可以真正亲近和亲密的基石，无论这个关系是什么类型的。

身为家长，千万不要觉得孩子小，就什么都不懂，恰恰相反，就像著名教育家陶行知所言：

人人都说小孩小，

其实人小心不小；

你若小看小孩子，

便比小孩还要小。

越是心地纯净的小孩子，越是具有天然灵敏的感受力，对孩子不真诚，就是在把孩子推远。

而孩子呢？你要尽量跟父母诚实表达自己，如果你害怕父母，或者担心让父母失望、不开心，也要尽量真实表达，否则，你的诉求可能无法被父母真正看见，你就得不到他们的帮助，问题就得不到解决。如果父母持续地不尊重你、不理解你，你也可以表达自己不被理解的痛苦。

无论是父母，还是孩子，说假话，是不能真正建立真正有效的沟通的，也会让彼此的心无法真正靠得很近。

秘诀之三：用感受说话，不评判，不讲大道理。

"你是姐姐，你比弟弟大，怎么跑来告状！不管发生什么，你就应该让着弟弟！"

"小女孩子，怎么这么大声讲话，吵吵闹闹哪有个女孩的样子！"

"男孩子不要说这些脆弱的话，你应该坚强点儿！"

……

这些话，在你的生活里，出现过吗？

当你表达自己时，听到这些评判和告诉你应该怎么做的声音，难受吗？

其实，一个人告诉别人自己的感受，不管这个人是大人，还是孩子，首要目的都不是想听到一些具体的指导——因为道理谁都懂——而是想要对方看见我的脆弱，感受到我的情绪，听见我的心声。

所以，父母无论面对孩子的什么问题：学习、情绪……请学会先不要讲大道理、下结论、说对错和评判，首先要做一件事：问孩子的感受是什么，发生了什么。否则，你就不能算是懂得好好说话的父母。

　　"我的感受是值得被父母看见的，我发出的声音是值得被父母真正听到和尊重的"——这一点对于孩子来说十分重要。当孩子表达出自己的感受却迎面碰到了冷冰冰的大道理，那种感觉就如同正在流淌的水，碰到了铜墙铁壁，硬生生地被闭住，无处释放，因为你说的道理听起来是对的，挑不出毛病——但是却会对孩子的心造成内伤。

　　在孩子心里，父母是自己最信赖的人，如果连父母都不愿意看见自己的感受，听见自己的心声，那么，还能期待谁会愿意倾听自己呢？

　　孩子是通过父母的眼睛看见自己的。这样只讲道理不尊重感受，看起来是在帮孩子建立正确的人生观，事实上呢，只会让孩子觉得自己的声音是不对的、不重要的，自己处于跟父母不平等的被指导地位，丧失自信，成为自我批判的人。

　　对于习惯于讲大道理的父母，就要试着恢复自己的感受力，让自己的心细腻起来，并在说话前，联结自己的真实感受，先去处理自己的情绪。如果带着情绪回复，那么在回馈时，要真实表达自己的感觉，比如，如果你非常气愤，你可以描述自己的内心状态：妈妈现在有点儿生气，但这是我自己的原因，不是你的问题……

　　心理学的研究告诉我们：被评判、被改造者只有三种选择：逃走、反击、回避。

　　有些孩子的选择是"反击"：在孩子进入青春期的时候，特别是十三四岁的时候，孩子的逆反会格外强烈，不仅不听话，反而对父母紧闭心门。此时，家长就会变得不知道如何跟孩子沟通和交流：既不能像小时候那样严厉地说教，可是放任自流又很不放心。

　　也不要觉得那些总是乖乖听话，从不发表不同意见的孩子，就是"让人安心"的——这些孩子可能只是选择了"回避"。而一个人不敢表达自己，被教导之后只点头，本身就是心理遭受创伤后的一种表现。

当"反击"和"回避"都太过让人难受，就会有人选择"逃走"。

孩子们之间选择离家出走的可能不多，但是，有很多方式是变相的"逃走"，比如，有的很小的孩子主动出国留学，原因是：只要能离开这个家，怎么都行……所以，如果真的想建立有效的沟通，不妨试着放下那些道理、评判——这些都可以称得上是另一种版本的语言暴力——而是先去敞开自己的心，跟孩子表达自己最真实的感受吧！

表达自己真实的感受，哪怕是脆弱的一面，起码可以让孩子看见真实的父母。

其实，"不完美的父母"并不会伤害孩子，"不真实的父母"才会。

说到底，言为心声。最好的表达是用心去表达。

能听见自己心声的人，自然也能看见别人的心。

好好说话，跟家庭教育的其他问题一样，难者不会，会者不难。

表面上，是跟孩子的关系，本质上呢，其实是自己跟自己的关系。

懂得倾听别人，根源在于能够倾听自己；

能够真实准确地表达自己的感受，根源还是在于倾听到自己。

所以，家长们，去感受自己，倾听自己吧！

当你越来越能看到或感觉到自己的时候，自然就知道怎么和孩子的心建立真正的交流和联结了。

而亲爱的孩子，如果你的父母、家人，就是听不见你的声音，用道理去回应你的心，你要知道，这不意味着你的心声不值得被听见和尊重，只代表他们的心生病了。

请你在每一个没有被真正听见和尊重的当下，去相信自己的感觉，让自己的每个真实的心音，都可以被自己听见。

越是细微地去感知自己，你越是能走进更深更远的自己的内在世界。

一个人，只要自己可以倾听自己，可以自己相信自己，自己尽量满足自己——哪怕不能做到，也要知道自己的感受和需要并没有错，那么，你的心，就不会受伤和扭曲，你的生命之树，就依然会郁郁葱葱！

全职陪伴孩子，孩子却得了幻听……

不走心，谈不上高质量的陪伴

父母无论面对孩子的什么问题：

学习、情绪，

请学会先不要下结论和评判，

首先要做一件事，

问孩子的感受是什么，发生了什么。

否则，

你就不能说是成熟的父母。

你即便给出陪伴，也只是低质量的陪

伴。

——王睿

从一个案例讲起

"一次考试，整个班级、学校的人都听到了我内心的想法……"

"当我做了我自己觉得很不好的事情，我就觉得我被上天惩罚，我心里的想法就被别人听见……"

"后来我工作了，整个工作的地方都能听到我内心的声音……"

说这些话的，是一位出现"思维化声"的年轻来访者。

思维化声的患者在思考时，会感到自己的思想发出了声音，即思想变成了清晰可辨的言语声。而事实上，这声音是不存在的。思维化声是幻听的一种，属于知觉障碍，也叫"读心症"，此证在精神分裂的诊断上具有重要意义。

这位来访者，从小是一个非常有自尊心的、懂事的、不想给别人添麻烦的、羞于表达自己的、内敛的一个孩子，对自己的所有情绪，都非常压抑。

一个孩子，感受得不到表达、自我压抑到出现幻听，一定是缺少陪伴吧？

看起来并没有。

不仅没有缺少来自父母的陪伴，甚至，在上初中的时候，爸爸因为望子成龙，特意辞掉了自己的工作，专心陪伴孩子的成长。

那么，问题出在哪里呢？

用孩子的话来说，爸爸严厉而又苛刻，可以因为觉得孩子不够努力学习、跟妈妈的关系不和谐等等原因随意打骂孩子，拿孩子出气……而妈妈一直忙于工作，并不知道自己的孩子都经历了什么。

孩子无处释放自己的情绪，没人看见自己的感受，于是，渐渐觉得自己不该有情绪，变得极度压抑，而且不爱说话。结果，高中开始，就出现了幻听……

很明显，问题就出在——这个家庭里，家长陪伴孩子成长的决心、形式和时间都有了，可是，陪伴的质量，却太低。

▶ 高品质的陪伴，与"爱商"正相关

离开父母、养育者的陪伴，一个孩子的需求就无法得到满足，可能连生存都是问题，更别提健康成长了。

但是，仅仅是陪伴，对于一个孩子来说是远远不够的——高质量的陪伴，才是孩子能健康成长的有力保障。

既然陪伴的质量，是父母决定的，孩子多是被动接受方，所以，这一部分，是写给父母的，诚意邀请想爱孩子的父母来看。

那么，什么样的陪伴，才是真正能满足孩子需要的高品质陪伴呢？

最简单来说，要"走心"。

"一瞬间走心的陪伴"远比"为你担忧好几天"强百倍。

人是物质、精神、情感三位一体的生物。

很多父母，愿意满足孩子最基本的物质层面的生理需求，可是，在情感、精神需求的满足方面，却很忽视。

但恰恰是情感和精神陪伴的质量，决定了亲子关系的质量和孩子成为一个什么样的人。

荷兰莱顿大学的心理学家一项研究发现，成年生活中抑郁症的主要原因就是成长过程中的情感忽视，例如缺少来自父母或其他监护人的注意、共情以及支持。被情感忽略的孩子，会习惯性压抑自己的真实需求去迎合别人，无法成为健康的自己，生命潜能不容易被释放出来。一个不能畅然活出自己的人，更容易活在跟他人的比较中，也更容易活成一个不快乐的和不易满足的成年人。另外，各种成瘾行为，也与童年的情感忽略、创伤情境息息相关。

能否给予孩子高质量的陪伴，从根本上来说，不是家长的学历问题，不是钱的问题，更不是时间问题。

是"爱商"的问题。

"爱商"这个词是我发明的。我觉得"爱商"跟"情商"还不一样。

"情商"是与他人相处的能力，这个他人可能是任何人，特别是跟你距离比较远的人。

可是"爱商"，主要特指你和跟你关系最近之人的相处、联结之道，其中的关键是如何感受、共情他人。

它的高低决定你和最亲近的家人的真实情感和精神满足水准。你跟朋友的关系再好，也很难带给你最亲密满足的情感和精神满足，所以，"爱商"的高低可以说决定了我们在这个世界真正的情感品质。

它与你的所有外在的标签都无关，只跟你自爱、爱人的能力息息相关。

▶ 爱商不足？快来为自己的爱商充值吧

如果一位家长，自认为孩子操碎了心，可孩子不但不领情，却反而问题百出。那么，你就可能是"爱商"缺乏。

提升"爱商"的关键是什么呢？

答案是：自爱能力。

我相信每一个孩子，都喜欢看见父母的笑脸。

爸爸妈妈展露笑脸，孩子的天就是晴的，能带给孩子最大的安全感。一个能笑对孩子和生活的人，一定首先是一个懂得自爱也有能力自爱的人。

高质量的走心的陪伴，需要父母自己首先是个"有心"人。

因为，高质量的陪伴，要做到：

一、人在心也在。

如果我们表面上是在陪伴孩子，也给孩子讲故事，也陪孩子做游戏，可是却心不在焉，那么，孩子是能感受到你的不走心、不专注的。这样的陪伴，并不会真的滋养到孩子，并不能跟孩子建立深层的联结感。

我写到这里，正好赶上 2019 年高考出分。微博上一个人的高考成绩高居热搜榜：《中国诗词大会》第二季总冠军、复旦附中的武亦姝高考成绩为 613 分（上海高考满分 660 分，满分 660 分换算成 750 分，她大概是 696 分），入选清华理科实验班类（新雅书院）专业。微博上，该话题的浏览人数已超 4 亿。

有文章这样描写武亦姝的父母是如何陪伴她的：

上小学后的武亦姝，已经爱上了全家人一起读书绘画、交流心得的温情氛围。

夜幕降临，在柔和的灯光下，一家三口都沉浸于各自的人文世界，读到欢喜处，就一起聊一聊。"哈哈哈，孙悟空好搞笑啊……""怎么好笑呢，说来听听！"爸爸一脸期待地问，以此锻炼孩子的语言组织能力。

小亦姝向父母复述书中的有趣情节时，不知不觉就学会了概括和表达。一家人也经常玩角色扮演，而且会改编结局。

做律师的爸爸，想必在工作中也有很多事需要思考，可是，他们夫妻还是愿意给予孩子高品质的全情投入的陪伴。如果，他们回到家，一身疲惫、一脸不耐烦，怎么可能培育出那么棒的孩子？！

二、陪伴不需要做到完美，但是最起码要做到真实。

可能，当我们回到家面对孩子的时候，客观上就是已经疲惫不堪，能量格只剩下一格的电。此时，你不需要强迫自己假装开心。你需要的是，对孩子说真话。比如，如果孩子兴高采烈地找你来玩积木，而你真的非常累，那么，你可以摸摸孩子的头，说：宝贝，爸爸非常喜欢跟你玩儿，可现在爸爸有些累了，你先玩，让爸爸休息一下，等爸爸满血复活了，咱们一起玩儿好不好？

对于孩子来说，如果你心不在焉，会让孩子感觉自己不值得父母的好好陪伴，甚至会觉得被欺骗、被敷衍，注意力无法单纯集中在游戏中；如果你跟孩子说真话，孩子会知道父母也有脆弱疲惫的时刻，父母还是爱自己、愿意陪伴自己的，只是父母需要一些时间休息。请记得：真话，是不伤人的。当我们对孩子真实和自然，那么孩子最起码可以接收到我们真诚的信号，我们跟孩子之间也会产生自然的流动，建立起真实的相互信任的关系，而且，我们也不必把自己的焦虑和担忧过度投射到孩子身上。孩子真的常常比我们想象的更有力量。

三、要能看见孩子的感受。

没有人喜欢听大道理。从发展心理学的角度来讲，孩子并不是缩小版的成人，如果强行给孩子灌输成年人的道理，对孩子而言是一种身心的摧残。

孩子一个阶段的身心需求得到满足了，才能顺利进入下一阶段的发育，否则，孩子内心的某一部分，就会有一种没有被满足的匮乏感，无法真正长大，甚至成为一个只有身体长大了的心理"巨婴"。

孩子真正需要的是，在成长的每一个阶段，都能被父母真正看见、真正理解、真正满足。

每一个温暖的被父母看见、保护、真正站在自己这边的行为，都会被孩子记住一辈子，温暖一辈子。他的一生，都被健康美好的童年治愈，而不必费力地疗愈自己的童年。

陪伴孩子，要尊重孩子真实的感受、样子和需求，而不是都给你陪伴了，我都陪你聊天了，你就要满足我的期待，我就要趁机给孩子灌输我的道理——得不到孩子的心、不真正滋养孩子的心，你的陪伴是没有质量的。

有些家长不知道如何与孩子做情绪上的互动。甚至有些家长自己本身就是"情绪无能"的人。"情绪无能"是一种心理问题，即一个人对自己的身心感受麻木，同时也缺少与他人共情、理解他人感受的能力。当一个人自己尚且是情绪无能，就当然会无意识地伤害孩子。

比如，当孩子与你诉说在学校里遇到了什么委屈，表达自己的各种情绪：愤怒、悲伤、无助……时，家长就绝对不要给出理智的而非情感的反馈："好孩子应该坚强、大度啊！""这点儿小事算什么！谁的人生都不是一帆风顺的，要学会忍耐痛苦！""男孩子就要有担当啊，遇到事情哭哭啼啼的怎么行呢？！"……这样的反馈，会让孩子以为自己的这些感受是不对的、不正当的、不应该的，进一步，就会逃避、压抑、否定自己的真实感受。但是，这些自然生发的情绪和感受，是不会因为压抑而消失的，它们只会被压抑得更深，压抑到潜意识里。

这样长久下去，就会导致：

✓　孩子逐渐与自己的身心感受失去联结感，变得麻木，甚至与父母一样，变成一个"情绪无能"的人；

✓　压抑下来的情绪会攻击自己的身体，制造身心问题；

✓　孩子在潜意识中，会形成"负面"的自我评判，不相信自己，自我否定、自己跟自己打架，能量被内耗掉；

✓　压抑的情绪会造成深层的心理创伤，影响成年之后的生活质量……

如果，家长本身就有情绪无能的倾向，那么，怎么与孩子做健康的情绪互动呢？

第一，你要做到不评判孩子的情绪，不用自己的主观标准来评判孩子的行为；

第二，要关注而不是忽略孩子的情绪；

第三，一定要回应孩子的情绪。不知如何回应，那就做到最起码能静静地在孩子需要或情绪波动时，陪伴在孩子的身边，听孩子表达自己的感受，然后，说："嗯，妈妈知道了，有妈妈在呢！""爸爸知道宝宝委屈（伤心、生气……）了……"这些会让孩子感觉自己被倾听、被看见、被接纳了，这要比给孩子讲大道理强一万倍。这会让孩子感觉自己被父母接纳，父母尊重自己的感受，遇到问题时父母愿意陪伴自己，站在自己这边，父母能够接纳自己真实的状态和样子，而不是被父母否定和改造，孩子会由此产生对自我的肯定和被支持的安全感。

四、父母要学会处理被孩子激发的负面情绪，疗愈自己的创伤。

担忧是一种诅咒。一个健康的家长，不会把自己的恐惧和焦虑投射到孩子身上。

如果，父母在陪伴孩子的过程中，自己出现紧张、焦虑、不耐烦等种种情绪，那么，请不要对孩子去释放情绪，把孩子当自己情绪的出气筒。

你要学会对自己的情绪负责，保持好情绪的界限，当一个人的时候，用健康的方式，把负面的情绪释放掉。比如，当你愤怒生气，那就去打打枕头，把枕头想象成惹你的人，尽情疏导自己的愤怒。这样，当你面对孩子时，才能真正做到心平气和。

还有，不要总是害怕孩子出现"问题"。做家长的当然希望自己的孩子一切都好，当孩子出现某些"问题"的时候，就会觉得焦虑、害怕、烦躁。其实，孩子出现"问题"，并不代表是孩子的错。制造问题，可能是孩子求助的一种方式。此时，我们不要急着"消灭"问题，而是要去跟孩子沟通问题背后的感受和真相是什么。

比如，孩子不想上学，你就要问问孩子为什么不喜欢上学，不喜欢学校的哪些部分——是跟同学老师相处得不愉快吗？还是学习太枯燥？答案的背后，就隐藏着孩子的心事。我们要把问题当成通向孩子内心世界的桥梁，只有父母跟孩子的心是相通的，我们才能及时帮助孩子解决问题，看见真实的孩子，协助孩子成为健康的自己。

其实，孩子身上的"问题"，常常不是孩子的，而是家庭的。

所以才说家长是原件，孩子是复印件。

从这个角度来说，孩子是来协助我们成长的"老师"。

通过孩子身上的"问题"，我们才能看见自己身上的"问题"。

而那些"问题"通常来自我们的原生家庭，"问题"的存在虽然让我们不舒服，但是还是被我们忽略和逃避掉了。

家长的自我成长、自我疗愈，是给予孩子健康陪伴的最大保障。

对于一个心理健康的人来说，陪伴孩子其实非常简单。

你怎么跟自己相处的，就怎么跟孩子相处就好了。

跟自己相处的舒服轻松，跟孩子的相处就一定也会舒服轻松。

当我们跟一个让人感觉舒服、安全，懂得我们的人相处，我们的身和心都放松了。我们也容易感觉自己更有能量，自我感觉更好，甚至，更容易有创造力和好点子。

同样，如果孩子与一个带给孩子安全、踏实、放松感觉的陪伴者同在，也会唤起孩子安静、安全、放松的感觉，这对身心——特别是神经、大脑都处于发育期的孩子，尤其重要，能够极大地促进能力和健康的发展。

▶ 早期生命陪伴的质量，决定了一个人生命的质量

这里，想特别强调一下早期依恋关系对孩子的重要影响。早期依恋关系，指

孩子与主要照顾人（通常是母亲）的互动关系，即生命最早期来自养育者的陪伴质量。

一个人能否建立真正亲密的关系，与婴幼儿时期所经历的早期依恋关系的品质如何有关。

健康的早期依恋关系，能让孩子产生正面的情绪状态，如快乐与安全感，但若是不健康的早期依恋关系，比如被忽略、经常分离、不及时回应、拒绝……，则会让孩子产生负面的情绪状态，如焦虑、愤怒、悲伤。而这些，会形成孩子成年后在关系中的心理投射。

心理投射这个心理名词，你在本书中会不止一次地遇到。简单来说就是一件事情的发生，带给你什么情绪和感受，跟你之前的经验有关。

还是那个本书不止一次说过的经典例子：

从一只猫身上，我们可以轻易地看出它的前主人待它如何。比如，你在一只猫面前举起巴掌，惊恐而逃的，是经常被前主人打；淡定自若的，是没受过虐待和恐吓，以为你要爱抚它。

对于猫来说，它对举巴掌行为所做出的反应，就是一种心理投射。

"举巴掌"这个行为本身是中性的，猫如何反应，取决于之前的经验。

早期依恋关系中形成的负面投射，会成为成年后亲密关系中的阻碍。

创伤性的早期依恋，不仅会影响幼儿的情绪，更会在大脑中留下印记。

很多家长不了解婴儿期情绪发展的重要性，常以为他们还小，没有记忆，把他们二十四小时托婴，周末才抱回来看一下；或者外出工作时，把孩子一个人留在家中；甚至，因为孩子没有自卫能力和表达能力，父母就把孩子当成出气筒，随意打骂……

但是，这些创伤性行为对孩子的影响是巨大的。

我们在本书里不止一次提到：科学家利用核磁共振看到了童年的受虐会改变大脑的结构。科学家已在受虐儿的大脑中发现掌管记忆的海马回比一般人小，连接两个脑半球的胼胝体（这是百万以上的纤维束，负责两个脑半球的沟通）比别人薄，连小脑蚓部的血流量都比别人少。而这会影响一个人左、右脑的整合，因此他们的情绪常不稳定，一点儿小事就大发脾气，以及一直存在的焦虑感，情绪调节的困难，冲动、认知能力的损伤，以及长期持有的世界是不安全的主观体验。

还有，大脑的杏仁核功能是帮助一个人躲避危险，在经历相似的身体感觉时，潜意识里存储的相似情感和情绪会被激活，会唤起这些自己不能意识到的记忆，并且认为当时的情境是一个危险。创伤性的早期依恋会让一个人在成年后的关系中，过度投射自己早期的恐惧与危机感，进而如同惊弓之鸟一般做出过激和过度防卫的行为。

而一个人越是没有安全感，越是倾向于在关系中隐藏真实的自己，扮演自己的人格面具，但这样的关系无法带来真正的亲密和满足。

另外，生命早期所经历的创伤经历，还可能会让人产生自我厌恶感、低价值感、自卑，因为他的潜意识会认为是自己不值得被回应和满足。

底特律儿童医院的邱加尼医生说："婴儿期情绪结构的不正常发展，造成后来社会行为的不正常表现。"

反之，高品质的陪伴，会帮助孩子成长为健康有力量的人。脸书创始人扎克伯格曾在公开场合表示，自己的成功，与父亲牙医爱德华·扎克伯格密不可分，他十分感谢高情商的爸爸为自己营造了宽松、自由、有爱、无责骂、充满支持的成长环境。

你看，有的人，不需要费力地从阴影之中走出来，因为他们从小就生活在阳光下。

他们习惯了阳光，自然不会习惯于黑暗，就算偶尔走到黑暗中，也能让自己再走出来。

而有的人，从小只得到了很少的阳光，渐渐把黑暗寒冷当作正常，甚至，自己也成为寒冷世界的一部分。

父母、养育者，是你的陪伴质量，决定了你的孩子从小生活在什么样的世界，是阳光明媚的，还是黑暗寒冷的；也因此，决定了你的孩子会成为什么样的人，拥有怎样的人生。

高质量的陪伴，会让孩子拥有一个快乐的童年，更会拥有健康的人格和有力量的自我。

千万不要站在自以为正确的角度和出发点，对孩子实施以爱为名的暴力。

孩子需要的，是尊重自己感受的陪伴；

是可以跟父母一起坐在沙滩上听海浪的声音；

是一起唱一首歌的快乐；

是父母没有指责、没有评判地听自己说话；

是温柔的抚摸；

是温暖的拥抱；

是害怕时的一句话：别怕，爸爸妈妈在呢！

是欣赏和鼓励的眼神……

如果你真的给了孩子这些，无须怀疑：你的孩子必定会成为一个身心健康的、有能力让自己幸福的人。

溺爱与真爱：
从「爱偷东西的富二代」说起

真正的爱，

给再多都没问题呀！

从一个案例讲起

　　那一天清早，在我工作室楼下的停车场里，一位女孩与我虽然只是擦肩而过，却让我印象深刻：因为她本人太美了，开的车子也太豪了。所以，当我在工作室里见到她的瞬间，对很多事情都见怪不怪的我，还是感到有一丝惊讶，因为今天的这位来访者，在预约的时候，告诉我说自己想解决的困扰是"偷窃癖"。

　　当"偷窃癖"和"白富美"结合到一个人身上时，怎能不让人感到诧异呢？

　　下面节选自她的自述：

　　我是从小学开始，喜欢偷偷拿别人的东西。比如，趁着同学不在教室，偷偷打开别人的文具盒，拿走好看的铅笔、格尺之类的小东西……我偷的都是自己喜欢的东西，就是好喜欢啊，我也想拥有……我的家庭从我出生起，就很富有，按理完全可以承担我的任何需求，可是，见到我喜欢的东西，我就是控制不了地想偷偷拿走。因为我拿的都是小东西，而且周围的人都知道我家很有钱，所以，我的这种行为就一直没有被发现，当然，也有可能是有人发现了，但是因为我很优秀、骄傲、倔强，怕伤我自尊所以没有揭穿我吧……

　　上大学的时候，有一次我在寝室看到桌子上放着一支口红，我就是好奇是什么颜色的，结果打开了觉得那个颜色我真的好喜欢啊，控制不住自己偷偷藏了起来。后来知道是我同寝室的好朋友刚刚收到的男朋友送的礼物，看到她着急沮丧的样子，我很愧疚，想还给她又不敢，我不敢面对自己是小偷的事实，我害怕被别人发现原来我是一个小偷，我也不敢承担说真话的后果，于是，我选择了逃避……可是，我好痛恨和厌恶这样的自己，我狠狠地骂了自己，下决心说这是最后一次——可是，下一次，当我看到什么自己喜欢的东西，当那一瞬间的冲动夹杂着紧张、兴奋，还有即将得到自己喜欢的东西的期待，混在一起，让我根本无法自控……

我问她：你第一次出现想偷东西的感觉是什么时候，发生了什么？

她说：应该是小学一年级，我记得我跟妈妈去文具店，我好喜欢一个带香味儿的粉色的橡皮，做成了甜甜圈的样子，特别可爱，只需要6元钱。可是，我妈妈说什么也不给我买，说带香味儿的橡皮有毒，就把我拉走了，然后给我买了几件很贵很贵的妈妈觉得很漂亮的那种衣服。回到家里，我想起那块橡皮，就伤心地哭了起来。可是，妈妈不让我哭，让我憋回去。她说：不是给你买了那么贵的衣服吗，为什么还要因为一块橡皮哭？

可是，我并不想要那些衣服啊！我只想要一块橡皮，为什么不给我买？！我知道妈妈说带香味儿的橡皮有毒，只是一个借口。之前也有很多次，我想要什么，妈妈都会用各种理由拒绝，然后，给我买的都是她想要给我的。那之后，我一次都没有穿那几件衣服。爸爸就怪妈妈，说都是妈妈母爱泛滥宠坏了我，买了那么贵的衣服居然都任性不穿……我真的对妈妈特别伤心和生气，虽然所有人都觉得妈妈非常爱我，可是，在我心里，有一个感觉，就是我永远都无法拥有我真正喜欢的东西，我永远都得不到我真正想要的，我真的好难过、好生气、好无能为力啊，我觉得如果我想得到我自己想要的，可能就只能去偷了吧，所以，从小学开始，我就控制不住地去偷自己喜欢的东西。我每次偷东西，不知道为什么，会有报复了妈妈的快感，但很快，就又会陷入深深的恐惧和自责……我无法接受这样肮脏的自己，我也好担心被别人发现关于我的这个秘密——看来这样出色、美丽的女孩子，内心是这样的扭曲和黑暗。

我被自己的这个毛病折磨得好痛苦，甚至紧张到常常失眠，医生说我神经衰弱。

▶ 溺爱与真爱，你的爱到底是哪一种

当一个孩子，像案例里的女孩一样，表现得不符合周围人的期待，就容易有人出来指责孩子的家长："都是你，惯坏了他！""你呀，就是对他太好了！""这孩子就是惯的！慈母多败儿啊！""你呀，就是太溺爱孩子啦！"……

一些声音说：人的行为怪异，都是因为缺爱。

另一些声音却说：孩子不能惯着，不能啥都由着孩子来，给太多爱那就是溺爱，溺爱只会害了孩子！

身为家长，很容易蒙圈：不给够爱吧，怕孩子缺爱；给太多爱吧，又怕孩子被溺爱宠坏！那咋办呀？到底是该多给孩子爱，还是控制一下给孩子的爱啊？具体的尺度在哪里呀？如何把握呀？

事实是：真正的爱，给再多都没问题。

而溺爱，并不是真正的爱，给了，只会给孩子造成伤害。

那怎么区分，真爱与溺爱？

很简单——

爱是什么？爱的本质是满足需求。想满足需求，当然要先真正看到对方的需求是什么，然后，再以对方的需要为出发点，去满足他。

所以，什么是真爱？真爱，就是"给你你想要的"：看见你的需求、满足你的需求、尊重你的感受，一切的核心，是你。

什么是溺爱？溺爱，就是"给你我想给你的"：管你需要不需要，管你喜欢不喜欢，没有底线，没有原则，凡是我认为对你好的、我想给你的就都给你。就像案例中女孩的妈妈，给自己的孩子买了很多昂贵的衣服，但她忘记了，那并不是女儿的需求，而是她自己的。买再多，也无法带给女儿真正的满足感。

生活里，这样的例子很多。比如，一个奶奶认为喝牛奶对孩子好，就逼着孩子多喝牛奶；一个爸爸觉得鸡蛋有营养，就拼命往孩子嘴里塞鸡蛋……可是，就是有孩子不喜欢吃蛋奶啊，甚至有的孩子蛋奶过敏，也许，渴望蛋奶是物质曾经贫乏的奶奶、爸爸的需要，并不是孩子真正的身体需要。这样的做法，看似在努力地给孩子，在努力地关心孩子、爱孩子，可事实上，只不过是在孩子身上投射自己的内在匮乏，给再多，孩子真正的需要也没有被满足。

还有的妈妈，会为孩子代劳几乎一切事情，看起来忙忙碌碌操碎了心，可是，如果真的站在孩子的角度，孩子的内心渴望的是去自己尝试、探索、成长、体验，这种包办一切自我牺牲奉献的妈妈，其实也根本没有真正满足孩子的需求，反而是在越界，阻碍了孩子自立的步伐。这种沉甸甸的"爱"，如果有得选，亲爱的孩子，你喜欢吗？

总之，不是孩子的需要，喂再多孩子也会感觉饥饿；

不是孩子的需要，花再多钱也带不来孩子的满足；

过度保护非常扼制孩子的发展；

给的只是物质，却忽略精神和情感的需要，陪伴着，却不走心……

这些，都是错误的"溺爱"。

溺爱，付出再多，家长再累，孩子的心中也会是冷冰冰的一无所有，会缺少被爱的实感，甚至会因为缺少与人真正的联结感而感觉仿佛一个人飘浮在空中（我的一位来访者的原话）。

那么，真正的爱，是什么样儿呢？怎么判断自己给出的爱和得到的爱，是真爱，还是溺爱呢？

非常简单的标准就是：真爱，会让人能量满满、活力十足、笑意融融、有主见……溺爱，会让人不快乐、胆子小、情绪坏、缺乏自主精神……

做了再多，把自己感动得快哭了，但孩子被爱得难受、受伤，那也是没用的。

不过亲爱的孩子，当父母没能给你真正需要的足够的"真爱"，你要知道，这不代表你不值得被爱，只代表你的父母，他们自己的心也受伤了，也没有拥有一个被充分地"真爱"过的童年。

或者，他们自己也没得到，不会也不想给予；或者，他们想给，却看不见你的需要，误以为努力地给就是真的在爱你。

当人活在创伤里，会无意识地重复那种创伤的模式，因为他们自己也是这样对自己的。

比如，一个在需要妈妈的拥抱时，被妈妈说着"总是抱你会把你惯坏的"而推开的孩子，就会在受伤的同时，合理化妈妈的说辞和催眠，然后，就会以同样的方式，面对自己孩子张开的双臂，对孩子和自己说同样的话，重复妈妈的话，让同样的创伤，再次传递给自己的孩子。这样的妈妈，哪怕再辛苦地照顾孩子、做家务，自己也是不快乐的，也是看不见孩子真正的需要的。哪怕把孩子"惯"得四肢不勤五谷不分，也不能说是真的"懂爱"的妈妈。做她的孩子，也会内心伤痕累累。

所以，你看，有好吃的妈妈不舍得吃，全部留给孩子吃的，这不叫"爱"孩子，这叫在传递匮乏与愧疚感，这不是孩子的需求，常常是做父母的自我缺失不会自爱的结果，还不如一家人有好吃的就开开心心一起分享来得健康。

孩子想自己动手做什么，也不要去挑剔、代劳或阻碍，就让孩子大胆去尝试好了，哪怕做得不好，打翻了盘子打碎了碗，那也是通过独立探索、完成事情，来获得成长与成就感的必经之路啊。

▶ 你已如此努力，为什么给出的爱还不是对方需要的真爱

真爱和溺爱，对于真正心理健康的家长，其实界限分明。其中最大的秘诀就是：把自己当人，能看见自己感受的家长，自然也能看见孩子的感受，自然会给出孩子真正需要的那种爱。

给孩子一个健康的、能量满满的、温暖的自己，真的比什么都重要。

多少家长，自己的心伤痕累累，也看不见孩子的感受和需要，控制孩子、忽略孩子……，跟孩子真实的需要较劲，却自我感动，仰天长叹："我这么爱孩子，孩子却如此不堪！"

可却从来没有意识到，自己给出的"爱"，不是孩子真正需要的、能滋养孩子的那种爱，这种"爱"给得越多，可能伤害越大。

我自己呢，自从心理上渐渐健康了起来，我真的也一点点地成为一个愿意给孩子很多很多"爱"的妈妈——痛快地满足孩子的各种需要，在乎他的感受，尊重他的选择，及时回应孩子。

连我妈妈，都担心地问我：你这么惯着孩子不是在溺爱他吗？不怕孩子被惯坏吗？

可是，我的孩子，从来没有提出过一个无理的要求，甚至，我主动给他花钱，

如果他觉得没必要，都会拒绝。

真的，孩子并不会因为看到你愿意满足他，给他花钱，就跟你要爱马仕的包包卡地亚的钻戒的！真正有安全感和自我的小孩，不会有虚荣的概念。

如果，你不反着孩子的感受和需求来，如果你能看到孩子的真实需要并去满足，真的，不信你试试，真的你跟孩子会彼此开心——这，就是真正的爱啊！这就是在彼此滋养啊！这，就是幸福的流动啊！

这样的爱，当然是多多益善啦！

也许，还是会有人为我这类"溺爱"孩子的妈妈着急担心，可是我的孩子，活力满满啊，每天高高兴兴啊，人缘超棒啊，见解独到啊，啥也不让大人操心都能自主啊，眼里有光啊，待人温暖啊，心里有爱啊……

好吧，不管你咋想，反正，我是不会改了！

就让我，继续这样"溺爱"孩子吧！

一个人除了物质的财富之外，心里也还有一个藏宝盒，里面装着一生中所有的好时光，我的藏宝盒里，有一大段都是童年岁月。所以我常讲父母要对小孩好一点儿，不是白好的，那些快乐会被他储存起来，会成为他灵魂的一部分，未来纵然落到困苦境地了，心中也不会是冷冰冰的一无所有。

如果一个孩子在愉悦中度过童年，那么他会自然生发几乎所有的人类美好品质：独立思想、创造力、热情专注、同理心，并且成年后继续给自己创造舒服的人生，持续感受到幸福喜悦。若童年过得拧巴不痛快，那么人必然会在长大之后继续制造拧巴的人生。真相如此简单：孩子现在多吃点儿苦，将来就会吃更多的苦。

——李雪

『我家孩子爱打人』：惩罚教育、吃苦教育、挫折教育，真的好吗

从一个案例讲起

　　有一位妈妈，非常苦恼，因为她的儿子，在学校里常常跟别的孩子打架——动手的那种。

　　在一次又被老师找了家长之后，她来寻求援助，看看能不能找到孩子喜欢打人的心理根源。

　　我问她说：家里是否有人也用武力、打骂的方式对待孩子呢？

　　这位妈妈很诧异地说：是啊是啊，我们跟我的父母生活在一起，他不听话的时候，我爸妈会打他。不过，长辈教训小孩子，不是很正常吗？这跟他打别人有什么关系呢？

　　就在我们咨询的过程中，她的家里又传来了很大的骂孩子的声音，让咨询不得不终止。

　　之后，她回我说：

　　刚刚处理了一下我儿子的事。他蔫蔫地跑上楼，说自己被外婆打了五棍子，分别在那里，说了事情的经过，我发现他不是故意把衣服弄脏，而且在弄脏衣服后他已经开始自己洗了，外婆怪他不该自己跑到那么远、那么危险的地方去，就打他。我问他为什么不跟外婆解释，他说说了也没有用，只有跪地求饶……

▶ 让孩子从小多吃苦，就能成长为坚强有力的人吗？如果惩罚、吃苦、挫折教育真的好用，那教育就真的太简单了

每一次攻击都是一次求助。

这个小小的男孩子，生活在无缘无故被外公外婆随心情随意打骂的环境，父母因为传统的"孝道"的观念，认为长辈永远都是对的，加上工作忙，所以，从来没有站出来保护过自己的孩子，也没有问过孩子被打的感受。

孩子无法为自己发出声音，也无法保护自己，于是，他压抑下来的委屈、愤怒，就无法控制地用来攻击学校里那些比自己更弱小的孩子。

这就是为什么，一个小男孩会接二连三地在学校打人。

我知道，有很多中国父母都有这种口头禅：

"孩子不听话？那还不打！"

"爱你才打你！我怎么没打别人家孩子呢！"

"哪个孩子不挨打！我是你爸／妈，还骂不得你，打不得你了？"

"小孩子嘛，就要从小多吃点儿苦头，吃苦的孩子长大才能变得坚强！"

"小孩子就是不能让他一帆风顺地长大，多受点儿挫折那是锻炼他，都是为了他好啊！"

……

有多少孩子，在这样的教育理念下，人格被摧残到终身抬不起头？又有多少孩子，从小被父母的暴力或冷暴力吓到发抖？

甚至，一些所谓的"教育专家"也倡导这样的教育方式。

我曾经读到过一篇文章，中心思想就是讲"今天你不允许父母老师惩罚学生，明天你的民族就会被惩罚！"

通篇引经据典只是倡导一件事：《中华人民共和国未成年人保护法》中有关于"严禁体罚"的规定，是错的，应该被推翻，成年人就应该恢复对未成年人的体罚、暴打、暴力行为。

文章里这样的言论比比皆是，结尾是这么写的：

英国、美国、日本、新加坡、澳大利亚、韩国体罚机制再一次为我们敲响警钟：学校加入体罚制度，不仅可以维护教师的尊严，提高教师的积极性，更可以让学生从小有规矩意识。更重要的是，能让学生从小在被惩罚下体会磨难，长大后能做一个有胆识的人才。

言外之意，不体罚，是我们国家落后的体现和根源。

可是，真相是这样吗？

不是的。

真相是，文中提到的国家，比如美国，是不允许人身攻击的。无论是丈夫和妻子之间，陌生的成年人之间，甚至是对宠物都不允许使用暴力，对未成年的儿童更不允许。在美国的绝大多数州，不仅是不允许体罚儿童的，甚至父母体罚自己的孩子，都会丧失监护权。

不是说美国的做法就一定是对的，但"我们国家是因为不再奉行'棍棒底下出孝子'的观念才落后的"——可以说，时代在进步，这种言论却是赤裸裸的倒退！

我知道，支持这些教育方式的人认为：让孩子从小多吃苦，给孩子的人生多制造人为的挫折教育，能帮助孩子成为有毅力坚强的人，能有更多能力应对人生可能的困难和挫折，可是，从心理学的角度来说，惩罚（尤其是体罚）、吃苦、挫折教育，其实都是非常负面和拙劣的教育方式，因为这会在孩子的心里种下自我打击、自我厮杀、自我挣扎、自我批判、自我否定的种子，虽然看起来确实可以即时控制孩子的行为，但是，副作用却更多。

威斯康辛纵向追踪研究（WLS），是一项持续了整整 61 年，跟踪了上万个人的心理实验。

研究人员发现：人们在孩童和青少年时期遭受的"逆境"，比如孩童时期受到的虐待（还有性侵），会对一辈子的健康状况产生长远的负面影响。研究人员笔下的"逆境"还包括：从小在贫穷的家庭中成长，并且因为贫穷而导致教育资源缺失、职业选择受限、工作中缺乏自主性和掌控权…… 这一系列孩童到青壮年时期的个人成长状况，都可以准确预测中年到老年时期的身体疾病（特别是女性的乳腺癌患病概率提升）。

如果说以上是长期的心理追踪研究得到的结论，那么，前面提到的神经生物学家利用核磁共振也得到了相同的结论：童年的受虐会改变大脑的结构，给神经系统的发育带来实质性的损伤。有过被打骂、被忽略等受虐经历的孩子，他们的大脑中，掌管记忆的海马回比一般人小，连接两个脑半球的胼胝体（这是百万以上的纤维束，负责两个脑半球的沟通）比别人薄，连小脑蚓部的血流量都比别人少，另外，控制情感和认知行为的关键部分——前额叶皮质，也会受到损伤。这会影响一个人左、右脑的整合，具体表现就是情绪常常不稳定，一点儿小事就大发脾气，容易一直存在着焦虑感、情绪调节困难、冲动、认知能力受损伤，不容易集中注意力，难以真正融入群体，以及会长期持有"世界是不安全的"主观体验。

另外，大脑的杏仁核功能是帮助一个人躲避危险，在经历相似的身体感觉时，潜意识里存储的相似情感和情绪会被激活，会唤起这些自己不能意识到的记忆，并且认为当时的情境是一个危险。也就是说，成长过程中经历的受虐、受苦经历，会让人在成年后的关系中，过度投射自己早期的恐惧与危机感，进而如同惊弓之鸟一般做出过激和过度防卫的行为。

想想看，当一个孩子被迫去接受施加在自己身上的虐待、打骂、痛苦，而这种虐待是来自于他想要去信任和爱的人身上，那么，他就容易出现认知上的混乱，爱与恨等复杂的情绪交织在一起无法释放，就会让他不敢信任他人，过度地想要去保护自己，也会视暴力为平常的解决问题、处理关系的手段。

这不仅会带给孩子一个不快乐的童年，也会让这些痛苦延续到成年后的生活：当他之后进入伴侣关系时，就会自然地把自己在成长过程中用以处理伤害的反应模式——退缩、忍耐、逃避、过度防卫和攻击，带入自己的关系里面。

受苦与暴力对孩子的伤害还不仅于此。

现代心理学的发展，已经非常重视潜意识对人的巨大影响。

被打骂、受虐、受苦的童年经历，也容易让孩子在潜意识中形成："人生是艰难的""我是不值得爱的"……之类的负面信念，带着这样的信念生活，孩子就容易做出退而求其次的各种选择：不敢追求更理想的伴侣、不敢尝试更喜欢的职业……这也自然容易为孩子的人生吸引来更多挫折、痛苦和磨难。

另外，研究表明，一个人感受到的爱和喜悦越多，那么，他身体里分泌的各种有益因子就越多，比如，每当人体多分泌 27% 能够令人心情振奋的 β - 内啡肽，帮助睡眠和细胞修复的人体生长激素含量会随之提高 87%，当然对身心健康大大有益。

反过来，当一个人长期处在功能不良、沟通不畅、缺少真正爱的联结的关系中，随之而来的抑郁、悲观和消极情绪，则会一方面加速肾上腺超量分泌对身心不利的有毒因子，进而对身体会产生多种伤害，另一方面，也会抑制快乐健康因子，比如多巴胺的分泌。

成年人的身心健康尚且需要爱和喜悦的情绪来支撑，更何况是正处于生长发育关键期的孩子呢？一个成年人长期处于压抑、压力大的状态下，都会产生痛不欲生之感，又何况是一个孩童？

无数的案例和科学研究告诉我们，打骂、挫折、吃苦头，其实并不能让一个孩子变得更有胆识，相反容易——

·影响身体健康，对神经系统、免疫系统等发育造成伤害；

·影响心理健康，更自卑、逃避、扭曲，患上抑郁症、焦虑症的比率大大提升，甚至容易产生自杀的念头；

·让一些不容易被驯服的孩子，学会用暴力解决问题与分歧，形成攻击侵略的个性，产生暴力倾向或反社会行为：某城市曾经对 408 名少年犯进行调查，发现在打骂中成长的少年犯罪率非常高，达到了 84%；

·更难信任他人，更难跟人建立健康亲密的关系，让孩子没有从成年人身上学会爱，反而学会了彼此伤害；

·2015 年，"高中女生遭同学轮番施暴，不敢吱声"视频传到网上引发热议，画面中，那个女生不断地被扇耳光，却一声不吭——被打骂长大的孩子，会不懂得也没有力量捍卫自己的边界、正当权利与尊严；

·一个孩子只有在父母那里获得足够的重视与认可，才能时刻充满自信地投入生活，而那些在交友中过度讨好、过度付出的孩子，根源常在于身而为人渴望被肯定的心理需求，从小在家中无法从父母那里获得，于是转而期待在同学、朋友关系中得到认同和重视；

·会造成亲子关系中的隔阂，亲子关系在打骂中变得淡漠，一部分孩子跟父母的关系会变成现实的责任义务关系，无法真正亲密，另一部分孩子甚至还会产生报复心理……

一厢情愿地以"为了你好"之名，对孩子进行挫折教育，本质上，是在给孩子的童年和人生制造困难和痛苦。

孩子并不是小版的成人，孩子的心理发育是有自己独特的规律的。

孩子每一个心理阶段的需求都得到满足，才能顺利地进入下一个阶段。

如果，前面的阶段发育不良，那么，遗留下来的心理发育障碍就会影响下一阶段的发展，而且人的潜意识会终身试图去满足自己孩童时期未被满足的心理需求。

所以，如果家长按照自己的想法去"锻炼"年幼的孩子，不尊重孩子的身心发展规律，不满足孩子的需求，那么，一个吃过太多苦的孩子，就跟一株受过太多风雨的小树一样，很容易扭曲。

如果惩罚、吃苦、挫折教育真的好用，那教育就真的太简单了。

可惜，这些教育方式，并不能帮助一个孩子变成更好的人。

一个人长大的样子，是童年许多个瞬间堆积而成的。

一个人格健全身心健康的人，从来不是天赐的礼物。

一个心理扭曲无法建立起真正亲密的关系的人，也从来不是命运的捉弄。

诸事万物，都有迹可循。

人生的每个年龄阶段都有自己独特的价值，请学着去尊重孩子的节奏，去满足每个阶段孩子的需求，不要急于让孩子去体验"苦"的滋味。

真正的好教育，是"走心"的，是心与心的交流，是尊重，是温暖，是爱的传递，而绝不是暴力的威逼、强制吃苦的折磨。

童年的他被家长善待，长大的他才更容易被整个世界善待啊。

▶ 我只是个孩子，面对父母的吃苦教育，我该怎么办

亲爱的孩子，如果你的父母对你实施过吃苦教育、挫折教育、打骂教育，那么，我要分享给你对应的三步舞——

第一步：很简单，你要知道，你有权利对这样的行为说"不"。

第二步：我邀请你，去回忆一下自己记忆里，印象最深的一次或几次这样的经历，去试着重新体会一下当时的你，是什么心情？如果，给你一次机会，可以让那个时候的你，真实地表达自己，你想对父母或让你受苦的人，说些什么，做些什么？

有一位初中生，在做这个释放练习时，他哭了，他说：

我回想起小学时，因为作业没有在爸爸规定的时间写完被他打的时候，那个时间点的我，身体里有股巨大的愤怒，我想对爸爸说："我为什么必须要按你规定的时间写作业和学习？你凭什么不高兴就找个理由打我？我不是人吗？我小我就没有感受吗？你随便打人、发脾气，你是个好爸爸吗……"

他还告诉我：当被爸爸打的时候，我心里有个"我不够好，我不值得被爱"的声音……

当你这样做的时候，并没有真的回到那个时间点对父母说。所以，你是完全安全的，也没有人有权利用道德标准来评判你，所以，你可以完全真实地表达自己，发出自己真实的声音。

这对父母来说，也许改变不了父母的认知，但却也不会伤害到他们；但对你来说，却会带来心理上，甚至身体上，巨大的疗愈。

第三步：你的父母，身体虽然长大了，可内心也许也背负着未被疗愈的伤痛，他们也有自己的恐惧、脆弱、逃避、无知与无助……可能，在他们的灵魂深处，也住着一个瑟瑟发抖的小孩，所以，他们无法以健康的方式去爱你。如果你因此而没有被善待，那么，你要记住：

·错的人不是你，这也并不代表你不值得爱。

·"打是亲骂是爱""打你是为了你好"这样的说法不是真的，请你在任何情况下都要去相信你自己的感觉，打骂就是打骂，打骂不是爱。真正疼爱你的人会疼你，而不会打你。

·爱，有很多表达方式，也许你的父母没有给你做出如何"健康地爱"的榜样，但是，我们一定不要重复父母错误的方式，我们可以不被父母的模式所影响，按照自己觉得舒服、让别人也舒服的方式去表达爱。

▶ 身为家长，我就是控制不住地想打孩子，我该怎么办

首先，我邀请你，诚实地觉察一下自己的心，是否在打骂孩子、不满足孩子时，无意识之中，有一种身为强者、向弱势方的孩子发泄情绪，甚至恃强凌弱的快感？有没有无意识地把孩子当成了宣泄压力的出气筒？

然后，如果你只是单纯地认同"棍棒底下出孝子"的理念，那么，请去看看你的成长期发生了什么，是不是你自己也有一个不快乐的、需求不被满足的，或者，一个被打骂的童年？

再去看看你对待、教育孩子的方式，跟你童年的经历、父母教育你的方式，是否有类似的模式？

在这个模式下长大的你，真的幸福吗？你人生里的各种关系，特别是亲密关系，美满幸福吗？

如果成年的你自己没有活得真正舒服幸福，那么，也许，真正需要成长和疗愈自己的人，不是孩子，而是你。

以前读到过一段文字，忘了出处，但是，作为妈妈的我还是记录了下来，用来提醒当时的我自己，现在，我想把它分享给更多的父母：

"你知道吗？Meg 长到三四岁，淘气得不得了。我有一次忍不住，轻轻打了她一记耳光。那记耳光却好像反打在自己脸上似的，我感到血液倒流，脸热辣

辣的。接下来好长一段时间我都感到很难过，更确切地说，是感到害怕。我害怕 Meg 和我之间，会重蹈我和母亲的覆辙，Meg 将感受那些我曾经感受过的不快乐。从此以后，我发誓再也不打她，好在那也不是什么特别难以坚守的誓言，我是那么爱她。" Andrea Chambers 一边抚摸着她的小狗 Lucky，一边用雪花般温和的语调，讲述着她和孩子们之间的故事。

我希望，更多的家长能够在打孩子之前，能意识到：那是在孩子身上，重复自己童年受到过的伤害。

托尔斯泰说："All, everything that I understand, I only undertand because I love."

——所有，我所理解的一切，皆因爱而明。

缺爱的人，自己没有品尝过健康的爱的滋味，成为家长，也容易惯性地低估爱的力量，却高估管教的手段。

如果真的爱孩子，就好好自我成长吧！好好地深入童年的创伤去自我修复吧！就好好地去学习真正健康的爱人之道吧！

给孩子足够的爱，让孩子像孩子一样生活，他们身心才会做好充足的养分储备，去面对成年人的生活——这，才是父母给孩子的最好礼物啊！

成为自己想要的样子，还是父母期待的样子：从『拖延症』说起

每个人都在听着自己的节奏跳舞，

控制越多，自律越少。

从一个案例讲起

这是一位深受"拖延症"困扰的博士在读生。以下文字整理自他的咨询录音：

我觉得自己太懒了，不知道该怎么办，学习没有动力，拖延得很厉害。

我也不是不想做，我也知道我应该做，可是我真的就是做不进去。

遇到我感觉难的我就学不进去了……挺麻烦的，很焦虑。

如果正在学习就会有一些价值感，觉得自己在做对的事情，就不那么焦虑了——反正已经在做了是吧？

可是很多时候就是学不进去也做不下去。感觉现在状态越来越不好了，得自己逼自己或者是老师逼我，就是没办法拖不下去了才可能去做一点，否则就想上网之类的……面对学习，我的感觉就是生不如死，太讨厌了。所以，读博之后，我就一直想偷偷懒，投机取巧，避重就轻的那种方式，结果成绩就不是很理想。

还有，我曾经跟一位女孩子交往过，可是，因为我父母不喜欢，我就慢慢地疏远了她……

我内心最真实的声音是如果全世界的人都死光了，我会选择脱轨，我爱怎么活怎么活。但问题是这世界有这么多人，我更在意他们的眼光，我想让他们觉得我正常，我觉得这个比我自己内心的感受快不快乐更重要，而且最重要的是要对我的父母负责任。

我曾经试图跟父母说过我的痛苦，告诉他们我很想和他们过不一样的生活，可是，当我向他们说，然后他们来说服我的时候，我就知道他们的态度了，我就知道他们对我的期待是什么了……我觉得我是他们的孩子，我有义务满足他们的期待，我不能让他们伤心……可我是一个独立的人吗？这是我的人生吗？我到底是为他们活着还是为自己活着？在这个家庭里我开不开心重要吗？并不重要，安全安稳才最重要。可是现在的我在做不喜欢做的事，你强迫我我也做不进去，我很难受，我痛苦得要死，我甚至大脑出现排异反应了，你知道吗？我看到那些东西我都学不进去，我不会了，我大脑已经木了。我对那些东西已经本能地排斥了……

▶ 控制越多，自律越少

亲爱的孩子，不知道你可曾跟这位男孩一样，有过这样的烦恼：父母希望你能成为他们期待的样子，却不太尊重和支持你成为自己想要的样子；父母希望你能按照他们认为"应该的"方式和节奏来做事，而不想让你按照自己舒服的方式和节奏来生活……下面的话是否也有人对你说过：

"你做事太磨蹭了，就不能快点吗？！这样怎么能适应社会呢！怎么比得过别人呢！"

"我是你妈，我都是为了你好啊，你就该听我的！"

"妈妈最大的梦想就是做一个医生，我没机会了，妈妈希望你能替妈妈实现它！"

"爸爸就喜欢听话乖巧的孩子，不听话我就不喜欢你啦！"

……

很多父母，会不自觉地把孩子视为自己的延伸。既然孩子是自己的延伸，那么，当然就希望孩子能成为自己期待的模样。

于是，就会不自觉地用自己的标准来要求和改造孩子。

曾有一位妈妈给我留言，说自己的孩子有个问题是太不自律。总是喜欢熬夜，喜欢看手机，自己建议孩子把每天的时间做个规划，什么时间玩，什么时间学习，什么时间睡觉……可是孩子就是不听……

按理来说，这样一位妈妈"管"不了的、不喜欢自律就不自律的、喜欢熬夜就熬夜、喜欢看手机就看手机的初中女生，应该活得很舒服自在是不是？

其实一点儿都不。

女孩说，妈妈很自律、负责和辛苦，从小对自己保护得非常好。现在自己已经14岁了，可是，下了学校的班车，在小区门口走回家里的过程，妈妈都坚决不允许她自己走，一定要等着妈妈来接。

其他的事，更是不给机会按自己的方式去做。

身体不舒服，想晚点起床再去课外班，而时间也来得及，可是爸爸妈妈就是不理解，不尊重她的感受和节奏，非要恶言恶语地要求她立刻起床。结果就是越被强迫越感觉伤心、身体就更不舒服、更没力气起床……明明，她只是希望爸爸妈妈能说句：哪儿不舒服啊？不舒服你就自己决定什么时候起床好了！

因为总是被父母打乱自己的节奏，而女孩又不会表达自己的感受和不满——因为表达、抗议也没有用，父母的要求又看起来总是那么正确和理智，所以，女孩就慢慢变成了一个不反抗父母、不表达感受，特别想按照父母的节奏和期待生活，可就是没有能力做到而让父母失望的"问题孩子"。

她的内心，对自己不能满足父母的要求非常失望，觉得自己是个没用的"坏孩子"，她小小的心灵不知道该如何面对这一切，于是，难受的她只好逃避到网络游戏里。

可事实上，哪怕是打游戏的时候，她的心里也并不放松，她的一部分还是在惦记着该做的正事——学习，她仿佛分裂了：一个声音说"不要玩儿了，你应该去学习"；而另一个声音说"真的做不下去啊"……于是，自己的每天就这样纠结着，非常痛苦。

"每个人都在听着自己的节奏跳舞"，如果被强行打乱自己的节奏，按照别人要求的节奏而不是自己的节奏跳舞，步伐就会乱掉。

很多父母却不懂这个道理，以最正确、最权威的角度，安排着孩子的一切。

一旦孩子有反对意见，一句"我这是为了你好"，或者一句"爸爸妈妈多辛苦，还不都是为了你"，就能堵住孩子试图表达自己真实感受的嘴。

结果呢，孩子要么乖乖服从，一点点失去了跟自己的联结，变得麻木，听不见那属于自己的节奏；要么做不到却深深自责、愧疚，觉得自己不够好是坏孩子……

不知道有多少人，就这样，被父母按照他们的意愿打乱了节奏，陷入了混乱。

而父母呢，明明是自己用控制毁掉了孩子建立自律的机会，却不自知，反而再去责怪孩子不自律。

▶ 他律，会扭曲心灵

我知道父母会说：孩子小啊，什么也不懂啊，所以需要家长管着他啊，不然孩子就会为所欲为、无法无天啊！那怎么行呢！我都是为了孩子好啊！

可是，父母不得当的"管""他律"，却是遗患无穷：

父母过度的控制和强加，不尊重孩子自己的感受和节奏，会让孩子渐渐失去对自己"每一个感受的正当性"的相信，孩子不得不扭曲、压抑、控制自己的感受，按父母的要求来调整自己的节奏，而这是非常可怕的——感受力是一道在这世上最重要的防护墙，不再相信自己的感觉，会让孩子失去这个防护墙的保护，也失去表达自己感受的能力，这就容易在人际关系中被别人的意志所左右，压抑的情绪能量也容易反过来自我攻击，对身心健康极为不利。

BBC曾做过一项调查：访问2000名1946年前后出生的人，来探究他们在不同年龄阶段的心理健康状况。结果发现：父母过度的关心与控制会影响孩子的独立性和自我身份认同。

而另一项研究表明，在父母控制欲强的孩子成长过程中约有7%到10%产生过自杀的念头。

孩子没有父母就无法生存，孩子对父母也有天然的爱。在很多孩子心里，父母就是最重要的存在。所以，孩子会选择顺从父母，一点点失去了跟真实自己的联结，变得混乱。

如果一个孩子，真的按照父母的期待去"他律"生活，比起反抗、不听话的孩子，常常代价更大。

极端的例子，就是北大弑母的吴谢宇。

他，曾经就是一个标准的"别人家的孩子"，是父母老师最最喜欢的那种"好"孩子：

别的孩子打电子游戏的时候，他一个人专心致志地看书，读书成绩很好，文理兼修，而且对每个人都是那么热心、真诚，篮球打得也很好。每天晚上11点都要准时睡觉，每天早起读书，极度自律。

最为诡异的一点，那就是——没有任何人能说出他的一个缺点。

吴谢宇整个人生没有一丝人格的破绽或者弱点。

每个认识他的人不但没有谴责，反而迫不及待用各种褒义词去赞美他。他的一位同学甚至说，他宁可相信自己会弑母，也无法相信吴谢宇会弑母。

他所拿出的成绩单也足够出色：

北京大学三好学生，北京大学廖凯原奖学金获得者，北京大学经济学院学生，美国大学研究生入学考试 GRE 成绩全球前 5%……

当这些几乎代表了学生生涯最高成就的标签，跟冷血的弑母者，重叠在一个人的身上，怎能不引得人们驻足深思。

据报道，他的妈妈是一位对自己自律甚严的人。吴谢宇父亲去世后，她对外表现得乐观、清高且坚强。为帮扶吴家母子，吴父的大学同学凑了 1.8 万元慰问金，但被清高的吴母三次婉谢，钱一直存在银行里。可是，妈妈的内心是崩溃、痛苦而绝望的，吴谢宇是母亲焦虑情绪的直接见证人。习惯了优秀，也认为"诉苦和沟通是无能"的他，选择了掩饰，也拒绝向人求助。

但内心里，他对母亲的所作所为是抗拒的、排斥的。他不认可母亲，这从他和母亲对那 1.8 万元慰问金截然不同的态度上可见一斑：吴谢宇将母亲杀害、伪造出国的假象后，通过父亲的同事立即把钱取了出来，而且，用自己和母亲的手机发送借钱信息，以母子二人要出国留学钱不够为借口，从亲友处共借了 144 万。而他杀死母亲之后，就踏上了母亲绝不会认同的生活道路：骗钱、放纵……可见，离开了母亲的管控之后，吴谢宇迫不及待地放飞自我，完全逆着母亲的要求和标准而活，这更像是压抑已久后报复式的宣泄。因为真正做自己，并不是父母想让我啥样儿我偏不啥样儿，而是，我就是我自己，跟他人的期待无关。

很多人好奇吴谢宇作案的导火索是什么，其实，对于长期扮演着一个"完美自己"的人来说，打破枷锁成为"真实自己"的趋力，一直被无情地压抑着，这股趋力如同一团火，如果一直找不到健康的疏导方式，那么，爆发、毁灭，只是早晚的事情。

有一部韩国电影《天空之城》，里面的英才也和吴谢宇一样，从小就表演着模范好学生的人设，压抑天性，一路考上首尔医科大学，最后在父母最自豪的时候把这一切美好毁灭掉，作为对压制自己的父母最大的报复。

在心理治疗中，会发现有一种倾向：那些按父母的期待而活的孩子，潜意识里对不能成为自己、按自己的真实天性而活，是充满愤怒的。于是，潜意识里就会给自己的人生设置路障，用自己的失败来证明父母教育的失败，无意识地通过摧毁自己的人生，来表达对父母的愤怒。

吴谢宇，只是他所采用的方式更直接而已。

其实，孩子都是天然地爱父母的。

所以，小小的吴谢宇一直都努力地配合着母亲的期待而活，从他从小就极端地自律可见一斑。

只是，人毕竟是人，极度的自我控制，最终必然的结果就是失控。

而失控的方式很多，有的人，是自毁，是心理失常，而吴谢宇，则是更为极端的弑母。

▶ 一堂心理课：阴影与人格面具

好，同学们，现在，为了更好地理解这个心理模式——敲黑板——我们来上一堂关于阴影与人格面具的心理课吧！

从心理学上来看，吴谢宇的悲剧，就是他的人格面具与阴影极度不协调，所产生的悲剧。

人格面具（persona）实际上也就是我们日常生活中所说的"我"，我们所表现给别人看到的我们自己。我们的人格面具，并非就是我们真实本来的自己。吴谢宇的人格面具，就是乖宝宝，完美的好孩子。

心理学家荣格用阴影（shadow）来描述我们自己内心深处隐藏的或无意识的心理层面。阴影大多是让我们自己觉得蒙羞或难堪的内容。这些让我们自己不满意而且我们自己没有意识到的人格特点，往往会被我们投射到其他的人身上。

阴影与人格面具的不协调，就会如同吴谢宇一样，带来许多心理上的问题与障碍。

当我们把自己认同于某种美好的人格面具的时候，我们的阴影也就愈加阴暗。

我们越是隐藏那些丑陋的 "不应该"，越不允许这一部分的存在，不允许这一部分被别人看见，越是逃避面对这些阴影，力图展现自己的阳光面，越是会被它所操纵。

它们会时时暗示我们，让我们无形中觉得自己充满缺陷、令人讨厌，一文不值。

这样压抑自己内心的阴暗面，并不能带来好的结果。

接纳和拥抱心中的阴影，邀请阴影面的自己，被自己看见，允许阴影面的自己，发出自己的声音，我们才能完成自我的统一，我们才能成为完整的自己，才能宛如丑陋的毛毛虫破茧而出，化为美丽的蝴蝶，去自由追求自己想要的生活。

比如吴谢宇，如果，他肯在感觉上大学很痛苦的时候，能够允许自己内心的那个孩子去及时求助，展露自己的脆弱与无助，允许那个孩子以健康的方式表达对母亲的愤怒与不认同，允许那个孩子撕碎标签，做回自己，按自己的心意而活，那么，他就会将心中的阴影转化为力量。

如果他在扮演自己的人格面具、人设感觉非常痛苦的时刻，可以试着对自己诚实，清晰地看到真实的自己，不再欺骗自己，接纳完整的而不是完美的自己，将被拒绝的自己整合到我们的人格之中，做一个真实的自己，不再用虚伪、假装来欺骗自己和别人，对自己的感受诚实，疼痛的时候喊出来，悲伤的时候哭出来。

不压抑、不逞强、不假装。

那么，故事的结局，原本是可以不一样的。

我们每个人，来到人间一趟，灵魂都有一种至深的需求，那就是成为真实的自我。

什么是真实的自我？《不成熟的父母》一书说：人的内心深处说真话的意识，你可以把真实的自我看成是一个非常精确的、能够自我感知的神经反馈系统，这个系统可以让人处在最佳的状态。这是我们作为人类特有的。当与内心的真我趋向一致时，我们可以把事情看得更清，我们会变得关注于解决方案而非问题本身。

而当我们不被允许成为真实的自我，得到外在的一切肯定、认同、赞美，也无法带给我们真正的满足。

如果好好学习是孩子自发的选择，那当然不会导致心理问题。

但是，如果不是自发的选择，则需要做家长的不要光顾着高兴，也要往深处去看看，因为，作为一个孩子，学习好、表现好，可能跟打架、制造问题一样，都是渴望那个真实的自我能被看见。

心理课就先上到这儿。

从以上的课程中，我们知道了：一个人，如果不能跟着自己的节奏建立自律，不能遵从自己的感受活出自我，危害是非常之大的。

▶ 怎么办之父母篇

那么，现在，问题来了：作为父母和孩子，我们到底应该如何改变呢？

首先，既然是父母控制孩子，那么，就让我们先从父母这部分说起：

第一，弗洛姆在《爱的艺术》一书中写道："我们在母爱中间发现自恋的因素，因为她一直把孩子视为自身的一部分，所以母亲对孩子的爱和痴迷可能是对自恋的一种满足。"

人怎么对待自己内心的那个孩子，就会怎么对待外在的孩子。

所以，作为父母，不要在孩子身上投射自己的恐惧。如果你害怕孩子不按你认为"好"和"正常"的方式去做，就会失控，就不会有好的未来，那么，你要做的不是去要求孩子，而是去释放自己内在的恐惧、担忧、焦虑、愤怒……种种被孩子激发出来的情绪。

接下来，请你允许自己的恐惧、担心……去表达自己，看看它们会发出什么声音。也许，你的恐惧和担心会说：我好害怕，如果孩子考不上好的大学，将来就只能做低级的工作，就赚不到钱，就会活得很艰难；我好害怕孩子不表现得乖巧有礼貌，别人就会不喜欢；我好害怕孩子不多练习吃苦，将来就会变得经不起风雨……

然后，你也可以去看一看，在你过往的生命里，有谁对你表达过类似的担心……

这些担心的话语，自我设限的信念，通常都来自我们的童年。作为孩子的我们被这样的魔咒催眠，认同了这些魔咒，不会去辨别这些魔咒的局限性，被这些魔咒控制了自己的心灵和人生，再把同样的信念传递给自己的孩子。

在咨询中，我们常常会发现，看起来是孩子出了问题：不爱上学啊、不喜欢学习啊、被欺负啊、打架啊……其实，追根溯源，通常都会在父母身上，发现那些问题产生的原因。

换个角度来说，是父母内心无意识的创伤，通过孩子表达了出来，逼着父母去面对、自我疗愈、自我成长、自我完善。

孩子的心，善于捕捉到最真实的能量。真的爱孩子，最重要的是要处理好家长自己的内在。比起怎么跟孩子说，更重要的是你是怎么做的，还有你自己是什么样的人。

比如，当孩子说自己不想上学了，你说："妈妈都是为了你好，你不好好上学将来就只能端盘子去！"这就不是真正在帮助孩子面对问题。

唯有你可以诚实面对自己被孩子激发的恐惧和焦虑，然后，也放弃对错的评判，道理的灌输，先去问问孩子的感受：到底不喜欢学校里的什么，到底发生了什么让你对学校排斥，问问孩子开心是什么，不开心又是什么……这样，孩子才能真的感觉自己被父母看到，才能真正感受到父母的爱与关心。而你能做到这些的前提，都是真的开始回来面对自己。否则，孩子就常常会演出你内心潜藏的、压抑的那个"负面"的受伤的自己。

第二，要去分辨、倾听孩子行为的出发点，是出于自己还是迎合别人。

孩子听话、乖巧、懂事，对于家长来说可能确实会是比较省心和省事的品质，但是，对于孩子来说，可能意味着他压抑和隐藏起了真实的自己。一个迎合别人的孩子，长大后就会成为不容易真正快乐的、跟自己失去联结的"空心人"。

荣格说：与其做好人，我宁愿做一个完整的人。

自由、成为真实的自己，是一个人非常深的、必须的需求。

只有人格独立完整的人，才能最有利于一个人的身心健康。

一旦你发现孩子行为的出发点是迎合别人，那么，这是一个可怕的信号，你需要检视自己，是否对孩子的尊重太少、控制太多，然后调整自己的行为。

第三，不要轻易打扰孩子，不要粗暴中断孩子正在做的事。

许多父母都有这样的习惯：孩子正在专注地自己做什么、玩什么，父母就自顾自地凑上去，毫无顾忌地打扰孩子，跟孩子说话。

孩子的专注力和节奏感，就会这样被不懂得尊重孩子的边界的家长慢慢破坏掉。

请尊重孩子在专心做的事情。

哪怕是你所谓的"为了孩子好"的事，比如，不想让孩子长时间看电视，那么，也尽量对孩子说：宝贝，看完这集动画片就让眼睛休息一会儿，我们玩点别的好不好？

而不要自己的焦虑、紧张情绪上来了，就简单粗暴地冲过去，逼着孩子立刻停止看电视，甚至，直接把电视机关掉。

这样孩子的感受力就会被干扰，就会注意力涣散，无法深入一件事情，就渐渐失掉了善始善终地完成一件事情的能力，孩子做事情的节奏、内在的秩序就会被打乱。

孩子的边界一旦失去，那么，别人就可以轻易打扰他。

一项心理学研究发现，父母越"由着"、顺着孩子，孩子做事越不被打扰，孩子做事情越专注，领悟力也越强。

反之，父母越打扰孩子，孩子越容易精神涣散。

我自己的孩子，在成长过程中，比较被尊重他的感受和做事的节奏，现在他14岁了，他的生活节奏完全都是他自己安排，什么时间学习、什么时间打篮球、什么时间看美剧、什么时间睡觉……一切都有条不紊，一点儿不需要家长提醒和操心。

而且，他并没有拿出大部分的时间用来学习，但是，因为他是自主安排学习时间的，专注力没有被破坏，跟着自己的节奏做事，所以，他的成绩在上初中之后也是越来越好——虽然没人强迫他学习。

还有，跟着自己的节奏生活的孩子，自然跟自己的感受力联结的就好，跟自己联结的好，自我尊重，自然就能共情他人。

我的儿子在学校人际关系方面从来没有什么困扰，因为家长尊重他，他也自然尊重他人，尊重的同时也非常有自己的界限。

第四，不要对孩子说快点。

很多父母，内在充满焦虑，于是，就把自己的焦虑投射到孩子身上，比如，喜欢催促孩子做事快点：快点起床、快点吃饭……

究其根由，是父母不想被孩子打乱自己的生活节奏，所以，就反过来去打乱孩子的节奏。

可是，孩子虽然小，但是，他们也有自己的节奏啊！

你的节奏固然重要，但你要知道，孩子的节奏更加重要。

因为孩子在发育期，顺应他自然的生理节奏，才是最健康、最有利的。如果他的节奏被强行打乱，节奏过快，那么就会影响身体的激素分泌，给神经系统造成负担，对身体和心理都会造成损害。

做家长，不能自以为是。我们眼里的磨蹭，对孩子来说，却是健康成长的必需。

经常被打乱节奏的孩子，会怎样呢？

要么，易烦躁、焦躁、耐性不好；

要么，压抑、迟钝、依赖性强；

要么，自主性差，习惯被他人安置，取悦，优先满足他人期待；

要么，内心住着一个自卑的、自我批判的小孩，这个孩子内在的超我——父母的化身——非常强大，很难达到超我的标准，所以永远对自己不满；

要么，摆荡在遵从自己还是遵从父母的要求的矛盾之间，能量耗费在跟自己打架中……

控制越多，自律越少。

我们家长不要犯这样的错误：用控制毁掉了孩子建立自律的机会，然后再责怪他不自律。

作为大人，如果你不去控制自己的孩子，就会产生巨大的恐惧感和失控感，那么，你需要的不是去控制孩子，用自己的控制欲伤害孩子……你真正需要的是，陪伴自己释放掉这些可怕的情绪。

第五，根据孩子的年龄，放手让他自己对自己年龄范围内的事情做决定。

我儿子小时候是一个有些犹豫的小孩，每当他犹豫不决问我的意见，我说得最多的是：我又不是你，我怎么知道什么最适合你呢？适合我的也不一定适合你呀！你还是跟着自己的感觉做决定吧！

我也基本不对我的孩子说"你应该做什么"，而是说"你喜欢什么，你决定"。

我知道很多家长觉得孩子还小，替他做决定是怕他走弯路。

可是，没有人，能保证自己的每一步都走得绝对正确，作为家长，我们更不能保证自己替孩子做出的决定，是绝对正确的。这是孩子的人生，他自己每跟随自己的感受做一次决定，锻炼一次担当，就会增长一分智慧，跟自己的感受联结得越好，就会越战越勇，越走越稳，越活越有劲。

更何况，孩子早晚要独立面对自己的人生的，孩子越小，试错成本越低。小时候即便走一点弯路，也比成为一个不知道自己想要什么、不会做选择的人要好得多。

给孩子为自己做选择、试错的机会，孩子跟自己的感受就不会脱节，慢慢地孩子就自然知道自己是谁、适合什么、如何取舍，感受就会十分敏锐，知道人我的边界在哪里，懂得共情他人、尊重他人，这些能力都是十足宝贵的，也是一个健康的人生所必需的保障。

否则，替孩子做选择，孩子就会慢慢失掉对自己感受的信任，遇事没有主见、依赖他人，身体长大了，心理上却没有成熟。

智慧，并不是一种随着年龄增长自然而来的品质，失掉了自我，等他长大了，面临选择的课题更加重要——选专业、选工作、选伴侣，就更容易没有主见、一塌糊涂。

还有，父母自己是什么样的人，其实对孩子的影响最大。

我自己在人生里也是一个非常果断的人，想做什么就去做、去跟随自己的心意尝试。

于是，儿子也渐渐变成了一个非常知道自己想要什么、做事果断的人。

现在看着儿子对自己的人生游刃有余、举重若轻、淡定自若的样子，我觉得从小尊重他的选择权，是做妈妈的给他的一份礼物，反过来，一个美好的孩子，又是他给妈妈的一份最好的礼物。

▶ 怎么办之孩子篇

那么，作为被动一方的孩子，如果你的父母喜欢打乱你的节奏，怎么办？

首先，你要知道，这是你的人生，除了你自己，没有人能帮助你找到你的节奏——父母也不能。

只有你自己听从自己的感受，让自己舒服，才能知道什么样的节奏和方式，是最适合你的。父母，最多是你的拉拉队长、后勤部长和参谋。

如果父母试图打乱你的节奏，你可以试着跟父母沟通，你要表达出自己的真实感受，让他们能看见你不舒服的感觉，多数父母还是愿意去感受自己的孩子的。

但是，如果父母无视你的表达和诉求——

第一，你要知道，这不是你的错，问题不是出在你身上，你无须自责，你依然是好孩子。

第二，哪怕你的感受不能被父母理解、看见、尊重，你也不能压抑自己，更不能欺骗自己，不能因为父母否定你的感受，你就也否定和扭曲自己的感受，你有权利表达自己的感受。你可以找一个方式，去把自己的感受表达出来：你可以写在本子上，你也可以找一个安全的空间，比如自己的房间，无人的时候，去把自己最真实的情绪表达和释放出来：打打枕头表达内心的愤怒，哭出来，让自己的失望、无助随着泪水流淌宣泄出来……当然，你也可以找一个能懂得你的人，比如同学、朋友去倾诉自己，但是，如果这个人不太理解你，甚至喜欢拿大道理来说服你，那么，请相信你自己的感觉，这个人可能不是你以为的那种能看见别人、共情别人的人，这不是你的错，你依然要相信你自己的感受。

教育家蒙特梭利曾讲过强迫教育的危害。她说："一个儿童，如果没有学会独自一个人行动，自主地控制他的作为，自动地管理他的意志，到了成人以后，他不但容易受到别人指挥，并且遇事非依赖别人不可。一个学校里的儿童，如果不断地受教师干涉、禁止、呵斥，以至于诟骂，结果会变成一种性格上很复杂的可怜虫。"而一个可怜虫注定是教育的残次品。

我和儿子都喜欢的一本书《窗边的小豆豆》里有句话：一团纸，如果被揉过，是很难舒展开的。

就像小孩子的心——一旦受伤，康复的路会很艰难的。

所以，需要我们做家长的，去拿出力量，小心守护。

小心守护孩子不要被外在的声音打乱自己的节奏。

听着自己的节奏起舞的人生，才最美丽。

开启一个人的内驱力，才是真正驶向幸福人生的能量之源。

第二部分：
身心健康，才是最大的福气

心 语

「明明没有实质性的病，我的腿却站不起来了」：身体比理智诚实

未能表达的负面感觉，

并不会使它们走开；

那会把它们留在里面。

"留在里面"的负面性会伤害身体，

使灵魂背负重担。

从一个案例讲起

让我们还是从一个案例说起。

一位美丽的女孩，她来找我寻求帮助，是因为突发的行走障碍和身体抖动。以下整理自她的咨询录音：

来访者：几个月前，身体突然间走路费劲、站不住，严重的时候都站不起来了，去医院检查，显示没有实质性的病，然后大夫都怀疑是功能性的，就是情绪方面导致的。以前情绪也不太好。

我：发生这件事的同时有什么事发生吗？

来访者：也没什么事，只是我平时就不愿意在现在的单位上班，一直都是很抗拒那份工作的，一直都是这样，我一去就闹心，不喜欢在那待着，一直情绪都不大好，然后突然间感觉腿就没有劲站不住了，有的时候还浑身发抖。

我：之前有过类似不开心却不得不去做的感觉吗？

来访者：有。我中考完没有上高中，因为我爸妈认为我学习不是特别的好，不如就不要上高中了，上职校，然后毕业了以后直接考个编，找个工作就好了。但是其实我学习成绩还可以的，我不同意，我想上高中考大学，但是怎么求他们都不行，背着我就把学籍转到职校了。

我对上职校特别抗拒，特别不喜欢那个专业，在学校过得非常痛苦。毕业了以后我想做别的职业，就想考公务员之类的，虽然成绩好，可是受我的第一学历所限，很多岗位我报不了，结果我现在就只能从事这份不喜欢但父母觉得稳定的职业……

▶ 你的身体，绝非平平无奇

读到这里，也许聪明的你，早已发现了她身体出现问题的深层原因：父母控制欲太强，从小就不被父母尊重自己的意志，没有空间可以表达自己的感受，长期压抑太多负面情绪：愤怒、讨厌、委屈、憋屈……作为一个乖孩子，她也许已经习惯了忍受自己的不快乐，用理智强迫自己去做不喜欢的事，去适应不喜欢的环境，但是，你看，身体是诚实的，她那些压抑下来的、被忽略的、无处释放的情绪，那些不被允许发出的声音……并没有真的被压抑得消失不见，而是都方向向内，攻击自己的身体，以至于身体的相应部位出了问题：腿无法站立行走，被长期过度控制的身体开始止不住地发抖……

灵魂不被允许发出声音，身体却一直在诚实地记录所有的伤害，以"疾病"的方式，发出自己的声音。

身体真的很诚实，很智慧，也很神奇，是吗？

那么，就让我们一起来了解一下熟悉却也陌生的——身体。

我们每个人，都有一个与生俱来的好朋友和一笔巨大的财富，那就是我们的身体。

可很多人，不懂得重视和珍惜天生就拥有的东西，所以，也认为自己的身体非常平淡无奇。

事实上，身体，非常了不起。

它不是一个为我们服务的单纯的工具，而是一个智慧的有机生命体。

身体是诚实的，也是有记忆的，它是我们身心健康的信号灯。

爱自己，首先就要爱护自己的身体，重视身体传递给我们的信号。

▶ 呵护身体第一步：我的感觉最重要，而不是你的

那么，作为一个孩子，我们怎么学习爱护自己的身体呢？

最重要的是，我们要尊重身体的感受。

不是有一句话这么说吗：这世界有一种冷，叫你妈觉得你冷。

其实，这世上还有一种饿，叫你妈觉得你饿；

还有一种好，是你妈觉得对你好；

还有一种不好，是你妈觉得对你不好……

那么，当父母、家长的感觉，跟你自己的身体感觉是不一致的时候，我们到底应该听谁的呢？

说到这里，让我们再来看一个例子吧！

有一位爸爸，他每天都要给自己的女儿准备一份同样的早餐：牛奶＋鸡蛋。然后，每天看着女儿把这份早餐吃下去，他都会感觉特别幸福和安心。女儿提出过很多次抗议：爸爸，我不喜欢喝牛奶，不喜欢吃鸡蛋！求求你不要让我吃了！

可是，爸爸不同意。

结果，有一天，女儿偷偷把牛奶和鸡蛋倒进了卫生间的马桶，假装自己吃下了。

爸爸发现了之后，非常愤怒。不仅当时责骂了女儿，这以后，爸爸也常常在别人面前提起这件事，说女儿任性还骗人。

这件事在女儿的心里留下了阴影。她觉得自己好像真的像爸爸说的，是个任性的骗子。这种自我认知让她非常自卑。

可是，如果继续去吃爸爸准备的牛奶＋鸡蛋的早餐，她实在不喜欢吃，而且身体也接受不了，开始拉肚子了。

那么，这位爸爸为什么要这么做呢？为啥一定让孩子连续地吃自己不喜欢的

东西？

原来，这位爸爸本身是一位贫穷人家的孩子。在他的童年，看到别人家的孩子早餐能喝上牛奶，吃上鸡蛋，小小的他不知有多羡慕，在他心里，这就是全世界最最好吃的早餐了！

于是，当他有了孩子，他就想着一定要在女儿的身上，弥补这个遗憾：我自己吃不上的东西，一定要让我的孩子能拥有！一定要让孩子感受到我童年没有感受到的幸福！

可是，他却忘了，女儿也是一个人，作为一个独立的个体，也许她的口味跟自己并不一样，而且，再美味的东西，当连续地吃变成了一个必须完成的义务，没有不吃的权利，那么，吃它就会变成一个噩梦——孩子的身体根本接受不了，更别提心理上的排斥感了。

于是，忍无可忍、抗议无效的孩子，才用偷偷倒掉的方式来保护自己。

可爸爸，却觉得非常伤心，因为女儿拒绝了自己要给她的"幸福"。

为啥父母觉得自己凡事都是"为了孩子好"，最后，却让自己跟孩子心理的距离越来越远？

很多时候，就是因为像这位爸爸一样，没有懂得尊重孩子在那个当下，真正想要什么。

每个孩子，都是一个独立的独一无二的个体，有自己的感觉和感受。如果父母长期把自己的感觉强加给孩子，那么，可能会让孩子自己的感受力慢慢变得麻木，甚至，不再相信自己的感觉。

但是，好在，我们的身体，永远都是诚实的：冷就是冷，热就是热，痛就是痛，不舒服就是不舒服……这些身体传递给我们的信号，其实是对我们的强大保护。

请相信并尊重身体的感觉，不要让任何人来代替你自己去感受。

因为当我们压抑情绪的时候，身体也会如实地反应出来。

▶ 呵护身体第二步：不要压抑情绪

世界心理卫生组织指出："70% 以上的人会以攻击自己身体器官的方式来消化自己的情绪。"

比如前面举的例子，孩子被强迫吃下不喜欢的食物，或者过量的食物，可能会拉肚子、呕吐。

尊重自己的身体感觉，不仅对我们的身体健康是最好的选择，对我们的心理健康也是最好的选择。

真实的身体感受如果像前面案例里面的女孩一样，没有被尊重，那么，孩子就容易产生委屈、悲伤、愤怒之类的负面情绪，也容易产生"我总是得不到自己真正想要的"这样悲观消极的信念和心理预期，这对一个孩子当下的身体、心理发育都会产生不好的影响。

不仅如此，成长期没有被满足的需求，不被允许表达的情绪，也会作为一种创伤储存在人的潜意识和身体里。但因为这些创伤的记忆，感觉起来是不快乐的，所以，我们本能的反应就会是：讨厌去感受自己的身体。但，痛苦的感觉不是那么容易压抑掉的，所以小孩子可能就会无意识发明一些方法来回避不舒服的感觉，试图舒缓自己的不适。比如，咬指甲、咬身体的某一部分、不停地抖动大腿、不停地搓揉敲击之类的动作。

这些小动作的背后，可能都是试图切断自己去感受痛苦的努力。

但这样的方式是不健康的，也是行不通的。这种逃避负面感受的模式发展下去，也可能成为成瘾性的行为。

我们要做的是，去听身体说话，听感受说话，学会表达出这些动作背后压抑的感受。

而亲爱的家长，此处敲黑板——孩子身体出问题，原因可能不仅仅是身体上的，也跟心理有关。里面，可能隐藏着孩子没有机会表达出来的一些心理创伤和压抑的情绪。

生病，可能也是你的孩子吸引你的关爱，潜意识寻求你的帮助的一种方式！

心理学家马斯洛，把人的需要分为五个等级：生理需要、安全需要、归属感和爱的需要、尊重的需要、自我实现的需要。

不满足最基本的需求，逆着需求等级来，人就会如同一栋地基没有打稳固的房子，上面建筑的一切，都会摇摇晃晃。

所以，请重视自己身体的感觉吧！

作为家长，重视孩子身体的感觉，才能真正做到爱孩子；

作为一个人，尊重自己身体的感觉，才能真正做到爱自己。

因为，身体层面的健康，是一个人最基本的生理需要，是其他所有高级需求获得真正满足的前提和基础。人生，其他的满足都是锦上添花——若没有"锦"，"花"往哪里添呢？

▶ 呵护身体第三步：分享一些可以帮助我们提升感受自己的身体、释放身心压力、让身心更健康的小方法（请叫我雷锋）

·深呼吸。以一个让自己舒服的方式——坐、躺都可以，然后，深深地用鼻子吸一口气，再慢慢、慢慢地用嘴巴吐出来。别小看这个动作，它可以帮助我们的心静下来，变得细腻敏锐，更容易感受到自己。

·自由舞动。随着音乐放松、自由地舞蹈，或者说随意舞动。当然，没有音乐也行。总之，是在一种完全放松、自由自在的状态中，寻找着身体的感觉、韵律和节奏，让身体和感受表达当下的自己。秘诀是，随意舞动，忘记美丑，没有评判，无须害怕什么，让身体和灵魂的每一个细胞都苏醒、活起来，释放、自在，全然随心，全然信任，活在当下。在舞动的过程中，可以去觉察自己的身体：手臂、腿、背、腰……体验动态下的身体部位。

·感受自己的身体。把注意力放在自己身体的每一个部位上，一个部位一个部位地看，每个部位停留几秒钟，注意力经过哪个部位，就放松哪个部位。从头到脚：头皮、大脑、前额、眉毛、鼻梁子、耳朵、脸、嘴……再往下，一个个器官地感受自己，直到小腿、脚踝、脚心、脚背、十个脚趾头，这个方式，不仅有助于跟自己建立联结，提升觉察力，而且，有助于神经放松和睡眠。

·找一个最舒服的姿势，躺着或者坐着都可以。从头到脚扫描一下自己的全身，感受自己的身体，回答下面的问题：你的身体感觉如何？放松吗？紧张吗？有哪些部位感觉不舒服吗？如果有，把注意力放在不舒服的部位，感受它，如果可以用一个词或一句话来描述这种不舒服感，你会怎么描述？如果你的不舒服感可以发出自己的声音，它想让你做些什么，可以让它觉得好一些？

·去细细感受自己身体不舒服的部位，试着对那些不舒服的感觉说：我感受到你了，你有权利表达自己觉察自己不舒服、紧张、疼痛的部位，看看做些什么动作，能缓解这种难受。如果动作持续，不要控制，跟随它。比如，一个感觉头痛的人，感觉自己摇头会舒服些，那么，就去摇头，对自己的头痛说：我看见你了，你有权利表达自己。如果头痛接下来想打枕头，那也允许。

·持续觉察你不舒服的部位，在做前面一条所说的动作时，如果伴随着这些动作，你的不舒服有什么话要表达，那么，就不要去控制，表达出来它要说的话。

比如，你的头疼，在打枕头时，想说：我很生气！我很憋屈！那么，请允许，请去表达。

·持续觉察那个不舒服，如果它有什么情绪出来，比如，想哭，那么，不要控制，请允许。觉察自己的心情。如果用一个词，或一句话可以描述你此刻的心情，你想如何表达？表达自己的心情，跟着感觉，而不是理智。比如，我好累啊，好担心，好焦虑，好害怕……如果这个过程里有什么情绪浮现，比如，想哭，想喊，想骂人，都允许。

温馨提醒：

做所有这些，都建议有一个安静、安全、不被打扰的空间。

而且，做这些都要保持真实，尊重当下的身心感受，不要刻意，放松、自然。

爱自己的你，希望自己健康成长的聪明的你，试试看吧！

『为什么越是应该去做的事情，就越是不想做』：
每一个情绪，都有权利表达自己

一个人快乐或悲伤，只要不是装出来的，就必有其道理。你可以去分享他的快乐，同情他的悲伤，却不可以命令他怎样怎样，因为这是违背人类的天性的。

—— 王小波

从一个案例讲起

我在咨询里，常能遇到一些听起来很"玄幻"的案例。比如我的一位大学生来访者，他就坚信自己被什么"外力"控制了、附体了。

因为他总觉得，自己想做的事情，总有一种"力量"让自己做不下去。下面是他的录音摘录：

我上高二的时候，那时候我想不明白活着为啥，然后我就天天想、天天想，可能用脑过度，后来到高二下半学期突然就不好了，就好像有一种力量，让我做不了自己明明知道"应该"好好去做的事情，比如说，我觉得应该跟人接触，不应该自我封闭，可是见人的时候，却见不了人，就是眼神什么的都不正常，越想表现得正常，就越不正常；然后还有想学习的话也学不了，明明知道应该好好学习，可就好像脑子变笨了，学不了，学不进去，要不就是心难受，就那种左也不行，右也不行，那种感觉好难受，根本无法安心学习……有的时候想表达自己，可是也表达不了，不知道怎么表达……我感觉整个人完全的受阻，最难受的感觉就是意志力被压制，我感觉我就特别想证明自己的那种力量老被压制。

当我一点点深入他的内心世界的时候，他原生家庭的成长环境渐渐浮出水面。他说：我觉得我成长的家庭比较压抑，父母都不是轻松自如的状态，他们在外面都是那种"老好人"，受了委屈也忍耐着，都是没有自己，也不会拒绝别人，让人心疼的那种。我妈从年轻的时候就一直受着委屈，听说怀孕的时候也是特别委屈，我爸在外面虽然很老实，可是在家里是特别有脾气的，他们对我挺好，爸爸一年到头会偶尔打我，但不是特别严重的那种。我从小都是听话的乖孩子，努力想把自己的学习学好。我总是感觉不到自己的存在，我觉得跟自己的距离特别遥远……虽然活得不舒服，但是，我总要把大学读完，拿到毕业证吧？！可是，现在我想让自己去好好学习，却就是会很难受，仿佛有一种外力，不允许我用意志力完成那些"应该"做好的事情……

并非什么"玄幻"的外力"附体"——这个男孩的困扰，只不过是因为长期压抑自己的感受和情绪，不会健康地把"负面"情绪疏导出去，以至于那些压抑下来的情绪——悲伤、难受、恐惧、委屈……已经累积得太多，每当他想不顾自己的那些真实存在的感觉，用意志力控制自己去做"应该"但是自己并不喜欢的事情时，那些感觉就自动无法抑制地从潜意识中冒出来，把他淹没，力量大到让他无力抵抗而已。

压抑负面情绪，不会以健康的方式疏导情绪，真的有这么强大的影响力吗？

接下来，就让我们一起试着走进情绪的世界吧！

你哭过吗？

你笑过吗？

你感受过愤怒吗？

你感受过悲伤吗？

你感受过无助吗？

你知道幸福的滋味吗？

你同情过别人吗？

……

当我们体验到这种种丰富的情绪，就如同看见五彩斑斓的色彩图谱，是我们生而为人的独特之处、乐趣所在。事实上，人就是透过情绪来体验人生的，所有的事件最终都会成为我们的某种心理感受——欣喜、悲伤、恐惧、愤恨……没有带给我们任何感受的人和事物，对于我们来说就相当于是不存在的。

生命的本质就是每个当下我们所体验到的情绪，情绪的存在赋予我们活着的感觉和意义。正因为我们有丰富的情绪和情感，我们的生命才是活生生的，我们才能体验到活着的感觉和滋味，才能随时跟着感觉与外在的世界产生互动，才能在与外界的互动中保护自己，在受到危险时才能提醒我们做出恰当的反应，在我们的心受伤时，跟着情绪的指引，才能真正帮助我们自我修复和成长。

可是，人们对如此重要的情绪，却常怀有种种偏见。

哪怕我们还只是一个孩子，也常常会感受到这些偏见的存在——

当我们哭泣时，可能会听到父母的批判的声音：别哭啦！再哭就不喜欢你啦！男孩要坚强啊！给我憋回去……

当我们愤怒时，更容易受到攻击：妈妈不喜欢生气的小孩！大声说话是没有教养的！吵吵闹闹哪有女孩的样子……

当我们在一些"应该"表现某种特定情绪的日子，表现出"不应该"的情绪时，比如，过年的时候，合家欢聚的聚会上如果你没有表现得很开心，很大概率会遭到提醒：开心点啊！大家难得聚在一起，别好像不高兴的样子啊……

总之，你越在情绪上自制、克己、守规矩，越会被夸赞，好像大家都默认：越是理性、不显露真实的情绪、自我压抑和克制，才是懂事、乖巧、正确、成熟的表现。

　　而如果你去表达自己的脆弱、恐惧等等，不被大人喜欢的、不符合大人期待的情绪，就常被大声呵斥和阻止。

　　作为孩子，我们需要依靠父母才能活下去。于是，为了得到父母的接纳，多少人在很小的时候就不得不学会了压抑特定的"不应该的""不好的"情绪。

　　反过来，却又有很多父母，喜欢把自己的负面情绪——委屈、抱怨、愤怒……发泄在孩子身上。

　　那么，关于情绪，问题就来了：

　　情绪，分好坏吗？

　　不哭不闹没脾气没情绪，才是好孩子吗？

　　爸爸妈妈对孩子发泄情绪，是"对"的吗？我们该怎么办？

　　压抑情绪对我们的身心健康有什么影响？

　　到底什么是正确的对待情绪的方式？

　　……

　　作为一位心理医生，深知情绪对一个人的身心健康影响太大了，所以，写到这个话题，我还真的有点小激动呢！好吧，让我饮杯热茶，然后一一道来……

▶ 情绪，分好坏吗

　　很多人喜欢区分情绪的好与坏，比如，我们常常会听到这样的话："不要把你的坏情绪带给别人""不要把你的坏情绪带回家里"……

　　我们会默认一些情绪是好的——快乐、轻松、感恩……

　　而另一些则是不好的——愤怒、悲伤、沮丧、恨……

　　有好的、对的情绪，也有坏的、错的情绪——真的是这样吗？

事实上，任何一种情绪，只要是真实的，就没有好坏之分，就都有权利表达自己。

哪怕是那些我们体会起来并不舒服的情绪，也不是我们的敌人，而是我们的好朋友，也都有它们存在的道理和价值，比如：

恐惧，可以提醒我们危险的存在，保护我们的安全；

愤怒，可以帮助我们捍卫自己的权利，维护自己的边界，激发我们的勇气；

讨厌，可以告诉我们什么是我们不想要的，什么是不适合我们的，帮助我们更好地选择，跟自己喜欢的一切在一起，避免忍耐那些不适合我们的东西……

你看，每一个情绪都是一个礼物，不是吗？如果没有这些情绪的提醒，我们作为一个独立的个体，如何在这个纷繁复杂的世界中顺利地运作呢？我们如何避开可能的危险和攻击，保护自己呢？如何根据对方带给自己的感受来决定与对方关系的远近呢？如何去区分美丑善恶呢……

灵魂透过情绪与我们诉说，每一个情绪都是灵魂的信号灯。

如果，我们不看自己内在的信号灯，而是跟着别人的评判、要求乱走一气，那么，我们的身心和生活都会慢慢混乱掉的！

不仅如此，情绪还是自我疗愈中的引导师。当我们的心无意之中受到某种伤害时，如果我们可以去细微地体会和看见自己的情绪，那么，不舒服的情绪，还会帮助我们意识到创伤的存在，也会帮助我们从创伤中修复自己。

举一个我自己的例子。

在很长一段时间里，每当有人夸赞我哪个方面做得好，我就会感到特别不舒服，有种不知所措的尴尬感觉。不夸我，我还能好好地做这件事，一旦被夸奖，接下来，我就会把被人夸赞的那件事，奇迹般地搞砸，越做越差。

我深受困扰，变得很怕被夸赞，甚至，我无意识地让自己做任何事都不要做到非常出类拔萃——因为我不喜欢越做越差的感觉。

与其让人失望，不如一开始就不要做得出色，被人期待。

比如写书法，我就有意让自己的字不要写得太好，以免被夸赞。

直到有一天，我意识到这是个反复重复的心理问题，于是，我开始不再逃避：就进入被夸赞时的真实感受里，进入那种尴尬、不知所措的情绪里，看看那些不舒服的情绪和感觉，要表达些什么。

去经历和感受这种情绪，其实很难受。但是，我没有选择逃跑，整个过程，我没有试图去分析什么，只是单纯地经历那些感觉。

慢慢地，我听见那种感受表达自己说：我好害怕让人失望。

接着，跟这种感觉有关的小学时发生过的一幕开始浮现出来：

一次，学校举行一个大型的文艺会演。在一大堆孩子里，老师选我做节目主持人，老师当着很多人的面对我说：你是表达能力最棒、最有气质的孩子！你一定行的！你会为我们学校争光的！

可是，那次节目被我主持得很烂。因为我太紧张了，结果，居然站在台上把词儿给忘了。

当时的我还很小，老师没有批评我，我也以为自己很快忘了这件事。可是，事实上我的潜意识没有忘记——这就是我害怕被表扬和夸奖的根源。

当我意识到这一切，陪着当年的自己一起畅然地释放了这件事带给自己的：对自己的失望、对老师的愧疚、不知所措……我的那个不敢把事情做好的毛病，居然彻底好了。

亲爱的孩子，你看，我们每一个不舒服的感受里，其实都蕴含着一股巨大的能量——这能量，是让我们内在发生改变的燃料，甚至是让我们疗愈自己的灵丹妙药。

如果，我一直逃避自己被表扬时尴尬、不知所措的感觉，这种感觉就可能一辈子都藏于我的潜意识里，永远控制着我，不许自己把事情做到最好，那么，我就因此而失去了疗愈自己的机会，失去了修复自己的机会，也失去了成为更好的自己的机会，不是吗？

所以，这世界哪有什么"不好"的情绪呢？

七情发乎于心，每一个真实出现的情绪，都是那个当下自然生发出来的最"恰当"和"正确"的情绪啊！

▶ 不哭不闹没脾气，才是好孩子吗

在一个母婴论坛上，有人发起一个话题：有了孩子，你最怕他发生什么？

排名第一的回答是：怕孩子生病！

排名第二的，则是：怕孩子哭！

看了这个答案，是不是就理解了为什么会有那么多家长对哭泣的孩子说："别哭啦！憋回去！再哭就不要你啦！"之类的话？！

因为，孩子哭，家长会觉得麻烦啊！不知所措啊！害怕啊！头疼啊！

甚至，会觉得自己做家长做得很差，怀疑自己做家长的能力和价值。

是的，没错，爸爸妈妈，也不是全能的。他们，也只是普通的人，甚至是心理也有自己的创伤的人。

他们也可能有自己的恐惧、自我怀疑、自卑，他们可能也想逃避，不愿面对挫败感，也可能不知如何处理自己的情绪，也可能没有完全准备好就做了爸爸妈妈……

他们也没有学到健康地面对自己的情绪的方法，也不会表达和面对自己内心深处被孩子的哭激发出来的情绪。

因为不知如何深入情绪，去看见自己害怕孩子哭泣的真正根源，于是，他们就一刀切地想消灭产生这些情绪的表面根源：孩子的哭。

于是，这个世界就有了那么多害怕孩子哭的家长。

于是，这个世界就有了那么多喜欢孩子乖的家长。

于是，当我们小孩子不哭不闹，不表达自己的情绪，或者只表现出家长喜欢的那些情绪，就会得到"好孩子"的表扬。

于是，家长们就傻傻地认为孩子不哭不闹非常懂事，就一定是件好事，甚至沾沾自喜地觉得自己教子有方……

如果谁家的孩子哭哭啼啼，任性地表达自己的情绪，反而容易招来嘲笑。

可是，大家好像都忘记了，从来就没有无缘无故的哭泣啊！哪有活得舒舒服服的人，没事闲得想哭的呢？

也从来没有无缘无故的愤怒啊！哪有被深爱和满足的人，会没事闲得想发脾气呢？

身为家长，不能因为自己没有面对和处理孩子的情绪的能力，就不允许孩子有情绪啊，是不是？

不允许孩子用情绪来表达自己，是会伤害到孩子的！

我们要做的，难道不是去允许孩子表达情绪，通过孩子的情绪，找到孩子情绪背后没有被满足的需要是什么，然后更好地满足孩子，给孩子爱吗？

小孩子来到这个世界，是完全脆弱的：不会站、不会坐、不会说话，靠自己，什么都无法完成，完全需要依靠养育者才能生存下去。

孩子们与外界交流，其实只有一样工具：情绪。

所以，你看，刚一出生，孩子们什么也不会，但是却会哭、会笑，会通过情绪表达自己。

孩子的哭，不同年龄，背后在表达着不同的需求：

一岁的娃娃，也许在说：我饿了、我困了、我尿了……

两岁的娃娃，也许在说：我要抱抱、我不要这个玩具我要那个……

健康的父母会通过孩子的哭，解读孩子的想法和需求；

不健康的、麻木的、嫌麻烦的父母，则会忽略和压抑孩子的哭声，否定孩子的需要，让孩子活在不被满足、不被看见、被压抑的无助里。

不哭不闹没脾气，如果真的是因为孩子已经得到了充分的看见和满足，没有什么不舒服的，那当然好；可如果是因为不被允许表达所谓"负面的情绪"，迎合父母才"乖"成没情绪的孩子的，那么，这对孩子是很大的伤害。

长此下去，我们得到的，可能不是一个"乖乖的好孩子"，而是一个"扭曲的病孩子"……

▶ 惯于压抑情绪，会让人感觉失调

什么？压抑情绪，会让健康的孩子，变成病孩子？真的有那么严重吗？

答案是肯定的。

那么，压抑情绪，到底会影响人生的哪些方面呢？

答案是方方面面。

真的，幼年时期经历的压抑情绪、情绪被忽略，对于一个人来说，真的是影响深远，并且会深入到人生的方方面面。

接下来，就让我来说一说：它的危害，到底会为一个人的一生，带来什么……

身心一体，就先来说说对身体健康的危害吧。

在关爱身体那部分我们曾经提到过，世界心理卫生组织指出："70%以上的人会以攻击自己身体器官的方式来消化自己的情绪。"身体是诚实和有智慧的，它能够如实转译我们的情绪能量。压抑下来的情绪，并不会真的消失，它们会被压抑到身体中，向内攻击自己。比如，长期压抑愤怒的人，容易头痛；长期情绪无法释放的人，容易出现肠胃功能失调；长期压抑感无法释放的人，骨骼系统容易出现问题……情绪压抑，会扰乱激素水平，影响我们的脑部、神经系统、内分泌系统、睡眠质量、免疫系统……

研究还显示，对于已经身患疾病的人来说，造成死亡的最大因素恰恰还是"理性和压抑情感"，即患者否认或抑制了疾病所带来的情绪波动，这在癌症患者身上表现尤为明显。可以说，癌症患者的存活率，与情绪表达能力关系重大，越善于表露情绪的人越有可能生存下来。

仅仅是对身体健康造成伤害这一点，听着就挺严重的了，是不是？可是，压抑情绪的危害可不止这一点哦！至少还包括：

·情绪感知能力差，情感深度浅。事实上，不能尽情哭的人，也无法痛快地笑。因为压抑"坏的"情绪，会让人变得麻木和粗糙，这样就也同时失去了感知"好的"情绪的能力，于是，情绪压抑的人就会活在一个比健康人冷漠、干燥、冰冷、缺少乐趣和色彩的内在世界。

·成瘾症。为了逃避和阻断内心没有被满足的需求、压抑下来的痛苦感觉，人会更容易沉迷于某种成瘾性的行为，比如网络、酗酒、赌博。关于这一点，我们在《瘾，从何而来》那一部分有详细解说。简单来说，瘾，就是生命中的麻醉剂，谁会需要麻醉剂呢？当然是活得痛苦的人，而一个需求被满足、情绪被表达、感受被尊重的人，怎么会寻求麻醉剂来逃避痛苦的感觉呢？！

·跟父母产生距离感，不信任父母。在孩子的心里，你的不回应，会让孩子跟父母产生距离感，阻碍亲子之间的情感流动，会逐渐对父母封闭自己的内心世界。

·负面的自我认知。孩子是透过父母的眼睛来认知自己的，当父母不允许孩子完全真实地表达自己的情绪，孩子会感到自己被拒绝、被忽略，会产生"真实的自己"是不被爱的感觉，并会带来消极的自我定义："我是不值得被爱的。"当一个人发自内心地嫌弃自己，很难相信别人会真诚地爱自己，也很难敢于在别人面前放松地做自己。

·被忽略情绪的孩子，更容易形成讨好式的人格，即习惯性压抑自己的真实需求去迎合别人，无法成为健康的自己。一个不能畅然活出自己的人，也更容易活在跟他人的比较中，活在他人的眼光里，畏手畏脚，生命潜能不容易被释放出来。

·会为未来建立各自关系，特别是给近距离的亲密关系留下阴影，甚至会带来亲密关系中的"爱无能"。这是因为当一个人渐渐在自我压抑中，变得麻木，自己跟自己的身心联结感变差，看不见也分辨不清自己的感觉，体会不到自己深层的情绪，听不见自己内心的声音，就很难在与别人的关系里，去清晰地感知别人的情绪和感受，很难与人共情，不能共情别人，就很难与人建立带给彼此满足感的关系。想想看，即便拥有一切，却缺少爱和真正亲密的关系，这样的人生，也很难称得上是一幕喜剧啊！

·容易在生活中，把压抑下来的感受投射出去，制造冲突和矛盾。从心理上来说，每一个被严重压制的情绪都是一个结，而每一个结都是我们自己的一个盲点。这个盲点一被他人触动，我们就会投射出去，引起失控。这么说比较抽象，举个例子吧！有一种心理病，叫作路怒症，又叫阵发型暴怒障碍，就是指一个人在路上开车时，会变得比平时更加容易激动易怒，甚至因而爆发对他人的攻击性行为。比较严重的一个案例是震惊网络的宝马和电动车轻微擦碰，车主暴怒，持刀逞凶，反被砍死的事件。按理说，一个正常人，别人怎么开车，或者轻微的擦碰，都是不会激发自己的巨大愤怒的。但是，路怒症患者，因为内在已经积压太多没有被健康表达出来的愤怒能量，于是，外面一点儿的不顺心，就足以让过去的积怒来一次大爆发。所以，如果你发现自己就是容易被某种类型的事件困住、激发难受的感觉，那么，这些事情的背后，可能就隐藏着一些来自过去的心理创伤。

以上的这几点，虽然也会让人活得不舒服，但是，还称不上是严重的"病"，而压抑情绪，更大的隐忧与危害，就是容易导致心理疾病。

比如，抑郁症。

你知道吗？抑郁症的反面，不是幸福，而是活力。抑郁症患者容易压抑和逃避自己的情绪，否定或者不能清楚感知自己的情绪。抑郁症本质上是一个人感知情绪的能力出现了问题，他们最大的痛苦在于脱离或感受不到自己的情绪和感觉，其根源就与长期累积"负面情绪"有直接关系。

所以，你看，我们通常以为的好品质"坚强""理智"，其实，可能是情绪无能，是情绪感知能力差的"述情障碍"，是身心健康失调的危险信号。

一个鲜活的人，为什么会变成情绪感知障碍的人呢？

正常经历和表达自己的情绪，是一个人的自然状态，只有当人处于一个不被欢迎表达自己真实情绪的环境，才会努力地压抑自己的情绪。但情绪是真实存在着的呀，压抑它们是难受的呀，于是，为了避免感知到痛苦的感觉和想法，就只好把自己的感受功能调低——就好像把音乐开得很大声，故意让自己听不见声音——只不过这个声音是自己内在的情绪、感受和感觉。

但是，情绪作为一种真实存在的能量，是无法被压抑掉的。

被强行压抑到身体里面的情绪，就会让人能量变低、健康受损。比如，被压抑起来的沮丧，会改变人体内的化学成分，让荷尔蒙、酵素和神经传导素等分泌缓慢，而这些成分又是能让身体和心里觉得有能量和快乐的因子。于是，越压抑沮丧，快乐因子分泌就越缓慢，恶性循环之下，就会让人卡在越来越没有生气、痛苦、生无可恋的状态中。

所以，抑郁症患者自杀，比如张国荣，常常并不是因为个人生活遭遇什么特别大的危机，只是，他的生命能量已经低到不足以支撑自己活下去了。

还有一些听起来奇奇怪怪的心理病，比如幻听、强迫症，包括曾经在案例里谈到过的狂犬病恐惧症，都跟情绪长期压抑得不到疏导有关。

这些压抑情绪导致的负面影响，光是听听都很沉重，甚至感觉整个人都不好了，有没有？可是，有些孩子，还有一些成年人，却在日复一日地承受着这些痛苦，真的是很可怜，是不是？

有人也许觉得小小的情绪，没啥大不了的，坚强点就好了！可是，压抑情绪却是违背心理规律的，以上列举的并不是全部的危害，只是违背心理规律所导致的必然后果！

不敢去面对、不敢承认这些后果，只会让事情变得更糟，让本不应该出现的痛苦，持续得更久更强烈……

现在，让我们来做一个简单的心理小测试吧：

如果，此刻的你，感觉心情不太好，似乎有些什么不舒服的感觉在暗流涌动，那么，你通常的第一反应是什么？请在下面的两个选项里选一个：

A. 找个方法，比如：运动、看电影，或者身为家长的你去喝酒，身为孩子的你去打游戏，总之，就是努力想方设法转移注意力，让自己开心起来；

B. 尽量让自己一个人待一会儿，看见自己的难受，允许自己的感受表达出来：也许是恐惧，也许是焦虑，也许是悲伤，也许是愤怒，也许是自卑，甚至允许自己痛快地哭一会儿……总之，不管那个难受的感觉是什么，都不逼着自己快速好起来。

你的答案倾向于哪个？

不要小瞧这个简单的小测试哦！因为，如果，你的答案是 A，那么，这意味着你患上心理疾病的可能性，大大高于选择 B 的人群。因为选择 A，其实就是在选择压抑和逃离情绪。越压抑和逃离情绪，越容易变得对自己的感觉麻木，离"情绪无能"和"述情障碍"越近……

▶ 情绪忽略：为什么有人害怕负面情绪

既然压抑情绪的后果如此严重，为什么还会有那么多人就是要去压抑和忽略情绪呢？

因为习惯了呀！

一只从小被迫接受训练的小动物，做对了别人让你做的事，就有好吃的，做错了，就会被惩罚，想要得到食物活下去，只能听话，长此以往，自然慢慢地就只会按照别人的意志做出反应了！

现在，把这只小动物换成小孩子，这件对的事情就是"哭是不好的，你要憋回去，否则妈妈就不要你啦！爸爸就不喜欢你啦！就打你屁股啦！""你要理智，不许发脾气！""男孩子要坚强！"……在这样的环境里生活，表达自己的情绪是不被鼓励的，即便表达也是不被接受、允许和回应的，那小孩子就只好切断自己感受情绪的能力啦，只有这样才可以被养育者认可和接受呀，按照别人的意志表现才可以不那么痛苦地活下去呀！

小孩子有什么办法呢？人是没有办法为自己选择出生环境的呀！

就像受训的小动物，长大之后，自然就会把这种情绪处理模式内化，成为一个不喜欢表达情绪，批判、压抑、逃避自己的情绪的人，甚至麻木到出现"述情障碍"，缺失情绪的感知能力和表达能力。

可能有人会问：既然压抑情绪是这么不健康，为什么会有爸爸妈妈还要傻傻地不允许孩子哭、表达愤怒……之类的正常的情绪呢？

那是因为，这样的父母本身，也是一个被训练过的小动物啊！也成长在一个不被允许情绪自然流露和表达的环境啊！所以，他们才害怕有情绪的孩子啊！他们不知道正确的处理情绪的方式是什么啊！孩子的情绪表达会让他们不知所措，甚至深感挫败啊！

我知道，很多父母其实是深深地爱自己的孩子的，并不想自己的孩子受到伤害，他们只是不知道健康的方式是什么，也意识不到自己的方式是有问题的。

举个例子吧！

比如上幼儿园，或者上学。很多孩子都跟父母表达过自己不喜欢上幼儿园，不喜欢上学，是不是？你们的爸爸妈妈是怎么做的呢？据我所知，有些家长一听孩子表达出这样的想法，立刻就会觉得头都大了，然后马上就会在自己的紧张感和恐惧感的控制之下，说出类似的话：乖，好孩子怎么会不喜欢上学呢？！幼儿园/学校有那么多小朋友，还可以学到知识，多好啊！在家里怎么行呢，什么也学不到！再说了，妈妈和爸爸要给你赚钱呀！不赚钱怎么有吃的、有喝的、有玩具呢，对不对？把你送到幼儿园/学校，爸爸妈妈才能去赚钱啊……不然你就太不懂事了，妈妈就伤心啦……

也许，你觉得自己说的这些都很有道理，可是，对孩子来说，这些话没有一个字是看见自己的真实情绪的。这对孩子来说就是一种伤害。

就好比你自己，工作了一天非常辛苦，回家跟伴侣抱怨几句"好累啊"，然后，你是希望伴侣——

对你讲一堆大道理："谁不累啊？我不累吗？成年人的生活哪有容易二字？你不去努力，让谁去承担？你不辛苦工作，让孩子喝西北风去……"

还是仅仅希望伴侣温柔地陪伴你发牢骚，然后轻轻地把你拥入怀中，对你说"亲爱的，我知道你太辛苦啦"？

对于一个感受力正常的人来说，也许，对伴侣倾诉，需要的只是一份共情、一份懂得、一份看见而已。一句温暖的话语，一个温柔的拥抱，就可以让人卸下所有的重担，感觉轻松，被抚慰。

所以，对小孩子来说，也是一样的。

亲爱的孩子，不知你的感受是这样吗——

当我们说不想上幼儿园、不想去上学的时候，我们需要的，不是听那些你必须要去的道理，而是我在幼儿园／学校里遇到了一些不舒服的事，有一些不舒服的感觉，需要被爸爸妈妈看见。我需要的是爸爸妈妈温柔地对我说："宝宝，有什么不开心的事吗？快跟爸爸妈妈说……哦，妈妈知道了，那你一定很难受吧？你的感觉没有错……我宝宝受委屈了，妈妈抱抱吧……"

作为孩子，我们听到这些话，起码可以感受到来自父母的看见，会知道自己的情绪是没有错的，我是有权利表达自己的情绪的，我是有依靠的，爸爸妈妈理解我的情绪，也愿意抚慰我……

我们有了这些，就可能有足够的力量去面对幼儿园或者学校里遇到的那些不舒服了，是不是？

表达的目的，不一定是解决问题，让自己的情绪可以被看见，常常就是最重要的目的。

而在情绪表达上受过伤的父母，意识不到这点，当孩子表达某些"负面"情绪时，会触发自己的某些"负面"情绪，然后呢，因为情绪处理上的不成熟，就会用大道理"消灭"孩子的情绪，借此来回避自己不想要的情绪。

只有自己有伤的人才会折磨别人。

事情的真相就是这样的：会压抑孩子情绪的父母，自己还是一个在情绪表达上有"创伤"未治愈的"孩子"呢！

▶ 情绪界限：请不要对我发泄你的情绪

现在我们都知道了，压抑情绪是一种对身心有百害而无一利的行为，不过，可能有人也会有下面的困惑：虽然压抑情绪不好，可是，我们也都很讨厌那些随便发脾气的人啊！如果每个人都随随便便地有情绪就发泄，那别人也是很无辜啊！压抑固然不好，但随便把自己的坏情绪带给别人，不是也非常没礼貌吗？！这对别人也不公平啊！

是的，所以，请记住以下这个词：情绪界限。

就是说，每个人的每一种情绪都有表达自己的权利，但是，如果你是一位成年人，你的情绪不能随意对他人发泄，除非对方真的伤害到你，特别是对孩子，更要有情绪上的界限。不能因为孩子很弱小，不能反抗，就把孩子当成发泄情绪的垃圾桶。

正确的处理方式是你作为一个成年人，要对自己的情绪负责，你可以去陪着自己完整地经历、释放、表达自己的种种情绪，如果你的情绪压抑已久，非常麻木，那么你也可以寻求专业的心理疏导。

但是，作为还没有长大的孩子，我们是可以对自己的监护人表达自己的真实感受和情绪的。因为，这是我们的权利，也是我们作为未成年人保护自己的方式。就像阿兰·塞尔在《孩子的权利》中所写的：

我有权自由表达

自己真实的想法，

不管爸爸高兴还是不高兴；

我有权说出

自己内心的感受，

即使这样会惹妈妈生气。

真实地、自由地表达自己的情绪和感受，这是我们每个孩子生而为人天生就拥有的权利。

一个健康的人生，一定是建立在"我自己的感受"的基础上的，如果顾及别人的感受大于自己的感受，如果我们要以父母的感受为中心出发，来选择什么可以表达，什么不可以表达，可能这看起来是一种美德，但是却如同一艘船，被别人来掌舵，却无权根据自己的需求随时决定驶向何方，这样的人生怎会不陷入困乱！

家长对孩子要有情绪界限，主要想提醒四个方面：

第一，不要把自己的负面情绪——委屈、愤怒……发泄在孩子身上，动不动就说：我容易吗？我多辛苦啊，你还不懂事点！

第二，不要在孩子身上投射自己的各种恐惧：你太老实了，以后挨欺负咋整？你太直率了，以后容易吃不开！不好好学习，长大就会吃不上饭的……

第三，不要代替孩子去感受。就像有句话说的：我不要你觉得，我要我感觉。你没有资格评判孩子的感受和情绪。

第四，请不要逼孩子做满足家长却违背孩子感受的事。比如，强迫孩子在亲戚面前有礼貌，或者表演才艺。

让我们一一展开讲讲。

关于第一点：很简单，你生命里的苦，是你一个成年人需要面对的，既然你选择了生孩子，就要为小孩子的健康成长准备好必要的条件，是不是？毕竟，生孩子，是你做的选择，而不是孩子做的选择，孩子是被动的被你选择带到这个世界的，是吗？即便你的生命里有苦，你的苦，也不应该由孩子来买单和背锅是不是？这对孩子不公平。如果你没有能力处理好自己的关系和生活，不知如何应对自己的情绪，那应该是你要学习和成长的部分，而不应往孩子的身上转移压力，是吗？

否则，孩子成为你的情绪垃圾桶——

✓　就会失去安全感；

✓　就会以为自己要为父母的情绪负责；

✓　就会以为都是自己不好，父母才会活得那么不快乐，潜意识里充满愧疚感和自责；

✓　就会以为自己是不值得得到爱和快乐的；

✓　就会不能尊重自己的感受，感受力就会变得麻木，就会失去保护自己的屏障，让别人的情绪左右自己的人生，就无法成为自己……

而在被尊重感受的环境中成长的孩子，情绪可以自然真实地表达的孩子，越是长大则越是会让家长感到放心、省心和安心。因为他们相信自己，感觉敏锐，不需要过度揣摩别人的心思，充满着人生自己掌舵的信心和力量，无论遇到什么，他的内心都有一个笃定的内核，拥有源源不绝的生命能量，这样的人，必然会活出高品质高满足度的人生。

关于第二点：很多父母，会无意识地把自己内心中深埋着的不安全感，投射到孩子身上，其实，那些恐惧，是家长自己的。那个充满不安全感的人，是你，而不是孩子。

你最好回过头来，去面对自己的内心世界，安顿自己的恐惧，而不是投射出来，给孩子施压。

不要以为多给孩子点压力，孩子就会更加努力。其实，你是在帮倒忙！

因为，一方面，人只有在安全感比较充足的时候，才能自由地探索，畅然地活出自我。另一方面，从心理学的角度来看，担忧是一种诅咒。当你拿没有发生的恐惧吓唬孩子，就会给孩子太多恐惧的情绪和能量，这容易让孩子对人生产生负面的心理暗示，长大成人之后，遇到事情也容易做悲观消极的预期，这会给孩子的人生制造艰难。

更何况，人恐惧的时候，容易分泌肾上腺素之类的毒素，对孩子当下的身体、心理发育都会产生直接的负面影响的！

关于第三点：一旦孩子发现父母不尊重自己的真实情绪和感觉，就不会再相信父母会保护自己，站在自己这边，那么，当孩子遇到困难或者危险，就会选择不告诉父母，比如，遇到熟人性侵的孩子，多数不会向父母求助，因为即便告诉父母，父母也常常会为对方开脱："人家是逗你玩呢，哪有那么严重！""你别瞎想，小题大做！"……当父母不能看见和尊重孩子的情绪，给孩子提供足够的安全感，就意味着把孩子置于无助的危险境地。

来讲一个真实的案例吧。

有一个孩子，被寄养在亲戚家里。每当他的表现没有达到亲戚的要求时，亲戚就会打他。

亲戚打他时，会跟他的妈妈讲清楚原因，比如，这次考试没考好啊，对老师没有礼貌啊，妈妈也觉得这位亲戚打得对，这是为孩子负责。于是，妈妈会对孩子说：打你就打你，打你是对的，打你还不是为了你好！

这个孩子渐渐长大，出现了心理问题。

他在关系里面，总是容易受欺负。

每当别人骂他、打他时，他都不会去反抗。

他不会去攻击别人，反而去攻击自己，反思自己哪里做错了，总觉得是自己不对。

最后自我批判、自我攻击到痛苦得想死。

当这个孩子被打，自己出现的真实的情绪是：愤怒、羞耻、委屈、无助……

可是，妈妈却不允许他表达自己的真实情绪，强行用自己的感受代替了孩子的感受，告诉他：打你都是为了你好，让你疼的人是为了你好，你应该感谢人家。

而那个为了你好的标准，是霸道的，是不尊重他的意志和感受的。

作为孩子的他，无处表达自己的痛苦、委屈和困惑，他必须遵从。

于是，他就放弃了表达自己真实的情绪，用理智告诉自己：都是我自己不好才被打的，打我是为了我好，我应该感激。

当别人打他时，他失去了正常的感受力和判断能力。

他用妈妈期待的情绪：感恩和平静，代替了自己真实的情绪：委屈和愤怒……他也跟妈妈和亲戚一样，认为都是自己的错，然后陷入自我打击、自我批判、自我攻击之中。

这是一个家长用"应该的"情绪和感受，压制了孩子真实的情绪和感受的让人悲伤的案例，结果，并不是收获了一个充满感恩之心、明理上进的少年，而是收获了一个失去了正常的情绪感受能力、情绪无能、自我批判、麻木痛苦的灵魂。

明明是应该攻击别人，他却把力气用来攻击自己。

作为一个人，他失去了保护自己的能力，充满了想死的冲动。

如果不是及时地进行了心理援助，真的不知这个孩子的未来要怎样带着痛苦艰难地走下去。

关于第四点：忠实于自己的感受，就是人生最最靠谱的导航和最大的保护。

如果，一个孩子无论自己是否愿意，都要忽略自己的感受，去表演给别人看，那么，这样的强迫孩子的家长，就是在用行动告诉孩子：你的感受不重要，你要让别人开心、肯定、符合别人的期待才是对的！

这意味着，你在亲手撕碎孩子的尊严，绑架孩子的意志，忽略孩子的感觉，摧毁孩子的自我保护能力……

通常，这样做的家长，自己也是充满"不证明给别人看就活不下去"的受伤的孩子。

如果你真的爱自己的孩子，那么就请自己去深入内心的创伤，不要因为自己的恐惧而伤害孩子了，好吗？

无论家长以何种方式越界，对孩子来说，都是一种灾难和伤害。

孩子是没有办法选择出生于什么样的原生家庭的，但是，亲爱的家长，你是可以做出选择的啊！你就是孩子的原生家庭啊！

如果你的童年也曾受到过创伤，那么，为了孩子，更为了自己，当你又想越界，把力气用在孩子身上时，请试着想起前面的这些关于情绪越界的危害，把力气用在释放情绪、疗愈自己上吧！

▶ 应对真实的负面情绪，释放和表达，永远比压制和转移来得有效

其实，关于情绪，当你读到这里，可能已经明白了，恰当的、健康的应对情绪的方式，就是在有界限的前提下，去自然经历、释放自己的每一个情绪，让每一个情绪都可以得到完整的表达，能量释放了，心声倾吐了，就不会留下任何心理创伤。

　　只是，如果你是一位成年人，那么，你去释放和表达这些情绪时，就要有一个情绪的界限，不能随意把别人当成情绪的垃圾桶，但是也不能憋着，那就需要学会一个人的时候，自己陪着自己释放和表达所有的情绪，特别是所谓"负面情绪"。

　　那么，如果是我们未成年人呢？事实上，如果没有来自外界的阻挠和压抑，一个孩子会天然地健康地自然地表达自己的种种情绪和感受的，也就是说，人天然地就会通过完整体验自己的情绪而自我疗愈，健康的心灵也不会去区分什么是"对的"情绪，什么是"错的"情绪，所有的情绪和情感体验，都是我们活着的滋味，都会拓展我们生命的深度和广度，让人生如同调色板，充满斑斓的色彩。但是，如果遇到忽略和压抑我们情绪表达的父母、养育者，我们自然的情绪流动就会被打断，我们就会不得不阻断自己的情绪表达，就像一本书所写的那样：未能表达的负面感觉，并不会使它们走开；那会把它们留在里面。"留在里面"的负面性会伤害身体，使灵魂背负重担。

　　所以，亲爱的孩子，你有丰富的情绪，你有敏锐的感受力，这是你的巨大的财富，而绝对不是你的敌人。

　　作为一个有血有肉有感觉的人，你的情绪有资格被表达出来，被你的父母、养育者看见，并得到及时的回应。如果没有，那么，这并不是因为你的某些情绪是错的，或者，你的感受和情绪是不值得被看见的，或者，你是一个坏孩子，因为你不够懂事——不是的，这只代表一件事：你的父母、养育者本身就有情绪处理上的创伤，他们健康的情绪处理能力失去了，他们自己也不知道该如何应对自己和他人的情绪。

　　这是他们的问题，不是你的问题。

　　而身为父母、养育者，如果你不知该如何回应孩子的情绪，或者被孩子的情绪激发了自己难受的情绪，那么，首先请你认识到是自己的情绪处理上出了问题，没有学会健康的应对情绪的方法，失去了健康自然的情绪流动能力；然后，如果你不知该怎么做，那么，起码要做到不要想第一时间消灭孩子的情绪，而是试着问孩子的感受，并且不评判孩子的情绪，就静静地陪孩子释放和表达自己的情绪，也可以说：妈妈知道了，原来你是这样的感觉啊！

再有，你被孩子激发了什么情绪，请你不要对孩子发泄，而是要自己去处理和释放。深入进去，那里面，可能就有你自己的某个创伤所在。

从这个角度来说，孩子是来提醒你看见自己那些深埋着的创伤的天使啊！

其实，当我们去释放一种情绪的时候，这种情绪哪怕是很不舒服的，但是，释放掉也就消失掉了，反过来，如果我们去压抑和克制它，或者用转移注意力的方式去打断它的释放和表达，我们就会把它压抑得更深。

我知道，成年人的世界，充满了不讲道理的让你去压抑自己的声音，但是，所谓"负面情绪"也是一种真实存在的能量啊，根据能量守恒定律，能量是无法被消灭的，要么释放，要么就会发生转化。

如果强行压抑情绪，那么，它就会无奈地转化成身体上的淤堵、情绪上的混乱、扭曲的思维方式……甚至，还会像一颗定时炸弹一样，不知何时，随随便便一点小火星就会把它点燃，给我们的人生造成伤害。

当我们开始给自己讲大道理，试图说服自己；当我们像案例里面的男孩，逼着自己正向思考，不顾自己的情绪和感受，去做"应该"的事情；当我们逼着自己充满所谓的正能量；当我们拒绝看见和承认自己的某些情绪和感觉，比如嫉妒、愤怒、自卑、疯狂；当我们开始逼着自己淡化一些情绪和感觉……我们其实本质上都在做一件事：压抑情绪。

人有任何一种情绪都是正常的，我们无须否认、控制和压抑它们，每一位如同案例里面的男孩一样，饱受情绪困扰的人，我们只需陪着自己经历这些感受，不去分析、逃避、否认、控制它们，不视情绪为洪水猛兽，更不要去妖魔化情绪，说负面情绪是"外力附体"，而是让情绪自然地流过，就好了；而情绪也不会一旦释放就没完没了，就像蓄洪的大坝，当情绪的水位得到充分的释放，一切都会恢复正常——这是多么让人感觉轻松和开心的事实真相啊！

情绪发乎于心，都有其存在的道理，就让它们自由来去好了。

通过它们，我们收获了丰富的体验；

释放它们，我们也会收获健康与自由。

叛逆就一定是不好的吗：
从一个孩子拒绝「给妈妈学习」的案例说起

每一次攻击，

都是一次呼救。

从一个案例讲起

下面的案例，来自我在咨询中一位妈妈的谈话录音：

儿子 16 了上高一，之前都还可以，上高一以后虽然学习不是那么用功，但是还行，就是那么拖拖拉拉地走。因为疫情，他在家上网课的时候状态不好，等 5 月 1 日以后，因为我说了他一句，因为他没交作业什么的，说了他一句，其实言语也不是很激烈，然后一下子就糟了，他就再也不学了！

从 5 月 1 号到现在两个月了，不上课不写作业，北京这边 6 月 1 日返校上课，这是第三个星期了，前两个星期他第一个星期只去了两天，后来入校的考试他没有参加，入校的阶段考就是对疫情期间的学习状况进行测试，他没去参加，因为他没有学。后来第二个星期他又去了，三天后又不去了，就这么拖拖拉拉的，这个星期一直都没去，这不北京的疫情又严重了，所有的学生又回去上网课了，但是他网课还是继续不上。就这种状态折磨我。

这两个月我太难受了，我看到他的状态，我真的特别无助，你知道吗？我也求助过，老师也求助过，但都感觉有点像隔靴搔痒的感觉，不能真正地给我建议。

以前我认为我是比较了解他的，初中的时候在什么要脾气或者是怎么着，好像通过哄或者是通过我示弱都能继续下去，初三中考的时候成绩也还不错。但是就这一回特别坚定，非常坚定地说：你就死了这条心，我不会再学了！

我不想放弃，老师，但是我又觉得我帮不了他，感觉说什么都不往心里去，就是这种状态。

他天天打游戏，腾讯不是已经都规定时间了，像他这个年龄段只能打一个半小时吗，结果其他的时间他哪怕是看人家游戏解说，或者是去看日本动漫，就是那么随机地翻着手机，他也不去尝试回到学习状态了。

我该怎么办？

这样的案例，在我的咨询里，特别常见。

有的孩子，比这个孩子放弃自己的人生更彻底：身体没有任何问题，但就是不下床，吃喝拉撒都在床上……

还有的孩子呢，是主观上也想上学，可就是坚持不了，跟自己打架……

当一个孩子，特别是十几岁的孩子，出现这些不在父母期待之内的行为：不上学、不听话、顶撞父母、网瘾、早恋……

人们就会把这个锅扔给青春期去背：看看，这个孩子青春期，叛逆啦，哎，当父母的可真是操碎了心啊！

可是，事情的真相并不是这样的。

真相是：

· 青春期并不必然会发生叛逆

· 人的一生，叛逆也不一定只发生在青春期

· 被控制、自己的感受不被看见和尊重，才会发生叛逆

· 如果被控制、被忽略，却不叛逆，才是最可怕的事

· "消灭"叛逆最好的东西，是爱

"每一次攻击，都是一次求救。"当一个人用正常的方式表达诉求和感受，

不能被看见、被尊重，就只好用破坏性的方式发出声音，表达自己的感受和痛苦，渴望被看见。

让我们一一展开来说说。

·为什么说，青春期并不必然会发生叛逆
·被控制、自己的感受不被看见和尊重，才会发生叛逆

不是有这么一句话吗，叫作"哪里有压迫，哪里就有反抗"，青春期是一个人自主意识增强的时期。从孩子的角度来说，他们会在心理上更加渴望成为自己，渴望被看见和理解，如果父母在他们的整个童年，都能及时满足他们的需求，包括情感和精神上的需求，对他们有足够的尊重、平等，愿意倾听他们的心声，那么，作为一个被充分尊重和满足的孩子——你，会想要叛逆吗？

我自己的孩子，现在 15 岁，正处在青春期，有一次我问他："儿子，你咋不叛逆呢？"

"我啥想法都被尊重，有啥可叛逆的？"他一边摆弄着一双他心爱的球鞋——集鞋是他的一个爱好，一边笑眯眯地回答，露出了两个可爱的大酒窝……

但如果父母把自己的喜好、价值观强加到孩子身上，孩子合理的需求和感受不能被父母看见、尊重和满足，那么，孩子如果有一丝力量，也会用"叛逆"来表达不满和痛苦，争取成为自己、被满足和尊重的权利。也就是用攻击的方式，表达渴望被看见的需求。

还是想举个例子。在举例之前，想先说明一下：因为人类的心理跟着世界上所有的事情一样，是有其发生、运转所遵循的本质规律的，谁都逃不掉规律，违背规律就会被规律所惩罚，所以，当一个人遭受了某种错误对待，就一定会出现

某种相对应的心理问题，就如同播了什么种，就会长出什么苗一样自然。反过来，有经验的、掌握了规律的心理医生，看到心理问题所表现出来的"病症"，就会知道"病因"是什么，于是，只要处理那个"病因"，自然就会让"病症"消失。正因为这样，心理治疗才能起作用，我们的书才有存在的价值和依据。不过，这也意味着，很多心理问题、疾病是共通的，当我举一个例子的时候，很多人都可能有类似的情形和故事，特别是青春期叛逆这样普遍性的话题，我自己做过的很多咨询都很类似，所以，如有相似，请把关注的重点放在如何发现问题、解决问题上，不要关注那个故事本身，更不要对号入座。

比如，我在咨询里，就不止一次，遇到这样的案例：

重点中学的学习成绩一向很好的乖孩子，在某个时间点，突然像变了一个人，不是沉迷网络，就是不想上学，或者开始不顾父母的反对谈恋爱，或者顶撞父母，甚至离家出走……

然后呢，当我们深入孩子的内心，也会听到类似的故事：

要么，是父母从小管教严格，非常强势，只看重成绩，不关注孩子的内心；

要么，就是成长过程中的某个阶段，没有在父母身边，比如被扔给老人去带，然后又突然接回父母身边；

要么，就是父母长期分居，关系不睦；

要么，就是父母忙于工作，忽略孩子，缺少有质量的陪伴；

要么，就是父母至少一方情绪长期不好，把情绪垃圾倒给孩子……

真的，幸福的家庭都是一样的：有爱、有聆听、有满足、有尊重……

不幸福的家庭虽然各有各的不幸，但是，却有一点是相同的：缺爱。

不缺爱的孩子，自自然然、健健康康地成长自己就好了，精力用在探索这个未知的世界上，怎么会想去叛逆呢？！

可是，缺爱的孩子，就如同吃不饱饭的人，用正常的方式发出求助信号，也没人看见啊！只好用非常规的叛逆的方式呼救：我真的好饿啊，快要饿死了呀！快来看看我呀！快来救救我呀！

▶ 人的一生，叛逆不一定只发生在青春期

也许你听说过一个词，叫作"中年危机"。

研究发现，40岁左右是最容易发生职业转换、情感变故……的年龄。

为什么？

因为，如果一个人的自我一直被社会角色、家族期待所压抑和捆绑，那么，和十几岁一样，40岁左右，就会是一个人自我意识觉醒的年龄。

这个年龄的人，常常会忽然意识到：这也许已是自己人生最后的机会，再不去按照自己的心意而活，可能这一辈子就再也没有机会改变和尝试了。

所以，这会让一个生命力尚存的个体，想要挣脱牢笼，活出自己。

做自己、按自己的需要和心意选择人生，是每一个个体的核心需求。

如果，这种需求被父母、外界痛苦地压抑起来，那么，这个人就会活得缺少生命活力、创造力和乐趣。

有的人，可能会隐忍到死，变成一个没有自己的人，再无意识地把伤害传递给孩子。

自我不完整、不统一，自然会活得不快乐，对别人的控制欲强，期望别人来满足自己的期待，也是抑郁症等身心疾病的高发原因——因为自我压抑会变成向内对自己的攻击。

另一些人，则会在人生的某个阶段，想要打破限制，去真实面对内心的渴望，创造更符合自己心意的人生。

可是，40 岁时叛逆，意味着要打碎的东西太多了，影响到的东西也太多了，波及的人，通常也会比十几岁时多很多：不仅是自己、父母，还可能有伴侣、孩子……

任何年龄的叛逆，本身都是一种求救，是一种自救的行为。

这种自救的行为，当然越早出现越好——

你是选择让一个人在初中时早恋、顶撞父母、叛逆，还是选择他 42 岁时，自我意识觉醒，再去打破现有的生活，去辞职、离婚、重新开始？

▶ 如果被控制、被忽略，却不叛逆，才是最可怕的事

现在，我们已经知道了，这世界没有平白无故的青春期叛逆，被控制、自己的感受不被看见和尊重，正当需求不被满足，才会发生叛逆。那么，如果一个人，没有被满足，没有被看见，没有被尊重，但是，却极为"懂事"，乖乖听话，从不表达自己的需求和不满，一点都不叛逆——这是很多家长满心期待的、引以为傲的好孩子啊——到底好不好呢？

还是让我们从咨询中实际的案例说起吧！

身心一体，很多心理问题，会在身体上反应出来。

比如，有一种很常见的心理创伤引起的身体症状是肢体抖动、麻木、震颤，或抽搐。

如果你走进这样的一个人的内心，就通常会看见里面住着一个被父母控制着人生的瑟瑟发抖的孩子。这个孩子，无法按自己的意志而活，不能完全真实地表达自己的感受，不能为自己发出声音，甚至，没有一个空间可以表达自己的愤怒……

而一旦，给这个孩子一个空间，可以尊重身体的自然反应不被控制，可以真实

地表达自己，可以自由自在地按自己的意愿选择人生——虽然这种能力需要跟着自己的感受一点点恢复——这个孩子，就会如同一个被松绑的人，很快就可以恢复正常。

你看，这就是被控制、被忽略，却不叛逆的后果之一——那股真实存在的攻击力向内，在攻击自己：身体疾病、心理失调、人生问题重重……

甚至，当一个人真实的想法与情绪被严重阻断时，会有一种欲望，想"杀掉"这个不是自己的"自己"。

教育家蒙特梭利曾说："一个儿童，如果没有学会独自一个人行动，自主地控制他的作为，自动地管理他的意志，到了成人以后，他不但容易受到别人指挥，并且遇事非依赖别人不可。一个学校里的儿童，如果不断地受教师干涉，禁止，呵斥，以至于诟骂，结果会变成一种性格上很复杂的可怜虫。"

当一个孩子表现出"叛逆"，那么，其实是一种"呼救"的方式——他不甘心成为一个"可怜虫"。

▶ "消灭"叛逆最好的东西，是爱

面对孩子用叛逆的方式求救，当然，父母应该更多地尊重他们，平等地与孩子交流，倾听孩子的心声，改进亲子关系里面的问题，而不应该将之视为一件绝对的"坏事"。

但是，其实，我知道，对很多家长来说，道理即便懂了，事实上也很难做到。

要尊重孩子的感受？

是应该，可是，当老师找了家长，说孩子作业完成得不好，要家长好好管管自己的孩子，你说，家长怎么尊重孩子的感受？尊重他的感受就是不想写作业，那怎么行呢？！

要平等地与孩子交流？

是应该，可是，平等地跟他交流，他就根本不听你的话，那岂不是要无法无天？！

要满足孩子的需求？

是应该，可是，啥都满足他，岂不是会惯坏了孩子？！

……

总之，很多家长从来没有试着对孩子尊重、理解、满足，因为，那会触发我们的种种担忧和害怕，那会触发我们对失控的恐惧，那会触发我们自己内心的很多创伤。

也许，当我们自己也是一个孩子的时候，大人们就不满足我们，而且同时把"满足孩子就会让孩子变成不懂事的坏孩子"这样的信念，种在我们心里。

可是，这些信念，都不是真的！

一个被善待的孩子，心里会自然地生长出善；

一个被爱的孩子，心里会自然地生长出爱……

反过来，一个被虐待的孩子，心里会自然地生长出恨；

一个被压抑的孩子，心里会自然地扭曲；

一个不被允许是真实的自己的孩子，心里会自然地生长出虚伪……

想真正地突破那些限制我们去爱孩子的错误信念，我们需要先试着疗愈自己，让自己能成为一个懂得自爱的人，然后，我们才会发现，原来给孩子真正的爱，并不是让孩子失控和变"坏"，这会让孩子遵从自己的内心，建立起属于自己的人生秩序，不需要自我压抑和扭曲，自然蓬勃的能量满满地生长。

所以，关于叛逆，我不想给孩子们什么建议，我的建议是给家长的：

首先，不要轻易用自己的标准，来定义孩子所谓的叛逆行为，就像那个真实的故事：一个开网店的青年，十年前就先人一步，做电商生意，一起做的人都赚了很多钱，他却被父母当作是网瘾送进了网戒所，从此开启噩梦般生活。

然后，如果你的孩子真的用伤害自己的某种方式，叛逆了，那么，请记得：真正能疗愈叛逆的，是爱。

但是，爱，并不是一件人人都会的事。

比如，案例里的妈妈，她非常爱自己的孩子，但是，却把自己无处释放的压力，转嫁到孩子身上，看不见孩子真正的需求是什么，希望孩子活成自己期待的样子，结果呢，因为逼得太紧，不尊重孩子的感受，把学习弄成了孩子讨厌的东西，成了孩子发出抗议的工具……

自我成长，自我疗愈，对自己的感受负责，学会健康地疏导情绪的方式，爱自己，不越界……

不要一旦孩子听话，就立刻把所有的问题都怪在孩子身上。请家长朋友们学会反观自己。

就像案例里的那位妈妈，她给我留言说：

（发现自己的心理问题）真不想以牺牲孩子的人生做代价，太沉重了。即便我以后活好了，也会自责的。这次教训够深刻了，特希望孩子就此打住，别继续放弃自己。自从心理咨询后，我连续两天从晚 8 点睡到第二天大天亮，这两个多月一直都焦虑得睡不着，自我折磨着，现在权利交出去了，不去操控，反而得到内心的安宁……

一个人，怎么对待自己内在的孩子，就会怎么对待外在的孩子。

一个不知道如何爱自己的人，一定不会知道怎么给孩子真正需要的爱；

一个对自己严苛的人，一定也会严苛地要求自己的孩子……

要帮助你的孩子，就请，先好好帮助自己吧！

乖是一种苦，甚至也是一种病：
『我好希望地球毁灭』

儿童福利院刘院长来家里做客

我问他福利院的小孩乖不乖

刘院长说"普遍很乖，但并不好！"

这时候我女儿冲过来

把她的小脚丫抬得很高

往我的脸上蹭

"爸爸，臭不臭啊，咯咯咯"

3岁半的小丫头坏得很

刘院长说

你二丫头无比坚信你爱她

我们的孩子啊

不相信或者不坚信

谁爱他。就乖。

——来自网络

从一个案例讲起

　　这是一位陷入强迫性幻想的孩子。他无法自控地祈祷和幻想地球毁灭的场景。

　　祈祷地球毁灭？听起来很疯狂是吗？但是在实际的生活中，他其实是那种典型的"别人家的孩子"：乖巧、懂事、关心他人、学习成绩出色。

　　他说：我是爸爸妈妈的骄傲。他们工作非常辛苦，人生没有什么追求了，我知道他们全部的希望都在我身上，盼望我能考上好大学，有一个美好的前途……一直以来，我都是亲戚用来激励自己家孩子好好学习的榜样。我告诉自己绝对不能让父母失望。

　　我刚刚结束了高考报考。我自己喜欢的专业是金融，但是爸爸妈妈想让我当医生，所以，我还是选择了去学医……

　　我知道这对我来说是没有问题的，我的自控能力和适应能力超强，我觉得我可以做任何我不愿意做的但是我"应该"去做的事情。

　　我已经很久都没有哭过了，我觉得情绪是很没用的东西，毫无意义，把时间用在哭、发脾气、倾诉自己的感受上，那是脆弱的表现，是意志力薄弱的表现，简直就是在浪费时间……

　　我现在生活唯一的困扰，就是不知道为什么，从上高中开始，我就开始每天幻想地球毁灭的场景，我会详细地设想出各种毁灭的方式、剧情……我很想摆脱脑海里的那些画面，可是我做不到，越想控制越控制不了……现在，我的神经好像出了问题，几乎天天失眠，神经衰弱……其实，我是真的祈祷地球能够毁灭，这样，我就可以名正言顺地死掉了。如果我自杀，父母就会伤心，对我失望，亲戚朋友也会笑话他们……

摆脱这个强迫性幻想其实并不难，只需要：拿回自己的力量，此生为自己而活，不做父母的延伸，不做满足父母期待的工具，跟父母有健康的界限，能尊重自己的感受，表达自己的情绪……一句话：不再做父母的"乖孩子"，而是做回自己。

▶ 乖的背后，是恐惧

亲爱的孩子，你的情况又如何呢？你是乖孩子，还是活出了自我？

如果可以选择，你想做乖乖听别人话的"乖孩子"，还是想做一个听自己话的自主的人？

亲爱的家长，你的孩子是乖孩子吗？你喜欢自己的孩子乖吗？如果可以选择，你想要一个乖乖听你的话的"乖孩子"，还是想要一个遵从自己内心的、独立自主的人？

我儿子最近很喜欢说一句话：做人最重要的是要有选择权。

对于孩子来说，什么叫拥有选择权？就是没有奖惩机制在制约自己如何做选择——你不乖乖听我的话，我也不会惩罚你；你乖乖听我的话，我也不会奖励你。如果去除掉奖惩机制，可以听从自己的感受，追随自己内心地活着，不必委屈自己，不必将就忍耐，得到的，都是自己真心想要的……任何一个心智正常的人，都不会选择顺着别人的指挥棒活一生吧？！

听话教育的本质，是鼓励服从，惩罚自主。

乖的背后，都是恐惧。

库布里克说：当人不能选择的时候，也就不再是人了。

可是，看看我们的现实生活，普天之下，又有几个家长，不把"听话"当成评判一个孩子好坏的一个重要标准？

"宝贝，你真听话，真是个好孩子！"

——身为家长，当你想表扬孩子时，有没有脱口而出这样的话？

——作为孩子，当你这样被表扬时，感觉怎样？你的开心中有隐隐的不舒服吗？你觉得里面有"听话才是好孩子"的暗示吗？

"你这个孩子，怎么这么不听话？太不懂事了！"

——身为家长，当你想批评孩子时，有没有无须思考，就发出这样的声音？

——作为孩子，当你被这样批评时，又是什么感觉？你在难过之余，会暗下决心以后为了避免被批评，自己要好好听话吗？

不仅是家长，我们会发现，好像整个世界都希望我们听话、乖，老师会这样期待我们，亲戚会这样评判我们……

▶ 乖孩子的人生，充满后遗症

对于教育的实施者来说，接受教育的人，如果一切都乖乖听话、顺从自己，确实看起来省心省力，可是，教育的成果是用我们最终塑造出什么样的人来衡量的。

听话的孩子，看起来对于家长来说，是不操心的，虽然孩子难受，可是家长却是受益者。但是，事实上，随着孩子的长大，越来越需要独立面对人生，去做出选择、处理事情的时候，往往，家长会发现，这个听话的孩子，让家长操心的日子啊，原来在后头……

因为乖孩子，是按别人的心意活的，这就意味着必须要泯灭自己的感觉和喜欢才行，但是，一个人一生中最重要的判断：选择什么样的结婚对象、打工还是创业、什么样的钱能往出借什么样的钱不该借、留在家乡还是出门闯荡……跟他有多乖没有关系，却跟一个人能多细微地看见自己的感受相关，跟满足自己的能力、遵从内心的勇气，以及由此建立起来的良好的判断力、洞察力、知道自己要什么的能力息息相关。

这些能力，对于习惯了不敢满足自己的需求，不敢做自己真正喜欢的事情，习惯了忽略自己的感受，以至于感受力很麻木，听不见自己的心声，甚至不相信自己有能力做出适当选择的人来说，真的是太难了。

可以想见，一个不擅长遵从内心做出适合自己的选择的人，一个不知道自己真的想要什么的人， 他的漫漫人生路，想把握好自己的命运，创造美好的让自己满足的人生，该有多么难。

这样的乖孩子，真的就如同心里空空荡荡的"空心人"，即便在别人的安排下，一路顺遂，在别人眼里万事俱足，拥有人人羡慕的生活：有钱、婚姻美满……但是，麻木的空心人，没有一个是发自内心的快乐的！

我的来访者里，真的看起来多成功的人都有，既有钱又有名又婚姻美满儿女双全，但同时，却活得无比难受，甚至想死的人，大有人在。

心理上的痛苦，真的要比身体上的痛苦，更无法忍受——比如，我们都知道的案例，自杀的香港巨星张国荣，从小就是一个感受总被忽略、活在寒冷中的小孩，成年之后再多外在的拥有，都没有把他的心真正暖过来。

那么，听话教育，具体来说，到底可能对孩子的人生造成什么不良影响呢？

第一，这种教育是不尊重孩子的身心发展规律，以家长的主观意愿为中心的：

我是你的父母，我当然都是为了你好啊，所以，你要听我的呀！但是，即便家长让孩子听话，不是因为图省心，真的是为了孩子好，问题是，你真的确定自己的见识、爱的能力、对儿童心理发展的规律……都已经了如指掌，完全可以没有任何差错地用在孩子身上，只要孩子听你的话，就能还给孩子一个美好的人生吗？最简单地来说，你自己的人生，在你自己的人生观的指导之下，活得好吗？快乐吗？满足吗？充满爱吗？如果没有，你代替孩子去选择人生，真的就不会出错吗？即便你不会出错，可是孩子跟你是不同的个体，你喜欢吃榴梿，他可能偏偏喜欢吃苹果，你真的觉得可以代替孩子去感受吗？如果明明喜欢吃苹果的孩子，因为必须要听话吃了你觉得很好吃的榴梿，他真的会感到快乐幸福吗？

另外，孩子并不是一个缩小版的成人，在不同的年龄段，孩子的身心发育都有自己独特的规律和特点，如果，家长不懂得尊重这个规律：在孩子最需要陪伴带来安全感的时候，家长却想要锻炼他独立；在孩子大脑中主管情绪的部分发展最快的时期，明明需要各种情绪可以得到充分的表达，家长却偏偏在这个时期想让孩子成为一个理智的人，只允许他表现"正向"的情绪……这对孩子的身心来说，就是巨大的创伤。

如果让一位不懂也不尊重小苗的生长规律的园丁，去随意修剪一棵刚出土的幼苗，是一件多么危险的事！

同理，让一位没有经过任何"家长培训"就上岗的家长，随意指挥一个孩子的人生，不也是细思极恐吗……

别的不说，单单在身体层面，一个被逼要乖乖听话的孩子，无处表达自己心里压抑的愤怒、委屈……那么，这些能量只能向内，攻击自己的身体；而且，他也需要随时跟自己真实的需求打架，能量内耗……这样的孩子，自然容易免疫力低下，能量低，甚至易生病。

第二，对孩子来说，最大的保护力，就是自己的感受。

一个习惯于听别人话的乖孩子，会渐渐失去自己敏锐的感受力，不再尊重自己的感受，也不敢表达自己的感受，这样的孩子，面对侵犯时，"自我保护"意识会很微弱，也缺少敢说"不"的能力，过度压抑自己的攻击力，失去正常的反抗的本能。

还有什么，比让孩子失去自我保护的能力，更危险？一个失去感受力这个保护伞的孩子，对父母来说，真的会省心吗？

第三，每个孩子都是一个独立的个体，教育的功能是陪伴孩子通过实践去发现自己，成为那个独一无二的"我"。这个"我"，有着独特的喜好、独特的感受力、独特的创造力……凡事我有自己的思考，做事我有自己的主见，我相信自己的感受，尊重自己的感觉，我不把能量用在自我厮杀、自我消耗之上，我不是一个依附于别人眼光与评价的"精神残障"……我不会因为别人的标准改变自己的活法，我不把自己的价值建立在别人的身上，我知道自己想要什么，也知道自己不想要什么，没有人可以代替我去感受和选择……

这样的一个人，才是教育上的合格品，人格健全，心理健康，拥有真实的、完整的自我。

反之，听话教育，教育出来的会是什么样子的人呢？

童年时，像个小大人——没有孩子气，顺从大人，懂事听话，不会任性，不会提要求……

成年时，反而像个小小的幼儿——缺少主见，在乎别人的眼光，不知道自己真正想要什么，所以即便得到了也并不真正幸福，随大溜儿，缺乏界限感，希望别人为自己负责……

小大人，其实是没有真正意义上的童年，心理发育受限，在心理上这是假性独立；成年的巨婴，则是心理发育停滞受阻之后，形成的病态人格。

成为真实的自己，遵从内心地活着，做自己人生的主人，这，才是健康的人生。

否则，即便得到全世界所有人的羡慕，拥有所有人向往的东西，也并不会真的快乐。

因为，自我，才是一个人人生的地基。

当人生的一切：事业、爱情……都是建立在真实的自我之上，那个人生才是真正属于自己的，自己才会感觉到幸福满足和快乐。

而听话的乖孩子，人生是建立在别人意愿基础上的，这样的人生，如同房子没有打牢地基，上面的一切都摇摇晃晃，没有满足感、踏实感和安全感，甚至，仿佛没有真正活过。

因为，这个人生，不是自己的。

没有自我的人生，再成功，也只是行尸走肉的一生。

幸福这件事，是一种主观和个人的感觉而已。

真的，没有人能代替别人，去决定怎么活，才会是幸福的。

哪怕是真的"为了孩子好"的父母，也不能。

这会拿走孩子的活力和能量，让孩子失去自我，精神死亡。

第四，听别人的话，本质上是一种取悦。

取悦别人，是一种心理防御。

任何一个心理健康的人，都不会用防御性的方式去与别人互动。

一个听话的孩子，用取悦这种防御的方式，跟人建立关系，保护自己。

但是，这种病态的方式，反而会将讨好者与他人隔离开。

因为取悦的人，一颗心总是处于隐忍和不真实的状态，这种状态是无法与人建立真正亲密的联结的。

还有，因为长期压抑自己的感受，所以感受力是麻木的，感受力麻木不仅容易反应迟钝，带来危险，也容易在关系中看不见别人的感受。一个连别人的感受都看不见的人，无法与他人共情的人，怎么给对方真正滋养、满足的爱呢？

不会爱的人生、爱无能的人生，真的会是一个美好的人生吗？

▶ 怎么办之家长篇

好啦，关于听话教育的危害，我们已经说了不少了，按理说，如果一位家长意识到这些危害，那就不让孩子乖不就好了？

但是，其实，家长们道理都懂，却也不一定都能做到。

为什么？

因为家长有自己的心理创伤啊，这些隐藏在潜意识里的创伤，很容易在陪伴孩子成长的过程中被激发出来，不疗愈这些创伤，再不想伤害自己的孩子，也不容易把握好……

那怎么办？

· 可以去读本书——关于心理创伤修复的那部分，疗愈自己；

· 被孩子触发什么感受：难受、恐惧、担忧……都先自己面对和释放出来，而不要一股脑地发泄到孩子身上；

· 一定要记得，爱绝对不是把我认为好的加给你，也不是请你按我喜欢的方式做事，更不是让你来满足我的期待，而是——给你你想要的；

· 如果你的信念就是"给孩子想要的，都依着孩子会把孩子惯坏"，那么，请你回到你的童年，看看自己有什么与这个信念有关的创伤，看看是谁不愿意满足你，是谁给了你这个错误的信念……

· 如果不知从何入手，不妨就从不说"我是为了你好啊"开始吧！

▶ **怎么办之孩子篇**

对于我们孩子来说，如果家长就是要求我们要乖、听话，又该怎么办呢？

· 听话这件事，如果让你难受，就试着跟父母表达出自己的真实感受；

· 如果父母能理解你，意识到自己的问题，那就再好不过了；

· 如果父母意识不到，那么，你要陪自己把内心的委屈、失望、伤心、恐惧……都释放掉，都表达出来，别压抑自己；

· 当别人，包括你的父母，让你做你不想做的事时，可以试着说不；

· 当看到你喜欢的而别人却让你选另一个时，就告诉对方：不，我喜欢的是这个；

· 多做让自己开心的事，多尊重自己的感受；

· 建立自己的界限，不允许别人随意打扰你做的事、侵入你的空间……

最后，我想对孩子和家长一起说：

让我们停止满足别人的期待，因为那是让自我消亡的自杀方式；

别人那里也不会真的有你人生的答案。

我们每一个人活着，最好的活法和出路都只有一个，那就是：

成为自己，成为自己，成为自己。

瘾，从何而来：
从用「瘾」自毁的女孩说起

绝大多数的心理问题都是因为忽视乃
至扭曲了自己的内心体验。

——罗杰斯

从一个案例讲起

　　能让我们人类成瘾的东西，五花八门。有的看起来危害小一点，比如，烟酒，有的看起来危害极大，比如毒品。

　　我的一位来访者，曾经陷入一种看起来危害很轻的"读玛丽苏小说瘾"。

　　这个瘾，虽然看起来仿佛并没有那么严重，但是，她成瘾的期间恰恰是读高三的阶段，想想看——一名高三的学生，别人都在废寝忘食争分夺秒地学习，而担心被父母发现不敢开灯的她，却整夜整夜打着手电筒在被窝儿里读小说……很明显，这种成瘾行为的背后，有着重重的自毁倾向。

　　那么，为什么一个孩子会选择如此这般地自我破坏呢？

　　来听听她内心的声音吧——

　　高三的时候，去国外工作了很多年的爸爸回来了。在爸爸出国工作期间，我和妈妈的关系很不好，妈妈不理解我，随随便便地对我发脾气，凡事都不尊重我的想法，对我充满否定……

　　爸爸走之前我还小，那时候我就更喜欢爸爸，因为爸爸比妈妈温暖。而爸爸走后，我唯一的精神支柱就是盼着爸爸快点回来，我的日子就能好过一点儿，就会有人在乎我的感受了。

　　可是，爸爸回来之后，他并没有关心我的感受，没有问过我他离开的日子我快乐吗，有委屈吗……他只关心我的学习成绩。

　　当他知道我学习成绩不够好，就跟我妈妈一起指责我、否定我，我最后的一点快乐来源——电视，也都不让我看了。

我觉得自己彻底陷入了无助、愤怒和痛苦之中，找不到出路，没有一个人在乎我的喜怒哀乐……

我就想：你们否定我你们控制我你们不关心我你们不让我看电视，我就要变成一个废人。我就不学习，我就睡觉、读小说，我就要自我毁灭。

反正就是很强烈的那种我要成为一个废人，我要让你们难受，我要让你们痛苦的趋力……

提到成瘾，我们案例里面的这种"读玛丽苏小说瘾"好像并不常见。最容易跟我们青少年联系起来的，是网瘾。

很多家长提网瘾色变，觉得网络就像一个怪兽，把自己的"好孩子"变成了不听话的"坏孩子"。

甚至，为了让孩子戒除网瘾，毫不怜惜地把孩子送到某"医生"那里，去残忍地电一电。

再来举一个真实的案例。

这个故事的主人公，是一位重点中学的成绩拔尖的孩子，本来是那种乖乖听话的好孩子，但不知从何时起，家长发现孩子开始沉迷网络。

这怎么行呢？

家长想尽一切办法阻止孩子上网：劝说，劝说不行动手，动手不行用绳子绑，用绳子绑不行威胁断绝父子关系，断绝父子关系不行诉说父母的辛苦不易，给孩子下跪……

最后的结果呢，就是孩子选择自动退学了。

不知道你听到这样的故事，有没有产生似曾相识之感？

——这种让人惋惜的故事，真的是太多了。

▶ 痛苦的心，用"瘾"切断自己的感觉

也许，读到这里，你也会跟很多人一样，替这个本来素质出众、前途光明的孩子，感到惋惜吧？你在惋惜之余，也会情不自禁地好奇：网络的吸引力咋就那么大呢，能让一个孩子选择自毁前途，沉迷其中？

答案是：跟案例中自毁的女孩一样——不是网络太有吸引力，而是孩子的内心太缺爱，孩子的世界太孤独和冰冷，一些成长期本应被满足的需求，没有被看见和满足……

网络，和其他我们能想到的各种瘾——酒精、赌博、毒品……一样，都有一个作用，那就是可以让人切断自己身心的感觉，一旦进入瘾中，就可以不再感受到真实世界里面的痛苦。

瘾，本质上就是一种麻醉剂。

试问，哪一个身体舒舒服服的人，需要打麻药呢？

只有那些实在是疼痛得无法忍耐的人，才需要麻醉身体，切断和逃避感受痛苦的感觉啊！

心理上，也是一样的：

哪一个活得心理愉悦、舒爽、安宁的人，想要切断这些活着的美好感觉呀？！

还不是活得不舒服、不满足、难受的人，才需要麻药来自我麻醉一下啊！

如果，你真的深入一个沉迷网络的孩子的心，你就一定会发现这个孩子成长过程中的某些创伤经历：

很小就被送到爷爷奶奶、外公外婆家里，远离父母啊；

父母忙于工作缺少对孩子的陪伴啊；

很小就寄宿啊；

父母要求极高啊；

父母看不见孩子的感受啊；

不允许孩子按自己的节奏活着，必须要配合大人的节奏啊；

多子女家庭被忽略的那一个啊；

父母关系不亲密甚至打架，家庭氛围沉重压抑啊……

人本能地会趋乐避苦，内在的某种痛苦和需求得不到满足，当然就会试图通过外在的刺激去填满、逃避、终结这种痛了，此时，眼前出现什么：酒精、网络、毒品……就自会成了一个人逃避痛苦的"大救星"。

每一个用瘾来逃避痛感和绝望感的人，其实都不是没有用过无害的方式试图自救的——

也许，这一位网瘾少年，是曾经试图跟父母表达自己心理的创伤的：你们从小把我扔给别人照顾，你们知道我心里多害怕、多想要你们的陪伴吗？我害怕的时候，你们在哪里？我需要你们的时候，你们在哪里？现在，只关心我的学习成绩，可是为什么就不在乎我这个人开不开心呢？但可惜，他的父母自己也没有得到过真正健康的爱，他们意识不到自己的问题，他们只想要求孩子变成自己想要的样子；

也许，那一位网瘾少女，也是曾经跟父母说过自己的感受的：我不想上那位数学老师的课外班，我不喜欢这个老师……可是，事实的真相是那位老师会试图摸孩子的手，孩子充满恐惧，不知所措，希望得到父母的理解和帮助，但，她的父母却相信权威、老师大于自己的孩子，他们只希望自己的孩子乖乖听老师的话，却意识不到隐藏的危险，所以，这个孩子才会偷偷逃课，跑去上网吧……

瘾，是一个人面对内在的痛苦，没有办法的办法。

与其去责怪那些让人成瘾的东西：酒精、网游……还不如回过头来看看到底是什么原因让一个人成瘾更有效。

而且，从广义上来说，所谓"瘾"，就是：陷于一样东西不可自拔。

想想看，有多少看似正常的成年人，也是或多或少地有上瘾的征兆的，只是那个瘾，看起来危害性不那么大而已：购物瘾、烟瘾、麻将瘾、药瘾、暴饮暴食瘾、工作狂瘾……

这些瘾，虽然看起来危害不大，但是，也一样会让人深陷其中，越是严重，越是会危害一个人的健康与生活。

还有，我们要注意，界定网瘾，可不能只肤浅地看表面，就像那个真实的故事：一个开网店的青年，十年前就先人一步，做电商生意，一起做的人都赚了很多钱，他却被父母当作是网瘾送进了网戒所，从此开启噩梦……有些行为看起来像是"瘾"，但其实背后是出于热爱，对人生是积极的，有益无害。

总之，当一个人真的陷入某种瘾，背后通常都代表着家庭功能的失调，于是，让身处其中能量最弱的人，不得不借"瘾"来逃避面对自己，阻断自己的痛苦。

▶ 用"瘾"逃避痛苦的感觉，后患多多

如果通过成瘾，真的能解决我们内心的痛苦，带给我们真正有效无害的快乐，那么它就不是一个该解决的问题了。

问题是，成瘾，也许能一时缓解痛苦，但是，长期来看，不仅不能真正解决问题，而且，会带给人生更多的破坏。

用成瘾的方式逃避痛苦，就好比一个欠钱的人，不去想着赚钱，而是想着不停向别人借贷来偿债。最后，只会越欠越多——

·成瘾的目的，是为了转移注意力，不去感受内心的痛苦，这就会让人跟自

己的身心逐渐失去联结，感受不到自己，对自己的身心感受变得麻木；

·与自己身心分离，对自己不敏感，通过瘾逃避面对的情绪，容易向内攻击自己，对身体健康不利，比如抑郁症的最可怕之处，并不是一个人常常感觉到痛苦，而是无感，麻木无感找不到活下去的动力，才是抑郁症患者高自杀率的根源；

·用瘾来远离不舒服的情绪，就意味着逃避每个当下的直接经验，让我们对身心此刻正在发生的种种变得不敏感，我们切断和自己的联系，也意味着借瘾拔掉了自己跟真实的世界产生连接的电源，这会让人头脑变得过度强大，脱离感受地惯性分析、思考，这会让一个人的神经过于紧张忙碌，各种神经症的沃土就此产生；

·成瘾的那些事，看起来是带给人乐趣的，可是，长期深陷其中，反而容易让人越来越不满足，越来越没精神，是对生命的内耗；

·当一个人跟自己的身心逐渐失去联结，变得麻木，会让人在关系中的界限感变差，比如，做事缺少分寸感，区别不清自己和别人的感受，换位和共情能力差，喜欢操控和被操控……也就是说，跟自己身心的联结感越差，那么各种关系的品质也一定越差……

以上是成瘾会带来的一些隐性危害，其实，很多瘾的危害是一目了然的，比如赌瘾，比如毒瘾……

也许，瘾确实能带来一些快乐，可是这样的所谓快乐，其实是在透支生命，大大加速自己的枯萎。

读到这里，如果你的想法是：不是的，成瘾跟心理没什么关系，就是这个人自己不好，没毅力、不懂事、不坚强、软弱……那么，我就没啥办法了，你可以试着用自己的方式改造他，比如，电击啥的……

如果，你觉得成瘾的背后，可能确实跟心理创伤有关，那么，接下来的问题就是：怎么办？

▶ 面对成瘾症，我们该咋办

疗愈成瘾症，其实并不难。

本质上，所有心理创伤的疗愈都是一样的，那就是：在每一个感觉到痛苦、不满足的当下，在那个想逃到瘾里去的当下，真实地陪伴自己经历那些让人想逃避的不舒服的感受，也可以试着让那些痛苦的感受真实地发出声音，表达出来。

心理治疗师白大卫说："如果几天喝不到水，你会渴得难受。最后实在忍不住，连脏水也一样喝。我们的内在小孩也是一样。如果我们不关注他的需求，他就会变得非常冲动，拼命寻找快速的解决办法，摆脱这种孤独的状态。只要能从这种痛苦中解脱，做什么都可以，就算会伤害自己，也在所不惜。"

我们与其用"瘾"这个脏水来抚慰自己，不如通过经历每个当下那些难受的感受，不逃避，去发现自己真正的需要是什么，自己所缺失的是什么——

在"瘾"袭来的时候，在痛苦袭来的时候，停下来，诚实地去倾听自己内心的声音，去感受那种想要麻醉自己、放纵自己的冲动，去感受那种想要逃避的冲动，去看看那难受的感觉，要表达些什么：

我好害怕，我好无助，我好孤独，我好累啊，我想要爱，我想要抱抱，我想要被看见，我好气愤啊为什么就是没人懂我、满足我，我好迷茫啊不知道该怎么办，我好疑惑啊到底是我不值得还是父母的错……

去真正倾听自己的心音，你就会发现，自己的心真正需要的，不是用某种瘾去透支快乐，而是被看见、被陪伴、被满足、被疗愈、被接纳、被爱……

这些，才是我们的灵魂真正需要疗愈的"清水"，瘾，却是暂时缓解饥渴的"毒水"。

当我们去试着这样做的时候，这意味着——

·在帮助自己释放掉那些不舒服的情绪，在进行自动的清创排毒，而不是通过逃避来累积它们，给身心带来伤害；

·诚实于自己当下的感觉，没有失去跟身心、真实的自己的联结；

·看见并接纳自己真实的感受，就是真正的自爱；

·能自己释放和疏导情绪，不仅有利于身心健康，也不会再把压抑下来的情绪投射到别人身上；

·能看见自己的感受，才不会"情绪和感受无能"，进而无法共情别人；

·只有能发现、看见自己不被满足的需求是什么，才有进一步去表达自己的需求，真正解决问题的可能……

事实上，当我们只是完整地、不被打扰地、真实地经历自己当下的感受，可以让自己的感受表达出来，就能带给自己灵魂滋养，就是一种真正有效的自我疗愈。

只要我们不失去跟自己的联结，能够看见事情的真相，尊重自己的感觉，相信自己的判断，就意味着我们没有因为创伤而失去自己，不失去自己，自己懂得站在自己这边，自己爱自己，我们的人生就会充满光明和希望。

很明显，瘾的形成与成长期没有被满足的正当需求息息相关，而对于一个孩子来说，不满足他的，通常都是孩子本应最亲近的人。

想让孩子摆脱成瘾，按理对父母来说，也应该很容易啊：哪里没有满足孩子，就满足哪里！

但事实上，对家长来说，做到并不容易。

因为，不愿意满足孩子的父母，自己的童年，也一定有相应的不被满足的创伤——

一方面，当一个人自身需求被忽略，没有被完全满足的时候，这种不满足感所带来的持续的不满足感，如果不经疗愈和释放，就会形成心理创伤；

另一方面，这样的孩子也会倾向于去合理化父母的做法，用父母的错误的理念来压抑自己的感受——因为，孩子天然地是爱父母的，不依赖父母也是很难活得下去的，如果父母就是看不见孩子的感受，那么面对强大的不能满足自己的父母，唯一的出路就是——否定和压抑自己的感觉，适应和合理化父母的规则，向内攻击自己。

这样的人，当自己做了父母之后，面对孩子同样的需求，那些不满足感会被激发出来，储存在身体和潜意识里的不快乐的创伤记忆就会复活，用来合理化父母不满足自己的理念就会复活，于是会惯性地用同样不满足孩子、忽略孩子感受的方式，去对待孩子，觉得孩子的那些需求并不重要。比如，一个小时候被父母寄养在别人家的孩子，通常也会在差不多同样的年龄，找理由让孩子不再留在自己身边……

就像那句话说的：大自然是非常有耐心的，所有你不愿意面对的创伤，都会遗留给你的孩子。

身为父母，如果想根治孩子的成瘾症，最最有效的方式是真正地倾听孩子的心声，然后反观自己，看看孩子激发了自己的什么感受，通过这些感受回到自己的童年，看见自己心里住着的那个受伤的、需求没有被满足的孩子，让这个孩子可以从地下的暗室之中走出来，表达自己的感受，释放自己的情绪，可以真实地表达自己、做回自己……

当家长疗愈了自己，学会了倾听自己、爱自己，我们自然就具有了倾听孩子、满足孩子、爱孩子的能力。

否则，说什么都没用——自己都匮乏得要死的人，哪有余力去馈赠别人？

养育孩子的过程，对于内心有创伤的人来说，其实是一个孩子不断用自己的问题和痛苦，来提醒家长看见自己的创伤的过程。真实面对这些创伤，是智慧的；

怪孩子不够好、都是孩子的问题，则是既可悲又愚蠢的选择。

　　我知道对于家长来说，重塑自己看起来并不容易，可是，疗愈自己这件事，实际做起来真的是进一步有进一步的欢喜。

　　比如，写了这么多"育儿经"的我，也曾经是一个活不明白自己，教育孩子"麻爪儿"的病人啊！

　　愚钝如我，真诚地付出自己十年的时间，探索心理创伤自我修复之路。

　　其中的甘苦，如人饮水冷暖自知。

　　当学校搞了一次针对孩子心理的采访之后，我儿子学校的老师跟我说：你儿子是接受采访的所有孩子里面，唯一一个开开心心地说出"妈妈是我最好的朋友""妈妈是一个了不起的人"这样肯定家长的话的孩子，我的心里真的乐开了花呀！我在乎的不是孩子对我的评价，我在乎的，是孩子没有因为我曾经的心理创伤而深深受伤害，当我疗愈和修复自己，他的世界也跟着焕然一新，洒满阳光……

　　所以，不管是孩子出现成瘾症，还是其他什么心理问题，要相信孩子的自我修复能力是超乎想象的，只要爸爸妈妈开始意识到自己对孩子无意中的那些忽略、控制、伤害……并真的愿意改变，真的，你的孩子就一定会有一颗健康的心灵，和一个光明的未来！

心理创伤的修复与疗愈：

爱，以春天的爱

> 凡是幸福无法治愈的，
>
> 任何药物也无法治愈。
>
> ——马尔克斯

从一个案例讲起

　　我的一位来访者，自己也是一位学心理学的接受他人咨询的心理咨询师。她的困扰是，无法走出"我的人生差不多方方面面都很失败"的痛苦：

　　比如，身体。"我觉得自己有疑病症，同时我也害怕去医院。我的身体有一些症状让我很害怕，从我离婚后，连体检都不敢去了，没有安全感，觉得如果一旦真的得病了，自己又离婚又得病，我接受不了，也解决不了……"

　　再比如，情感。"我离婚了，交往了一个男友。可是男友跟我 AA 制，我心里好委屈，我觉得我没有价值感，委屈得要死，就想分手，可是分手我又觉得好孤单，特别迷茫……"

　　其实，在我的咨询里，心理医生却无法让自己过好这一生的例子，超乎想象的多。

　　看到这里，也许你会问了：心理创伤的修复，真的有那么难吗？摆脱童年创伤的影响，真的那么难吗？也许，人生里让每个人卡住、难受的地方跟这位心理医生并不同，但是，如果很多心理医生本身自己都做不到超越童年伤害过好这一生，那么，作为一个普通人，我们如何在心理上真正实现自我修复和自救呢？到底怎么做，才能真正修复心理创伤过好这一生呢？

　　别急，请允许我娓娓道来——

▶ 疗愈"心理"问题，要的不是走脑，而是走"心"

亲爱的家长朋友，面对孩子的教育时，下面的烦恼，你有过吗：

·"其实我对当妈妈充满恐惧，因为我觉得我自己的童年并不快乐，我也不知道该怎么做一个不伤害孩子的妈妈，我觉得教育孩子，真的好难……"

·"陪伴孩子的过程中，我发现自己被激发出很多童年的恐惧和创伤的体验，我想做一个好家长，不想让孩子重蹈覆辙，可是面对具体的事情，我却发现自己就是会无意识地伤害孩子，我不知道该怎么办……"

·"我读了很多育儿书，道理我都懂，可是我就是做不到……"

而亲爱的孩子，下面的烦恼，你又是否有过呢：

·"每一次父母又想把自己的意愿强加给我，我都很难受，也很愤怒，可是，不管我怎么抗争，他们就是不懂尊重我的感受……"

·"我的父母总是充满负能量，总是担心事情会有坏结果，以至于我现在做什么都害怕，不敢尝试，我明明知道是他们在我的身上投射自己的恐惧，可是，我就是被他们的恐惧所影响……"

·"我真的好想可以逐渐独立，逐渐可以尊重自己的意愿做选择，不想被控制，想证明给他们看，想让他们爱我、肯定我，可是，我在心理上却非常依赖他们……"

·"我不想为别人活着，可是，又觉得父母一生也不容易，好可怜……"

·"我觉得过度沉溺于上网／不想上学／跟人相处不好……也许是不好的，我也想改善，可是我就是对自己无能为力……"

•"我知道爸爸妈妈对我的期待是好好学习，我也想啊，可是，我真的面对学习，只想逃避，拖延一会儿是一会儿，我觉得自己在浪费时间，好有罪恶感啊！"

以上的所有问题，简单说都意味着人生陷入了"道理我都懂，可我就是做不好""我知道哪里出了问题，但是我无力改变"……的困局，就像有那么一句话说的：我知道很多道理，却就是过不好这一生……

为什么明明能意识到问题所在，自己从理智上也很想改善，却就是做起来很难呢？原因很简单，这些困扰是"病症"，我们的心理创伤才是真正的"病因"。可是，因为心理创伤这个东西，不是用理智就可以控制、改变和修复的，所以，即便我们意识到病因是什么，但想不经"治疗"就真正改变人生，是不可能的。就好比知道自己得了什么病，却不去治，那病症也是不可能消失的。

这就是前面案例里提到的心理医生却无法让自己的人生活得舒服、满足的原因——仅仅学到心理学的知识，是不能真正修复心理创伤的；理智知道该怎么做不代表就真的能做到。如果心理疗愈就这么简单，那么，抑郁症患者就不用忍受痛苦啦，他们只需要用意志力控制自己，大脑下个命令"我要开心！"就好啦！

所以关键之处在于：疗愈心理问题，需要的不是走脑，而是走"心"。

▶ 承认问题的存在，是疗愈的第一步

其实，一个人能意识到"问题存在"这一点就已经很棒了，还有很多人，会麻木到对自己的心理创伤根本都意识不到，他们已经对人生陷入了惯性的反应，以为忍受痛苦的人生是正常的，以为自己从小建立起来的那些限制性的信念都是对的，用心理学的话来说，他们以为自己无力改变自己的处境与人生，他们陷入了"习得性无助"。

但是，无论是成年人还是孩子，如果真的直面问题、修复内心，就自然可以一点点活出一个全新的、有能量的、有爱的能力的自己，就自然可以从心理阴影中走出来，重新站在明媚的蓝天之下。

蒙台梭利博士说：每种性格缺陷都是由儿童早期经受的某种错误对待造成的。

作为一名接触了大量青少年心理问题疗愈案例的专业人士，我非常赞同这句话所要表达的意思，但是，我却不想用"性格缺陷"这四个字，来形容人的心灵受了伤之后所表现出来的问题。

因为，"缺陷"二字，听起来有点"不够好""坏的""差的"意思，可是，当一个人出现身心问题，却绝对不是他的缺陷——那些，只是他的"伤痕"。

"人的行为怪异，都是因为缺爱。"当一个人，特别是小孩子，表现得从成年人的角度来看"有问题""奇怪""不正常"：沉溺网络、不想上学、不会与人友好相处、离家出走……或者严重一些的，出现各种身心失调症状：抑郁、妄想……孩子自己其实是在承受着极大的痛苦的，这根本不是孩子主观故意的"缺陷"好吗，如果有的选，谁会选择让自己缺爱呢？谁会选择让自己受伤呢？谁会选择让自己痛苦呢？谁会选择用自我破坏的方式表达自己的抗议与绝望呢？

我知道，当孩子出现"身心问题"，父母们常常觉得自己已经非常努力、非常负责、非常辛苦地在"爱"孩子啦，孩子按理说"不应该"有什么问题啊！就算有问题，也是他自己的问题，不可能是家长的问题吧？！

但是，真相是：父母是根，孩子是花。

花开的不够好，根源是在于家庭的。

没有天生心理和灵魂上有问题、有缺陷的小孩，只有没有被健康地对待、没有被好好地爱的小孩。

如果，给这些受伤的灵魂，换一个温馨、美好的成长环境，那么，所谓的"问题"就不会发生。

即便发生，如果及时去补救——缺失的部分，及时补足，错误的部分，及时改正，那么，这些所谓"问题"就会消失。

那么，如何补救呢？

从家庭入手，找到问题产生的根源，给予孩子成长所需要的充足的养分：尊重、理解、看见、爱……我们自然就会恢复过来，健康成长。

更何况，这些所谓的问题，有些根本不是孩子的问题，而是来自成年人不讲道理的评判，比如，有些人看见一个孩子对不熟悉的人打招呼不够热情时，会说这个孩子太冷漠、没礼貌，事实上呢，这非常正常，并无不妥——谁规定一个小孩子就必须八面玲珑，见谁爱谁呢？孩子就没有根据自己的感觉来决定对人的热情程度的权利吗？无论小孩子多么小，都是一个有尊严的人啊，谁愿意违背自己的感受，去屈从大人，讨好别人啊！相反，这样评判孩子的人，过度强迫孩子表现得热情的大人，才是真的"病"了！

那么，对于那些真的是因为被错误对待而带来的身心失调，当然，如果家长们能意识到自身的问题，愿意与孩子一起自我成长，那当然是最好的。但一方面，还是会有一些比较僵化偏执的父母，会意识不到自己的问题，觉得都是孩子的问题，要改变的只是孩子；另一方面，即便家长愿意自我提升、疗愈与成长，但曾经无意识地给孩子带来的那些伤害，还是需要修复与疗愈的。

既然说疗愈，那么，首先就是——

▶　如何界定身心失调

很简单——身体和情绪是最好的信使，作为一个孩子：

当你身体感觉舒服、充满能量、神经放松、睡眠深沉甜美……情绪呢，自然流淌、不压抑、宁静安稳、舒适愉悦……那么，这表示你是健康的，你的生活里没有过多的自我控制和压抑，你的感受可以被养育者看见和尊重，你的需求可以真实表达并被满足，你有一个空间可以真实表达自己的感受，你的外在行动可以遵照自己的内心，这样的你，自然可以用自己稳定的、健康的身心去面对生活中的一切。

反之，如果你感觉神经紧张、思虑重重、睡眠不好、做噩梦，身体有某种慢性不适或疼痛，比如头痛、胃疼、腿麻、四肢抖动或抽搐、昏厥、幻听……

情绪上呢，缺少安全感和自信，压抑、无力、憋屈、悲伤、艰难、沉重、焦虑、空虚、害怕、孤单、沮丧……不会流泪，或者莫名流泪……

那么，你自己和家长就都应该重视了，这表示你的身心出现了或重或轻的问题：可能你的感受不能被自然地表达出来，你的需求没有被看见和尊重，你不能按照自己的意愿做自己……这样的你，需要拿出很多能量去控制自己，去压抑自己的真实感受，你的感受没有一个健康的出口顺畅地疏导出来，你违背了自己的心……身心一旦失调，如果不能及时调整回健康的轨道，那么，生活也会慢慢出现问题。

这里想提醒一下父母们，请你，不要只重视孩子的某方面表现，比如学习成绩，却忽略孩子的身心健康。孩子的身心只有一个，一旦被慢慢摧毁，真的也许你会悔恨不已。做家长的不能太功利和短视，身心健康才是一个人人生中最宝贵的财富，离开了身心健康的地基，其他什么都会失去意义。

　　孩子是没有权利选择也没有能力改变自己的原生家庭的，幼小的孩子只能被动地去适应。如果这个原生家庭是扭曲的，孩子基本只有扭曲自己一条路可走。

　　真的不要自以为是地用自己的标准来衡量孩子的状态，而要真正用心去关注孩子的身心感受。当孩子表现不能令父母满意时，比如，孩子喜欢哭泣、不开心，有些父母就会评判孩子太娇气、不坚强、叛逆了太作……也许，你只看到了孩子的"不好"，却没有意识到这其实是孩子在发出求助信号。

　　试想，对于一个孩子来说，还有什么比自己明明身心难受，但周围的家人却都觉得没什么不对，这是你自己的问题，更让人绝望的吗？就好像，你的心在滴血，可是任凭你怎样呐喊、呻吟，却就是没有人听见和承认你的痛苦，更没有人会来帮你……

　　当一个孩子，感到自己的身心已经发出信号，提示着创伤的存在，不管那些信号是周期性地出现，时好时坏，还是长期地折磨我们——

▶ 身为孩子，该如何自救

　·首先，我们可以向一位值得信任的人求助，比如自己的爸爸妈妈。

　　虽然，确实很多创伤来自于父母的错误对待，但是，以我的观察，父母们通常只是意识不到自己的行为是在伤害孩子而已，因为他们自己的童年，也曾遭遇过类似的对待与伤害，他们的心受伤了，但他们却是发自内心地希望自己的孩子可以活得好的。所以，一旦他们得知自己的孩子身心备受煎熬与痛苦，甚至出现了某些身心症状，他们通常都会去积极寻找原因，帮助孩子修复与疗愈的。

　　多数情况下，你的求助，会得到父母的重视，你的痛苦，也会提醒父母来自我反思。

如果，你尝试之后，父母是这种理解的态度，那真的太好了，一切都可能会往积极的方面去发展。

但是，还有一种可能，就是家长不觉得自己有问题，不重视孩子的身心失调，觉得都是孩子的问题，如果孩子不出现严重的躯体症状或者神经紊乱，就意识不到问题的严重性，即便意识到了问题的严重性，也拒不承认跟自己有关……而身边，也没有人能理解我们，看到我们的痛苦，帮助到我们，那么，作为一个孩子，我们该如何靠自己的力量，在不利的成长环境中，尽量避免被伤害和扭曲，进行自我修复和疗愈创伤呢？

·身体和情绪，不仅是最好的信使，也是最好的疗愈入口。

其实，简单来说，只需要做一件事，就可以让我们的心不受伤，即便曾经受伤，也可以一点点修复，而且这个方法也不分对成年人还是孩子，都有效。这个方法就是做到：尊重身体的感受，同时，真实完整地经历自己当下内心的情绪和感觉，不压抑，不分析，不逃避，不转移。

真的就这么简单——尊重身心感觉，让情绪和感受可以真实自然地流动着就好。

这样做——

✓ 我们身心的感受力就不会因压抑而慢慢麻木；

✓ 我们就可以一直保持着跟身心状态的紧密联结；

✓ 我们就可以一直知道自己真实的感受是什么，自己真正想要的是什么，不想要的是什么，到底人我的界限在哪里；

✓ 身心自然的感受力就可以保护我们，身心自然的疗愈力也可以随时更新我们，帮助我们自动修复创伤。

听起来很简单，但问题常常出在：

第一，不信：怎么会这么简单？！

第二，不会：当一个人，特别是孩子，长期生长在一个不被尊重身心感受的环境，就会慢慢麻木，理智和头脑极度发达，神经紧张，自我控制和压抑太多，太擅长跟自己打架，就会渐渐失去单纯地看见和表达自己的感受的能力。

尊重身体的感受，比较好理解。当我们能尊重自己的身体感受，满足身体的需求，不做让自己的身体感觉不舒服的事，我们的身体自然就会能量满满：不是说有一种冷是妈妈觉得你冷吗？但如果我们依据妈妈的感觉而不是自己身体的感觉来加减衣物，可能身体就会用病痛来反抗这种不尊重；还有一种饿，是妈妈觉得你饿，但如果我们按妈妈的感觉去吃，就可能胡吃海塞，没有尊重身体的需求，反而容易肠胃功能失调……

那为什么还要尊重心的感受呢？为什么要让当下的每个情绪可以自然流淌呢？

因为，情绪本质上是一种真实存在的能量。根据能量守恒定律，压抑下来的能量是不会消失的，那跑哪里去了呢？自伤：向内，攻击自己；或者，水满则溢，向外，投射出去，伤害别人。

就像阿加莎的小说《撒旦的情歌》里所写的："为了逃开那头怪兽，你一直跑，一直跑，但是这样是没用的，你不能一直用后背对着它；你要勇敢地转过身去，才能看清那头怪兽的本来面目。"

当我们遭受到错误的对待和伤害时：不被尊重、不被满足、被否定、被打击……就会自然地出现各种不舒服的感受：悲伤、屈辱、无助、愤怒、恐惧、怀疑、绝望、疲惫……这些难受的感觉，就是那头怪兽，如果我们身处的成长环境，不允许我们表达这些"不好"的、"不对"的、"不应该"的情绪和感觉，我们就会不自觉地选择一直跑，一直跑，逃避那些感受，用后背对着它们，只表现出被别人接纳的那些感觉：开心、感恩、爱、听话……那么，我们的外在表现就脱离了我们的内在真实情况。想做到这些逃避"怪兽"的事，我们就需要拿出很大的力气来自我控制——控制自己真实的情绪，压抑逃避它们，我们的能量就会这样被消耗掉。两面人的做法，也会让我们慢慢分裂，压抑到潜意识里的那些情绪能量，就会真的变身成"怪兽"，让我们身心生病，行为怪异……

但事实上，那些情绪和感觉并不是"坏的"，那只是来自灵魂的提醒，提醒我们错误对待的存在。如果我们能重视这些信号和提醒，表达自己真实的感受，那么这些伤害性的行为才可能被看见，被改正。但是，当我们忽略来自内在世界的声音，我们就会让自己的身心和生活慢慢因那些错误的对待而受伤。

为了说明这个问题，心理老师王老师又上线来上心理课啦！这节课的内容是关于：生本能和死本能——

其实，疗愈的根本就在于增加一个人的生本能，同时释放死本能。

什么是生本能和死本能呢？

那是人的灵魂中潜伏着的两种最最原始的本能趋力。

生本能，让人对生命充满向往，富有活力，勇于探索和尝试，敢于坚持自我。生命里所有让人愉快的、有力量的感觉，都能滋养生本能。生本能背后的驱动力，是"爱"。

死本能，让人消沉、悲观、僵化、教条、麻木，不愿变化，不愿探索和尝试，自我缺失，在关系中喜欢共生，容易被他人所影响。死本能让人"想死"。所有让人不快的感觉，都能助长死本能。死本能背后的驱动力，是"怕"。

生本能，是生命之初原本的生命底色，它跟死本能是此消彼长的。如果在成长过程中，被死本能强的人影响和伤害得越多，那么，一个人的生本能就会渐渐被死本能所取代。

而想做到增加生本能，释放死本能，只需要做一件事：联结自己的身心感受并尊重它们。

这样，我们自然就会知道自己喜欢什么，跟随自己的心之所向，这就是在增加生本能；

我们也自然就会在每一个当下知道自己不喜欢什么，敢于说不，拒绝被伤害，这就是在斩断死本能。

如果离开了自己身心感受的紧密联结，不能随时看见自己的感受，聆听自己的心声，忽略身体和心灵为我们传递的信号，那么，我们如何保护自己呢？

谁不喜欢让自己可以轻松自然地活着呢，谁想压抑自己的感受呢？

我们变得不"自然"，还不是因为生活里总有人喜欢教导我们"应该"怎样怎样才是对的吗？！还不是因为我们的感受被那些本应尊重我们感受的人忽略甚至否定吗？！

比如，有些大人会惯性地对一个跌倒的男孩说：没关系，勇敢点儿，男孩不哭！你是男子汉，哭哭啼啼会被人家笑话的！

而对于孩子来说，会因为自己是男孩就不疼吗？不会的！

可他的疼、他的恐惧、他的委屈……都被一句"应该勇敢"残忍地压抑了起来。

多少人的成长过程中，就是这样被压抑了太多不允许被释放和表达出来的感受啊！

这些压抑起来的情绪能量，就会慢慢累积，造成淤堵，无法顺畅流动。当淤堵越来越严重，身体和心理就不得不说话和抗议：它们保护自己的方式、抗议的方式，就是生病。

好消息是：爱、看见、允许、接纳的疗愈力，十分强大。这些损伤，除非是严重到让人丧失正常的意识，否则，就都是可逆、可修复的。

就像《还我本来面目》这本书里所说"要解决孩童时留下的创伤，我们就必须再次经验那些创伤，要把自己完全敞开来彻底去体会创伤的痛苦，才有可能真正解决痛苦。"——当下的不舒服的感受，跟更早之前的同类创伤，来自同一个源头，我们要做的，就是跟自己的身心去重新建立联结，去感受自己、看见自己、表达自己，通过与当下的自己重新联结起来，来唤醒自己身心的感知功能、调节功能，去逆流而上打开积压的淤堵，重新恢复身体的功能和心理的健康。

婴儿的发育成长，需要一个安全的、温暖的环境，需要有人能看见他、感知他、回应他。

疗愈，就是去经历一个后补的发育过程，去看见和修复那些成长过程中被忽略、被伤害、未被满足的部分。

这个过程，也需要安全、放松、被接纳、被允许，就像小婴儿，感觉照顾者温柔地抱持和接纳，这样才能有助于安抚和放松我们的神经系统，让那些深层的感受、创伤可以浮现出来，被看见、被表达、被修复、被疗愈。

这份放松和安全的感觉，一位真实、安全、接纳、温暖的疗愈师可以给你，或者是已经变得温暖而又接纳的爸爸妈妈也可以给你。如果没有，也没关系，因为，亲爱的孩子，我们自己也可以提供给自己。

只要我们保持真实，允许自己表达任何当下真实的感受，对自己说真话，我们就为自己提供了最好的陪伴和看见，就会自然唤起我们内在自愈的能量，我们就可以慢慢恢复跟自己身心的联结。

具体怎么做呢？

我们的身体超乎我们想象地精密。比如，大脑中杏仁核的功能之一，是储存创伤性的记忆，提醒我们躲避风险。

如果这种创伤没有得到疗愈，那么，当我们在生命中再次经历类似的身体感觉时，潜意识里存储的相似的情绪和感受就会被唤起。

举一个极端一点儿的例子，就是遭遇过性侵犯的孩子。

这种童年发生过的身体被侵犯的记忆，有时已经有些模糊了，甚至，忘记了。可是，一旦遇到类似的与异性靠近的情境，还是会被唤起危险、害怕、愤怒之类的感受，这些感觉阻碍了我们去单纯地感受当下的真实状况，或者说，我们是在透过创伤的记忆来感受当下发生的情境，我们会不由自主地投射自己潜意识里面的感受，杏仁核会提醒我们：危险、危险……

于是，即便是在一种安全的关系中，一个安全的情境下，我们却依然会感觉到焦虑、恐惧、不安全。

这样，我们就无法根据当下真实的状态做出恰当的回应——创伤被唤醒了，我们在那个无辜的人身上投射自己的恐惧，我们会启动自我保护机制，甚至可能会无意识地推开甚至想伤害对方。

想不再被过去的创伤所影响，我们要做的，就是去看见自己当下真实的恐惧、愤怒、羞耻……然后，允许表达自己当下的那些感受。

我们可以在想象中，回到童年创伤性事件发生的时间点，去把自己的愤怒、害怕、羞耻……表达出来。

我们可以去对那个伤害我们的人说：滚，不要碰我！

我们也许会颤抖，会呐喊……无论是什么，都要允许身体可以尽情地表达自己；

我们也许会哭泣，会骂人……无论是什么，也都要允许情绪可以完整地表达自己。

也许，那些深埋的创伤，让人感觉难以用语言形容：没有文字，只有声音、动作和情绪。

单纯地、不带评判地允许它们表达出来，那么痛苦就能代谢掉，曾经的创伤就能得到疗愈。

再举一个例子。

有些孩子会非常讨厌某个老师，讨厌他身上的某些特质，比如，不喜欢老师说话时口气充满批判，感觉自己被否定……此时，老师可能确实说话时口气略带批判，却没有那么严重，完全在可接受范围内，但是，因为你有一位特别喜欢批判你的妈妈，你却没有机会完全真实地表达和释放对她的愤怒、不满、失望……所以，当你的老师表现出一点儿类似于妈妈的口气，就激发了你压抑下来的对妈妈的这些情绪，用心理学的词来说，就是你在老师身上"投射"了自己对妈妈的愤怒、不满……

如果，我们在讨厌老师的感觉出现时，真实地释放和表达出自己的情绪：你好讨厌啊！你怎么就那么不知道尊重别人的感受呢？你知不知道你的态度对我伤害有多么大！你让我觉得自己一无是处！我都讨厌死你了！请你闭嘴……

甚至，你可以夸张地表达自己的这些情绪和感觉，也可以加上让你感觉爽的动作，比如打打枕头之类的，可以边打枕头边释放自己的愤怒，说出自己内心真正想表达的话。

温馨提醒的是：建议自己一个人，在一个安全无人打扰的空间去做这些。

或者，如果环境不允许，也可以在心里默默地把那些真实的情绪表达一下：你好讨厌啊……不用担心，这样做并不伤害别人，不礼貌，因为我们并没有真的对老师去表达这些情绪，这对老师并没有伤害。但是，却帮助我们自己释放了被老师激发的对妈妈的不满，排出了毒素，疗愈了自己的心。这对我们的身心健康，有着重要的意义。

如果我们的成长环境，只允许表达"正向"的爱、美，却不允许表达"负面"的恨、丑，那么，所谓负面的恨、丑被压抑下来，不仅对身心健康不利，而且，爱与美也会失去根基，成为"假的"爱，"假的"的美。假的，就变了味儿……

我知道，有些孩子长期生活在不被鼓励表达自己真实感受的环境，所以，感受自己身心的能力变得不敏锐了。变得不敏锐虽然看起来可以让我们麻木，感觉不到太多的痛苦，但是，这却是病态的。因为，绝大多数心理疾病，比如抑郁症，根源就在于"感觉无能"。

想恢复感知力，也很简单，每天，多去感受一下自己的身体——

✓ 哪怕，只是闭上眼睛，去做几个深呼吸，感受气息流过鼻腔、唇齿的感觉；

✓ 或者，每天睡觉前，从头到脚扫描一下自己的全身，看看有没有哪里不舒服，有的话，就去把注意力放在那里，用手轻轻地抚摸那里；

✓ 或者，躺在草地上、床上、地板上，静静地感受大地对自己的支撑；

✓ 或者，在走路跺脚这样简单的动作中去感受脚与腿的节奏与力量；

✓ 或者，每天拿出哪怕几分钟的时间，去感受自己的身体，允许身体去自然地用动作表达自己……

如果你愿意，可以去试试。

哪怕每天只做一两次，我们也会慢慢恢复跟自己身体的联结，从中感受到跟自己的联结感，让感受力复苏，也能感受到来自自己的温暖和爱，感受到放松和安全。

当我们跟自己联结的紧密，我们自然会更多地与别人以爱和温暖的方式联结。

这些看似简单的自我联结和放松的小动作，还可以启动与休憩相关的"副交感神经系统"，帮助我们的神经系统、免疫系统在高速驱动后从紧张中平静下来，自我修复。否则，紧张与压力，会让大脑的杏仁核长期处于"战斗或逃跑模式"，不断分泌肾上腺素，对一个孩子的身心健康非常不利。

▶　疗愈孩子的心，父母比心理医生更有效

·首先，是一些重要的提醒。

当父母意识到孩子的身心出现问题之后，自然面临一个问题——到底如何帮助孩子疗愈和康复？很多家长，第一时间是寻找外力的帮助，比如到心理医生那里，或者是到医院的精神科。但是，此时，请你不要一味迷信别人，要多做自己的判断。因为身心治疗领域的从业者，素质可谓天差地别。比如有的人，就不是在"治"愈，而是在"致"郁，会带给孩子更加严重的二次伤害。

另外，也不要盲目地给身心尚在发育期的孩子吃抗抑郁之类的药物，还有电击之类的，真的不要强迫孩子去做。

吃药，不能根治心理问题，只能靠药物阻断感受的方式，来暂时缓解痛苦。而阻断了负面感受，人就会变得麻木，正面的感受也被阻断了。

药物还有不少其他的副作用，比如对脏器的损伤，药物依赖等。

有病了，就要吃药，这是身体疾病治疗上的思维方式，但是，心理上的创伤，就像马尔克斯所言：凡是幸福无法治愈的，任何药物也无法治愈。

举个例子。

我的一位初中生来访者，非常出色的一位女孩，因为父母无法理解自己、共情自己，总是用他们的标准要求她，所以，这个孩子不得不偶尔在家附近走一走，舒缓一下自己的情绪。可是，她的父母却认为一个女孩子，不乖乖在家待着，总是一个人出去走步，这是在叛逆、不正常，于是，就带她去一家大型医院去看心理医生，结果诊断为抑郁症，然后开了好多药来给她"治病"。

如果不是偶然有人介绍她来找我，我想，这个孩子，这个心理健康而无病的孩子，这个在痛苦地适应病态的父母的孩子，一定会吃下那些对她来说有害无益的药物，阻断神经传导、损伤身体脏器，甚至形成药物依赖……

如果心理疗愈以吃药为主，就意味着，心理问题与心理上所受的创伤无关：她的害怕男人与童年的那次性侵无关；我的难以摆脱的高度焦虑与早期依恋关系的被忽略无关；你的抑郁与童年不被允许表达情绪无关……这种认定是错的。

比如案例中的女孩，她真正需要的帮助，是有人能站在她这边，让她知道父母无法理解她，不是她的问题，而是父母的问题。真正需要治疗和改变的，是她感受力不良、思维僵化的父母。

·只需三步，你就可以帮助自己的孩子疗愈。

其实，如果家长能从自己做起，那么疗愈就一点儿都不难。只需要家长：

第一，能意识到自己对孩子的教育与陪伴里，存在着哪些不利于孩子健康成长的模式，比如，只关注学习成绩，不关注情绪与感受；喜欢对孩子随意发脾气释放负面情绪；控制欲太强，希望孩子能满足自己的期待……

第二，去真诚地跟孩子道歉，去面对自己的问题，自我疗愈，改变自己的惯性做法，给孩子真正需要的爱，而不是自己想给孩子的"爱"，让孩子能在晴朗明媚的天空下成长；

第三，再把孩子之前的创伤一点点疗愈好。

只需这三步，孩子就一定会好起来。不仅孩子会好起来，整个家庭的能量焕然一新，整个家会变得温馨自然舒服起来。因为，经过这样一个大家齐心合力共同疗愈和修复的过程，每个人都会变得更真实健康，那么，由人组成的家，当然也会变得更和谐和健康。

事情如果能这样发生，那对于身心受伤的孩子来说，是不幸中的万幸，也是家庭里所有人极大的福气。

前些日子，我的一位来访者给我留言说：突然听说有一个朋友家的孩子因为抑郁症跳楼自杀了，我觉得是他家人对这个病不够重视造成的，真可惜！我还想说，真的应该面对自己的这种疾病，找到解决的办法，谢谢你那个时候帮助了我！虽然我的孩子还不到跳楼的程度……

我也真的很想对爸爸妈妈们说：

如果我们能把关注孩子学习之类的功利性目的转移一点儿，去关注孩子的心理健康，关注孩子每天的想法，关注孩子是否快乐，是否有什么委屈，多跟孩子像朋友一样地交流，那么，这样的悲剧，怎会发生呢？毕竟，没有了身心健康这个地基，其他的东西又有什么意义呢？如果，作为家长的你，不太会关注孩子的心理，那么，至少你可以在孩子的身体、行为上多用心，因为孩子的很多身体、行为疾病，是与心理健康息息相关的。比如：

✓　鼻炎、爱流鼻涕的孩子，常常代表着他的心在流泪，当你发现这一点，就可以多问孩子，是否有些什么事，让他不快乐；

✓　胃疼、胃炎，肠胃不好，过胖过瘦的孩子，可能有压抑的没有被表达出来的情绪，这样的孩子需要情绪疏导；

✓　喜欢咬手指甲的孩子，可能有深层的焦虑……

一件器具，尚且需要保养，孩子的身体，更需要关注啊！

身体是诚实的。从关注孩子的身体入手，及时发现孩子身心传递出的种种信号，防微杜渐，保护好孩子的身心健康。

举个发生在我家里的例子吧。

有一天早上，我刚上初中的儿子说自己感冒、难受，不能上学了。

此时的我，"亲妈"和"心理医生"立马同时上线："好，儿子。不过你试着去感受你的身体，看看哪里不舒服。"

他说："喉咙很痛，头晕，还发烧了。"

"心理医生"的我接着引导他："你试着去感受你的这些不舒服，看看如果它们可以表达自己，想说些什么？"

孩子静静地去感受了一会儿，然后对我说："它们说，上学好累啊！不想去上学。"

"哦"，"心理医生"的我接着引导，"那它们想让你怎么做，可以舒服一些？"

儿子又去感受自己的身体，然后说，"它们想休息，睡一会儿觉。"

"亲妈"的我说，"好吧！那就尊重它们吧！"

于是，孩子喝了些开水，就睡着了。

半个多小时之后，孩子醒了，出了很多汗，一量体温，烧退了，喉咙和头也好多了。

儿子又恢复了他平时健康的模样，收拾收拾书包，主动要求上学去了。

这件事，发生在他从不用心学习到开始用心学习的转换期，学习量的增加，让孩子的身心都不太适应。

这种不适应，他自己没有及时意识到，身体就制造了病症。

很多时候，人的潜意识里就有不喜欢做一件事，却不能真实面对，就会无意识地想通过生病，让自己可以没有愧疚地、理直气壮地休息和逃避！

可是，这种伤害身体的方式，代价是不是有点大？

如果，我们在这个过程里，没有及时倾听自己的身体，没有意识到自己潜意识里面的逃避心理，那么，我们就真的可能让自己生越来越严重的病。

不过，亲爱的孩子，聪明如你，如果可以及时倾听自己的身体，关注它生病背后的诉求，挖到根源，做出调整，那么，身体其实很快就能好起来。

比如我儿子，他没有经过"感冒必须要 7 天才能痊愈"的过程，而是很快就恢复如常了。

孩子能出现身心失调，背后常常是一个家庭能量流动不良，家庭功能失调。所以，这一切，当然不是我们孩子的问题。

但是，虽然是父母的问题，父母通常也都不是故意的。那是因为身为父母的，内心也住着一个受伤的没有被给予充足的爱与安全感的孩子。那个孩子瑟瑟发抖，无力好好爱身外的孩子。所以——

- ✓　他们才在孩子身上，投射自己的恐惧；
- ✓　他们才在孩子面前，抱怨人生的苦；
- ✓　他们否定自己，所以也看不见孩子的光芒；
- ✓　他们成长的不易，所以也无意识地让孩子吃苦头；
- ✓　他们没有学会如何建立真正亲密的关系，所以小小的孩子也不会以爱与人联结；
- ✓　他们自己的感受没有得到过充分的尊重，所以孩子也被迫接受对错比感受重要的模式，被迫学会跟自己的感受分离……

但是，亲爱的孩子，只要我们站在自己这边，相信自己的感觉，保持真实，允许自己表达任何当下真实的感受，对自己说真话，我们就为自己提供了最好的陪伴和看见，我们就如同自己做了自己最好的朋友，给了自己最大支撑，我们就可以保护自己，不被别人的伤害扭曲自己的身心。

如果你的生命里存在一些创伤带来的身心伤害，那么，请试着按我们前面提到的方法，去帮自己修复和疗愈。

越是尽早处理和疗愈，伤害越少。越晚或逃避着不面对，就会在生活里一直负重前行。

还有一针重要的"预防针"要打，那就是疗愈有一个必经的过程叫作退行。

我自己也曾深陷抑郁的泥潭。在我的自我疗愈过程中，和我所做的大量疗愈案例里，每一个人，当他被允许和尊重，每一个人都会自动发生退行。常见的表现是：敢于不听话了，敢于表达真实的自己了，敢于表达自己的需求了，甚至敢于让自己懒一点儿了，别人看起来觉得任性不如以前懂事了……

当这种情况发生，周围的人可能会认为：按照社会的传统眼光看，怎么这个人疗愈还不如以前乖了呢？但是，却不知道，这种退行，是非常有必要和宝贵的。

就像身体生病，毒素必须被允许排除出来，修复才有可能发生。

而如果不把这些深埋于潜意识中的创伤修复，那么，这个人就会永远活在创伤之中，被创伤掌控，不停轮回负面模式，承受痛苦。

退行，是疗愈里面的必经之路，是迈向新生命关键的一步。

去试试看。

每一个自我修复心理创伤的人，最终都会明白：

在疗愈里，——退步，原来是向前。

▶ 面对父母无意中给我们的伤害，千万不要用自毁的方式跟父母对抗

有很多这样的案例。

父母只重视孩子的学习，就是看不见孩子的感受，不尊重孩子按自己的方式选择和做事的权利，不满足孩子那些合理的需求，特别是精神和情感上的，于是，一直很乖、一直忍耐、一直渴望用听话和迎合父母来换得一些真正的爱和尊重的孩子，在某一个契机——比如父母再一次因为学习而骂了孩子——最后一根稻草使孩子到达了忍耐的极限，孩子绝望了，开始"撂挑子"式的、自我放弃式的"反抗"：我彻底不学了，我就不学了，你不是只在乎我的学习吗，我就不学给你看，

我就不满足你，反正你也不满足我，我就看看这是我的人生还是你的，到底谁说了算，我要让你知道我是一个人，不是一个随你怎么要求都可以的工具……

甚至，有的孩子放弃得更彻底：连床都不下，连饭都要你们喂，大小便你们挖个洞来给我收拾……

我知道，选择这么干的孩子，可能讨厌的，并不是学习，而是被父母当成工具一般对待，越界太多、控制太多、尊重太少、理解太少。

孩子们在用这种自毁的方式，渴望被父母看见自己心里的痛苦和无奈，这是一种自毁式的发声。

但是，孩子，这是在用别人的错误惩罚自己啊！不懂爱的父母，用自己的行为伤害了我们，我们如果也用同样极端的方式伤害自己，那么，这个"我自己"，岂不是太倒霉了！

别人不给我们爱，并不是我们自己的错，我们能做的最好的选择，其实是自己爱自己，自己尊重自己，加倍自爱，加倍尊重自己。并不是我们这个人不值得爱，是伤害我们的人瞎了、爱无能，即看不见我们的好，也无力满足我们的需求，但我们干嘛要用伤害自己的方式求救呢？我们完全可以试试前面的那些自我疗愈的方法啊！自己对自己的人生负责啊！我们要站在自己这边啊！

比如，你的父母只重视你的学习，却完全看不见你真正的需求，那么，我们如果就此为了报复他们的不懂爱，就放弃了学习，而其实自己的内心并不真的讨厌学习，那么，这种行为，岂不是最终报复的还是自己吗？我们不要被父母定义呀，跟他们对着干，其实还是另一种方式的被他们定义。真正的自我尊重，其实是不管别人希望我做什么，我只选择自己真正想做的，我不会因为你的期待而做，也不会因为想反抗你的期待而不做自己想做的，总之，我不被你的期待影响。

▶ 孩子是用"制造问题"来提醒父母疗愈他们的天使

对于家长来说，孩子的问题，换个角度也许是孩子用自己的痛苦在提醒你，问题的根源可能是你的童年曾遭遇过类似的创伤，去深入你的内心疗愈自己，也许对孩子对你自己都是最大的福气。

当你越早放下对想象中"我想要的孩子"的期待，看见和接纳眼前这个真实的孩子，尊重他的感受，满足他的需求，孩子身上所谓的"问题"，会越早在你真正的爱中消失。

还有，只要你愿意看见自己这部分问题，愿意诚实面对自己，也愿意诚实面对孩子，尽量不再去伤害孩子，那么，也请相信孩子天生拥有像伤口自愈那样的自我修复的能力。

在此想强调一下：身为父母，千万不要用"你要阳光""你要坚强""你要积极""你要开心"……这样的话来要求孩子，就像有些鸡汤会说"苦也是一天，乐也是一天，为什么不能选择快乐点儿呢"……这种试图用理智控制情绪的事，是绝对不可能成功的。用心理学上的词来说，这意味着你的超我太强大。

想疗愈创伤，无论对孩子还是成年人，唯一有效的方法，就是对情绪真实。比如，当悲伤疼痛的时候，允许自己可以哭——你知道吗，当你诚实地哭出来的时候，大脑自动就会随着你的哭泣分泌内啡肽来减少你的痛苦，而自然分泌的内啡肽有益无害——真实表达情绪，意味着灵魂的自愈力被启动，灵魂在自动修复自己。可如果，我们就是跟天性对着干，明明感到悲伤脆弱却非要表现得快乐坚强，真的，这只会让人离身心健康和真正的快乐越来越远。

最后，想截取之前写的一首诗，来作为这部分的结尾，里面，是关于爱与创伤的修复，我特别想说给家长听的话：

导向依赖，是冬天的爱法

引向自立，是春天的爱

导向束缚，是冬天的爱法

引向自由，是春天的爱

指向恐惧，是冬天的爱法

引向喜悦，是春天的爱

控制，是冬天的爱法

给予力量，是春天的爱

允许真实，是春天的爱

迎合我的期待，是冬天的爱

冬天的爱法

让那些活着的失去生机

春天的爱

让失去生机的也能重新活过来

没有一样事物在春天不动声色

愿你爱

以春天的爱

第三部分：

家庭关系的品质，会为整个

人生中的关系奠定基调

心 语

"妈妈太苦，我想拯救她"：
父母与孩子，也要有健康的界限

你的孩子，其实不是你的孩子，

他们是生命对于自身渴望而诞生的孩子。

他们通过你来到这世界，

却非因你而来，

他们在你身边，却并不属于你。

你可以给予他们的是你的爱，

却不是你的想法，

因为他们自己有自己的思想。

你可以庇护的是他们的身体，

却不是他们的灵魂，

因为他们的灵魂属于明天，

属于你做梦也无法达到的明天。

你可以拼尽全力，变得像他们一样，

却不要让他们变得和你一样，

因为生命不会后退，也不在过去停留。

——纪伯伦

从一个案例讲起

一位中年女士，向我诉说她的困扰：

我明明知道是别人的事情，但就是会愿意为对方做些什么，总是会习惯性地站在别人的立场上去考虑问题，很好说话，性格也比较软，胆子小，有时候会因为没有帮助到别人，或者帮助太小了，心里会非常愧疚自责，怪自己怎么只有这么小的能力！

我也有过度付出的倾向，之后自己心里也会失衡。还有我一点点发现自己并不知道对方真正想要什么，所以常常自己付出很多，把自己弄得累，对方还不一定高兴……

我太累了，我真的撑得好累。我每天都在咬紧牙关地坚持，我告诉自己不能放松，我崩得好紧……

深入到她的原生家庭，我们一点点找到了她没有界限地"奉献自己帮助别人"，让自己一刻不能放松的根源——

我爸爸是一个比较麻木自私的人。在他有家庭之后，他没有跟我妈妈一心一意建好这个家庭，他哪怕去到他的姐妹家帮忙带小孩，也不会回来带我们这些亲生的孩子。

我妈妈才3岁不到我外公就去世了，她的两个姐姐比我妈妈都大很多，早早就出嫁了。妈妈就总觉得自己应该把自己的妈妈照顾好，所以拼命干活。

因为我们在农村，爸爸又不管这个家，妈妈就只能不停地劳作，最后落下一身的病痛。还记得我上中专的时候，妈妈为了筹钱送我去上学，自己去挑了很多煤，把两个肩膀上的皮都磨掉了……真的，我看到那一刻我心疼死了，我心里就一直这样下决心：我一定要对我妈妈好，我自己要争气，我很心疼我妈，所以我要去替冷漠自私的爸爸弥补妈妈，我要去拯救妈妈，让妈妈能好受一点儿……但是我发现自己无论怎么努力永远都满足不了妈妈的，因为爸爸跟妈妈之间是夫妻感情，而我只是孩子对妈妈的爱，再努力我们也无法替代……可是我还是在一边自责愧疚，觉得自己没用，一边继续不停地努力拯救妈妈……我跟姐姐，一直都在傻傻地努力着，我们太想拯救妈妈了，我们太想拯救妈妈了……

于是，她把这种拯救者情结，投射到了生活里，变成了一个没有界限，喜欢替别人分担责任，总想拯救别人帮助别人，自己很累，却不知道别人真正的需要是什么的、充满自责和愧疚感的费力却不太讨好的"傻子"……

她困扰的根源，就在于从小跟妈妈的关系里，缺少了一样重要的东西：界限。

什么是界限？孩子与父母，不是至亲的关系吗，为什么还要有界限？

请允许我细细道来——

"妈妈这么辛苦，你还不乖乖听话！"

"叔叔想抱你还不是因为喜欢你，怎么能说不让抱呢！没礼貌！"

"爸爸今天不高兴了，是不是因为你不乖！"

"一个玩具，让给弟弟玩怎么了？你是姐姐，怎么这么不懂事呢！"

"来，给叔叔阿姨们跳个舞，别扭扭捏捏的，大方点！"

"妈妈这辈子就指望着你了，你有出息妈妈也能跟着过上好日子！"

"你是弟弟，妈妈说了让我管着你，你怎么不按我说的做呢？姐姐都是为了你好啊！"

……

好，现在，我来问你：这些话，熟悉吗？听见过吗？

如果，你是一个孩子，请问，当你听到这里面的每一句话，真实的感觉是什么？

如果，你是一位成年人，请问，当你听到这里面的每一句话，真实的感觉又是什么呢？

你感觉到了吗，这里面的每一句话，其实，都是在：越界。

界限，是人我的分界，界限之内，是"我"：我的身体，我的感觉，我的物品，我的思考，我的选择，我的决定，我的人生，我的责任……界限之外，是"非我"，是"你"，是"别人"。

一个人，只有跟着自己的感觉，建立起清晰稳固的边界线，才能真正尊重自己的感受，保护自己的利益，才能真正听见自己内心的声音，用自己的眼睛看见这个世界，用自己的需求和渴望探索这个世界。

界限，是一个坚定不移的声明：我的身体、心灵、人生，只是属于一个人的，那个人就是我自己。

唯有界限存在，我们才能有安全感和力量确立自我；有了健康的自我，才能与他人建立真正健康的联结。

但是，在我们的生活里，界限，是很多人缺失的概念。不仅亲戚朋友之间会相互越界，父母子女之间更是常常界限不清到"共生"在一起。

一个国家的边界被随意侵犯，这个国家必然陷入混乱。

一个人，亦是如此。

当一个人的边界模糊，人生就会与他人陷入无界限的纠缠。

虽然，侵入别人的界限的人，台词通常都会加上一句："我是为了你好！"可是，结果却常常是双方都痛苦不堪。

父母跟孩子的关系虽然至亲至近，但是，双方作为各自独立的个体，缺失了界限也只能导致悲剧。

保护孩子的界限：身体边界、情绪边界、个人事务的决定权、不必为别人的情绪负责……把孩子当成一个独立的人，尊重孩子的界限，就是对孩子一生，最大的保护。

一旦失去界限的保护，比如案例里面的女士，那么，这个人就无法在心理上完成个体的分化，无法成为真正的自己，因为，这会导致：

✓　辨识不出感受的界限，会要求别人对自己的感受和人生负责，也会想要为别人的感受和人生负责；

✓　会不停地允许和纵容别人践踏自己的界限，也会无意地跨越和践踏别人的界限；

✓　会总是感觉到危险，于是启动各种防卫机制；

✓　不相信自己的感受，自我消耗，自我攻击……

你看——身为父母，"为了孩子好"的意愿，要配上知道"什么才是真的对孩子好"的智慧，才能达到"孩子真的活得好"的目的呀！

而尊重孩子的个人边界，就是一位智慧父母必备的素养与能力。

▶　作为一个孩子，我们怎么判断是不是有被别人越界呢

其实非常简单：感受是灵魂的语言。当他人的言行让我们感觉不舒服、被侵犯、不自在、不自由、不能自主、压抑……此时，你一定要重视这些感觉，因为，

这可能意味着你的界限被侵犯了。如果你不能及时向侵入你界限的人，表达自己的不舒服，阻止这种侵入，那么，你可能会心理受伤，具体的迹象包括：

✓　感觉自己越来越不能真实地表达自己的感受；

✓　越来越不敢说不：对特定的某些人或对所有人；

✓　在意他人的看法大于自己的感觉；

✓　常常不知道自己想要什么；

✓　会有忽然到来的"负面"情绪，比如悲伤、委屈、憋闷、恐惧；

✓　不会做决定；

✓　照顾别人的感受，而不是自己的；

✓　满足别人的期待和需求，而不是自己的；

✓　提出自己的需求很困难或从来不提；

……

这些特质，读起来都会觉得很憋屈，是不是？很明显，"感觉失调症"会让人变得混乱，是不是？我相信，如果可以选择，没有人会选择让自己拥有这些病态的特质，我也相信，真的爱你的人，绝不会忍心让你变成这样的人。边界被侵犯，是一件非常伤害孩子，拿走本应属于孩子的力量的事，失去边界，人格独立、心理健康都会失去根基。

但问题就出在，有些人明明在越界，特别是越孩子的界，却不自知，甚至以为自己是"对"的，是在为孩子好。

▶ 保护孩子的身体边界，该怎么做

·首先想郑重地提醒一下家长们：为了让孩子能在接下来的长长的一生里保

护好自己，希望你能支持自己的孩子对任何人的邀请，可以说"不"——包括你自己的。

当孩子感受到不舒服和不安全时，最需要的是来自家长的理解和尊重，因为家长是孩子来到这个世界，最最信任最最依赖也最最爱的人，如果你都不尊重他，不保护他，不能站在他这边，那么，你这是在伤害和扭曲孩子的心理，在破坏孩子天然的对外界的感知力和判断力，也让孩子模糊了对自己身体接触的边界认知，甚至无法保护自己。

能保护好自己的身体边界，孩子需要家长做的并不多，只需要：

✓　从小就尊重孩子的身体边界，不打孩子，告诉他（她）身体接触的界限在哪里；

✓　尊重孩子的感受，不把自己的感受凌驾于孩子的感受之上；

✓　不强迫孩子做不想做的事；

✓　在孩子不愿意被别人触碰和拥抱的时候，家长能出面保护孩子，站在孩子这边；

✓　能早早明确地告诉孩子：你有权利对任何人的身体接触、亲吻和拥抱说"不"！

……

如果，你就是做不到这些，那么，就请你去看看，如果你尊重了孩子的边界，你内心的声音是什么。比如，如果气愤的你，不打孩子，你会如何抓狂……

也许，这会让你看见自己童年的某些类似的创伤。你的童年，也是一个感受不被尊重的孩子，也曾是别人的情绪垃圾桶和出气筒……你内心的那个受伤的孩子，依然充满压抑下来的气愤无处释放……或者，你内心的那个孩子依然在瑟瑟发抖，依然担心拒绝别人会被批判，依然想讨好别人，依然觉得被别人喜欢才能活下去……

　　也许，是这些未曾疗愈的创伤，让你无法尊重你身外的孩子，把自己的愤怒、攻击力、恐惧……投射在孩子的身上，从一个受伤害的人，变成了一个伤害孩子的人。

　　去试着让住在你心里的那个受伤的孩子，以健康的方式表达出自己的愤怒、恐惧……发出自己的声音吧！疗愈你自己，才能从根本上成为一个合格的真的会爱孩子的父母啊！

　　也想提醒一下孩子们，如果你的父母做不到这些，那么，请你一定要记得：就像有一句谚语说的那样：上帝保护爱自己的人。保护自己的身心边界，尊重自己的感觉，是你与生俱来的权利；对自己的身体负责，保护好自己的身体，不允许任何人用让你感觉不舒服的方式触碰你的身体，是你爱自己保护自己的第一步。你的身体完完全全只由你自己控制，不管发生什么，只要你能站在自己这边，你的身心健康就会有了最重要的保障。再小，你也可以拿出力量，做自己的守护天使！

　　·捍卫情绪边界，你做到了吗？

　　有些成年人是那样一种"好人"："好"情绪和温暖都留给外人，"坏"情绪和寒冷则留给自己的家人，特别是自己的孩子。

　　当自己心情不好时——委屈了、累了、害怕了、自卑了、压力大了、愤怒了……就可以随意地找个理由把孩子当成坏情绪的垃圾桶，把自己的情绪发泄到孩子身上，压力转嫁给孩子，却意识不到自己的行为会给孩子幼小的心灵带来怎样的阴影。

　　没有征得对方的同意，就把自己的情绪垃圾倒给别人，是一个人心理上不够成熟的表现。这种行为，就是在侵犯别人的情绪界限，这跟侵犯别人的身体界限一样，是在赤裸裸地越界。

　　说个我自己的经历吧。我刚上小学的那个时代，并没有超市，也没有冰柜，想吃雪糕都是要有卖雪糕的人在家附近叫卖才能买到。记得那是一个炎热的夏天，小小的我正酷热难耐，忽然听到有人在叫卖雪糕，我就跑过去跟妈妈说想买一根雪糕吃。我家的经济条件其实挺好，买雪糕根本不是什么问题，可是，我到现在都记得，我妈妈不仅骂了想要吃雪糕的我一通，还坐在家里走廊的地上，蹬着双脚痛哭，一边哭一边重复这些话：你妈我哪有钱啊！你妈我没钱啊……呜呜……你这是要我命啊……

　　妈妈是单位的财务科长，我们家买电视机之类的大件都是妈妈做主拿钱，小小的我真的弄不懂，我只是要一根雪糕，怎么就让妈妈如此伤心痛苦，简直要了她的命。我记得自己当时感受极其复杂：觉得羞耻——也不知是因为自己提出需求而羞耻，还是因为妈妈的情绪崩溃歇斯底里而羞耻，只是觉得手足无措，觉得害怕，觉得愤怒……

　　但是我什么也表达不出来，也不敢表达，我被吓傻了。

　　后来的我明白了，那个时候好像妈妈正跟奶奶有什么经济掌控权上的矛盾，总之她的心情并不好，于是，既要孝顺婆婆不能跟婆婆争，又内心充满委屈的妈妈，把自己的情绪发泄到了我身上。

　　可是，我是无辜的啊！我只是提出了一个正当的要求啊！

　　从那之后，我变成了一个标准的"好孩子"，我从不再提任何要求，我只好好学习，乖乖听话，不让父母操一点儿心……然后，我考上了理想的高中，顺利考上大学、通过注册会计师考试、开办会计师事务所、结婚、生子……一切都很完美——虽然我自己并不快乐。

　　再然后呢，就是看起来完美的一切，逐渐一一崩塌……

其实，在整个过程里，我都知道，我的心早就病了，后来所有的崩塌，都是必然。

我的爸爸妈妈确实前半生在我这个女儿身上非常省心，他们想让我是什么样子的我就是什么样子的；可是他们的后半生，却因为我操碎了心。因为那个我，不是真正的我，只是一个内心破碎的人。所谓完美好女儿，只是那颗破碎的心，用尽全力演出的幻象……后来生活的破碎，只不过是我心灵的破碎，一点点暴露了出来。

再然后呢，是我一点点把自己破碎的心，又一点点缝缝补补起来，让它重新完整、闪光。

但又有多少人，就带着一颗破碎的心，在一边滴血一边硬撑着生活？

这就是情绪界限存在的意义：

不要因为自己的心破碎痛苦，就把这种痛苦也强加给别人；

不要把自己的情绪垃圾倾倒在别人身上，特别是亲近的人身上。

对幼小的孩子，就更不能。

当父母跟孩子抱怨自己的惨，或者随意找个借口发脾气，那都是在通过排毒到别人身上，来获得一些能量。孩子的心，会被你的负面情绪和心理暗示所伤害的。

孩子的身心健康成长，需要依赖一定的条件，就像一棵小苗想健康成长，需要足够的阳光雨露一样。

来自成年人的情绪垃圾，会不能让孩子有一个轻松自在有安全感的成长环境和氛围，会让孩子的心也陷入沉重、压抑、被忽略……的痛苦中，那么，孩子就如同被抛入一场能量消耗战中，除非经过有意识的心理修复和疗愈，否则，很可能一生都难以摆脱。

把握好情绪界限，可以帮助孩子明白：大人的情绪与自己无关，爸爸妈妈是成年人，他们有义务提供给我一个安全轻松的成长环境，我不需要为他们的情绪负责。

这一点太重要了，重要到怎么强调都不过分。

一个人能长成身心健康的成年人，一个必要的前提就是：人生是建立在自己的感受基础上的，是以自己的感觉为中心的。

一旦孩子的情绪界限被打破，孩子需要围着家长的感觉转，以家长的感觉为中心，那么，孩子就会失去自我。

失去自我，不再能看见和尊重自己的感受，一个人的人生就会如同失去了地基，必然问题百出。

在没有情绪界限的家庭，孩子可能会去想拯救家长（那个人常常是妈妈），孩子会想用自己的努力帮助妈妈好起来，这样就必然要忽略自己的感觉，才能去满足妈妈的期待。

然后由此慢慢发展，把这些沉重的责任感扩大到生活的方方面面之中：迎合、讨好、承接别人的情绪和感受——看，孩子的人格塑造、与他人互动的方式，是在童年跟父母互动的过程中建立的。为别人的情绪买单、不会尊重自己感受的第一课，都是没有情绪界限的父母教会的。

所以，如果你真的爱孩子，那么就把孩子当成一个独立的个体来爱吧，否则，从小不给孩子爱和尊重，孩子长大之后会不知道什么是真正的爱和尊重的。

请你明白，诞生于你身体的这个孩子不是你的财物，也不是你的附属品，而是一个独立的个体，有着自己独立的灵魂。

作为成年人，我们没有资格要别人为我们的情绪负责。这是心理不成熟和有创伤的表现，代表着你的童年，也没有得到健康的爱与尊重，但这不是孩子带给你的创伤，你要做的是自己面对和修复自己。

还有，建立情绪界限，不等于不能表达自己的情绪。

跟孩子有情绪界限，也不等于就可以忽略孩子的感受，完全放手。

在健康的亲子关系里，我们可以也需要对对方表达自己的感受。但，只是单纯表达自己的感觉，不要带着评判和要求。

对于你——亲爱的孩子，如果有人随意把自己的情绪对你发泄，让你感觉不舒服，那么，你有权利第一时间捍卫自己的边界、表达自己的感受。

此时，你可以告诉对方：你的话、你的做法让我感觉不舒服，请你停止你的行为。如果对方意识不到自己对你的侵犯，那么，一方面，你要知道，这是对方的问题，不是你的问题，不代表你的感受不值得被尊重，只代表对方是一个不懂尊重别人感受的人；另一方面，你需要一直相信自己的感觉，不要试图为对方的感受负责，那不是你的责任；还有，如果可以，在这份关系里也可以保持一个恰当的距离，保护自己不被对方影响和伤害，比如，当对方发脾气的时候，你可以回到自己的房间；最后，最最重要的就是，对方的越界如果激发了你的一些情绪，比如：愤怒、无助、委屈、悲伤……你要给自己一个空间，可以释放和表达出来，不要压抑自己。

也许，有人还是会说，亲子关系是世上最亲密的关系，如果亲子关系都要有界限，岂不是会影响亲密？

不会的。真正的亲密，一定是要建立在尊重每个个体的感受，保持清晰的边界的基础之上的。可以说，每个活得舒服、健康的人，都一定是界限分明的人；每份彼此滋养的关系，都一定是情绪界限分明的关系。

一个人格完成了分化的人，一个人格健康独立的人，一定是一个能健康地表达自己的情绪，也能情绪自我负责的人——

✓　我能看见自己的情绪，我允许自己去表达每一个情绪，只要你没有越界侵犯我的界限，那么我为自己的情绪负责；

　　✓　我允许我的状态和情绪，不会为了谁的标准而改变和扭曲自己；

　　✓　我也允许你的样子和情绪，只要没有伤害到我，我也会尊重。

　　这就是一个独立的人必要的情绪界限。

　　情绪界限，保护了每个人都不必被动地成为别人情绪的垃圾桶，都可以维护边界做自己，都不会被随意侵犯。

　　除了身体界限和情绪界限，还要有个人事务决定权上的界限。

　　这个很好懂，就是孩子的事，尽量让孩子自己决定。

　　不要总觉得孩子小，什么都不懂。

　　就像教育家陶行知先生写的一首诗："人人都说小孩小，其实人小心不小；你若小看小孩子，便比小孩还要小。"每个人都是独一无二的，每个人的感觉也都与别人不同，小到喜欢吃香蕉还是苹果，大到喜欢做生意还是从政——到底什么才是适合自己的，只有自己最有发言权。

　　身而为人，懂得选择也是一种重要的能力。

　　毕竟，根据自己的意愿做选择的能力，而不是数学、语文、英文……成绩，才是一个人可以活得幸福和满足的保障。

　　每个厉害的人，都必定要有一个笃定的核。

　　这个核，就是一个稳定的自我。

　　只有内心永远知道自己想要什么的人，在面对不断发展变化的生活时，才不会混乱慌张，跌跌撞撞。

　　否则，明明喜欢苹果，却被迫吃了一支香蕉，肚子即便是饱了，心里的某个地方还是会感觉空空的不满足……没有得到自己真正想要的，到底意难平。

建立界限还包括另一件事，就是孩子要尽早有自己独立的个人空间、居住空间和行为空间，不仅是青春期的孩子。

孩子小的时候，在家长面前没有隐私，随着身体一点点长大，个体意识也会增强，就需要有自己独立的行为空间。

孩子跟父母"分居"没有绝对的时间标准，要尊重孩子的感受来进行。但是，夫妻关系越是健康，父母之中没有人的心理跟孩子共生在一起，没有人把自己的恐惧投射到孩子身上，孩子的心理有充足的安全感，这个身心跟父母分化的过程越会自然、顺利、及早发生。

亲子之间建立界限，还包括彼此尊重对方的隐私权。

比如，就像成年人不愿意别人随意看自己的手机微信，小孩子也会不希望自己的日记被父母随意翻看。如果家长执意要看，就打破了孩子的边界，孩子当然会气愤，亲子关系当然会被影响。

反过来，孩子也要尊重父母的界限，比如父母的感情生活，他们自己的人生选择，就是他们作为一个成年人自己的事。作为子女，只要没伤害到你，就不是你的事，你只需要好好做自己就好了。

▶ 身为孩子，我们如何捍卫自己的边界，不让别人随意入侵，也避免侵入别人的边界呢

我们首先要坚定地捍卫自己身体的边界。

在《性教育，是一种非常必要的教育》那部分里，分享过关于要捍卫身体边界的内容。其实，捍卫身体边界，不仅仅是为了防止性侵犯，更是因为，身体是

一个人天然的物理边界，如果连身体边界都可以被人随意打破，那其他各种边界的捍卫：情绪边界、空间边界……就更是无从谈起。

我是一个孩子，但我再小，我的身体也只属于我自己。

我有权利决定要不要别人摸摸，我有权利决定要不要别人抱抱，我有权利决定要不要别人亲亲，我有权利决定要不要用我的嗓子唱歌，我有权利决定要不要用我的四肢跳舞，我有权利决定吃什么不吃什么，我有权利决定做什么不做什么……

对于别人发出的跟身体有关的邀请，比如，摸摸，抱抱，亲亲，唱歌……我有权利跟着自己的感觉拒绝，说不。哪怕对方是家里的亲戚，父母的好友、同事，甚至是父母，也不例外。

如果你因此而批判我：这孩子太没礼貌了，太不懂事了，太清高了，真羞……

或者想利诱我：让我抱一下好不好，给你糖吃！

或者想强加给我：跳个舞，不然没人喜欢你了！

我都有权力拒绝。

如果你因此而不开心，那是你自己有问题，而不是我有问题。

我们在前面的内容中反复提到过：为了维护你的界限，请你学会说"不"。

说不，是一个人健康生活必须具备的能力，真的怎么强调都不过分。

请你在生活里，学会辨别别人所说或所做的那些，让你感到不高兴或受伤，比如，如果爸爸替你做主选择了你不喜欢的蓝色笔，你可以真实地表达自己：不，抱歉，我不喜欢蓝色的笔，我更喜欢绿色的……再比如，你也可以对不停地唠叨的妈妈表达自己的感受：妈妈，我知道你对我的学习很焦虑，但是，我有我学习的方法，不要总是试图指导我好吗？我也很想学习好，我真的需要你能理解我真的需要……

当然，你自己也要注意未经邀请，不去插手别人的生活。但事实上，父母是最好的老师，一个个人边界得到父母尊重的孩子，自然就会尊重别人的界限。

如果，父母就是听不见你的诉求，那么，也请你知道：

✓　你的个人意志和边界不被尊重，得不到足够的理解和滋养，根源不是你有问题、不配，而是家长的心有问题、生病了；

✓　跟父母要在心理上保持界限，知道自己虽然是父母所生，但是，却可以尊重自己的感受成为独立的自己，按自己的心意而活；

✓　在父母无意识地伤害自己时，要学会自己找个空间，把负面的情绪释放掉，不积压。

▶　保持健康的界限不仅在父母与未成年子女的关系中非常重要，在成年子女与父母的关系中也极为重要

举个常见的例子：

对于任何一个家庭，夫妻关系都应该是第一顺位的关系，如果任何一种亲子关系凌驾于夫妻关系之上，无论这个亲子关系是什么——公婆与丈夫、岳父岳母与妻子、丈夫与孩子、妻子与孩子，都容易带来家庭矛盾，常见的是：婆媳关系不和睦，夫妻关系糟糕，恋子情结，与孩子共生在一起……

其实背后的原理也很简单：一对夫妻首先应该是心理上成熟的人，心理成熟意味着人格独立，可以自我负责，对自己的人生有决定权。但是，如果自己在家庭里不能拥有第一发言权，就代表这个人心理上不独立和不成熟，对父母有依赖，这样的心理状态当然无法稳稳地掌握自己的人生，也无法建立健康的关系。

界限，可以保证一个人人格独立，确立自我，不被别人的期待所捆绑，也可

以让一个人真正学会自我负责。

保持健康的人际界限，并不会造成关系的疏远，反而是给彼此带来真正的幸福感和满足感的保障。

▶ 家长界限模糊的背后，是童年创伤

身为父母，如果边界感模糊，做不到尊重孩子的界限，那么，这通常意味着你从小的教育本就自我感缺失，所以你也忘了需要了解自己，也不知道如何去倾听、理解自己的内心。自己都拧巴，才不会跟他人和谐相处，才不会尊重自己的孩子。

与其带着一身的创伤，伤害自己的孩子，不如请你试着回到你的童年，看看是谁让你觉得你的身体、心理界限，是不应该被保护的？是谁让你觉得满足别人的期待才是对的、好的、安全的？

任何一个人，虽经父母而来，却不是父母生命的一部分和延伸，而是一个独立自由的自己。

守住父母与子女之间的边界，在父母与自己之间，在父母的期待与自己的选择之间，划出一条边界线，才能保证孩子的成长与健康——是不是满足别人期待的工具。

说到底，子女跟父母的关系，也是一种关系，而任何关系的前提都是自己跟自己的关系。

我们自己变得不同，我们的所有关系才可能变得不同。

一个心理健康的人，会意识到人与人之间的不同，并尊重这种不同。

一个心理成熟的人，会保持对别人和自己的尊重，保护健康的人际边界。

一个健康的关系，一定是让彼此都保有自我，同时也能保有对彼此的尊重、理解和亲密。

如果，身为家长，我们的感受力敏锐了，我们能看见并尊重自己的感受了，我们学会独自处理自己的情绪了，我们学会爱自己了，那么，我们才可能真正建立健康、有爱、轻松、温暖的亲子关系。

请记得：

爱一个人，就请允许他活成自己。

反过来，那个允许你活成自己的人，才是真的爱你的人。

校园欺凌：
施暴方与受暴方都需要面对自己的心理问题

健康的人不会折磨他人，

往往是那些曾受折磨的人转而成为折

磨他人者。

——荣格

从一个案例讲起

一位来访者，17 岁，刚刚结束高考。以下整理自他的咨询录音：

我现在的生活就是只要我清醒了，每一秒都非常痛苦。我每时每刻都在反复想着一个人，还有跟他相关的一些事，那是我的一个高一上学期和高二上学期的同桌，他当时经常说我傻，说我笨，说我智商低，还说我是猪之类的一些话，总之就是侮辱我。还说我把他智商给拉低了，类似意思的话。当时我也没理他，但是我当时就感觉晚上学习脑子里不停地过画面，就在不停地想以前发生的事，想他说的那些话，分析……后来某一天，突然就开始不停地反复想，非常严重，根本学不了习，整个生活被搞乱了，直到现在……因为这种状态，本来学习成绩不错的重点高中的学生，高考可能只能考 400 多分，非常不甘心，想复读，可是这种状态，复读也感到压力很大……

青青校园，花样童年……

善良的人，不会想把学校和暴力、欺凌……这样的词联系到一起，可是，事实上，校园霸凌，却是很多孩子成长过程中，不得不面对的一个噩梦。

据浙江大学《青少年攻击性行为的社会心理研究》调查显示，49% 的同学承认对其他同学有过不同程度的暴力行为，87% 的人曾遭受到其他同学不同程度的暴力行为。

其中，有严重的：2019 年 5 月，一名 14 岁少年被同学围殴致死。

有轻微一些的：2015 年，"高中女生遭同学轮番施暴，不敢吱声"视频传在网上引发热议，画面中，那个女生不断地被扇耳光，却一声不吭。

还有一些是看起来不那么明显的非暴力的霸凌，比如，敲诈、强索金钱或物品；有的孩子会指挥同学集体孤立某个孩子，都不理他，不跟他说话；起侮辱性的外号；传播关于某个同学的消极谣言等等。

另外，就如同案例里面的少年所经历的，语言暴力也是暴力，而且常常比动作上的暴力更加伤人，因为那带来的都是内伤。

无论哪种形式，校园欺凌对于受暴方的孩子，都会带来肉体和心理上严重的伤害，比如，2015 年，某个小学生因为被同桌欺负，同桌经常用笔戳她的手臂，还用各种话语侮辱她，导致神经衰弱，不敢上学，最后严重到一听说上学，就浑身发抖……而这种经历，对这个孩子长长的一生，又会造成多大的阴影和影响呢？真的是细思极恐。

还有，校园只对受暴方有害，对施暴方就无害吗？答案是否定的。我在咨询里就遇到过明明学习成绩很好的孩子，却躲在家里不想去上学，究其根由，是在学校里无法自控地想打人，结果同学们都躲着他，他自己也觉得自己哪里不正常，是个异类，不敢去上学面对人群，不知如何与人正常相处……

也许，我们会觉得校园欺凌都是非常随机和偶然发生的，但是，并不是。

就像磁自然会吸引铁，一个孩子会成为施暴方或受暴方，都是有深层的心理根源的。

一个孩子，可以暴力到把同学打死，是因为这个孩子天生"性恶"吗？

另一个孩子，被人活活打死也不敢还手保护自己，是因为这个孩子天生懦弱吗？

不是的。

孩子是家庭的复印件。校园霸凌中的双方——施暴方和受暴方，都不是无缘无故的，都有需要深挖的心理问题和创伤。

面对校园欺凌，比起具体该如何处理——是该谁打我我就一拳打回去，还是告家长、告老师来解决，还是该忍让感化对方……更重要的，是找到这种行为产生的心理根源，从根本上杜绝这类事情的发生。

▶ 施暴者是怎样"炼"成的

让我们从一只小猫说起。

我曾经收养过一只只有几个月大的流浪猫。

被我收养之前，好几次在小区的不同角落里看到它，也看到过有人扔东西打它。

它非常怕人和胆小，对人充满戒备。

连我收养它，都是强行靠近抱起，才把它成功带回家。

可是就是这样一只曾经受过人类伤害的小猫，在被收养的第二天早上，看到我伸出手想抚摸它，它虽然本能地自我保护，用锋利的牙一口咬住我的手指，但是，却真的掌握力度，轻轻地，小心地不让我疼……

一只曾经受到过人类伤害的小小流浪猫，也依然保持着天性里的温柔和善良。

如果你有机会接近一只刚刚满月的小狗，你也可以去试试，如果你把手指伸向它，就这么一只小小狗，有锋利的牙，却也知道小心地不让你疼……

可是，这个世界也从来不缺咬人、伤害人的疯狗。

那些疯狗，都是天生的"坏"吗？

不是。

没有天生的疯狗。

每一只伤害人的疯狗，背后都曾经被人深深地伤害过。

就像微博 @ 孕峰的一段文字：

"可能是这只小狗的主人，因为生活的遭遇——或者买到了假奶粉，或者被公司裁员了——总之，有了坏脾气，就把满腔怒火发泄到小狗身上。

小狗开始变得狂躁，过着暗无天日的生活。

主人很强大，穿着皮鞋，拿着鞭子，小狗无法报复。

然后呢，一天，当主人不在家，满腔愤怒无处发泄的小狗，冲上去咬伤了主人家的婴孩。

它就是要报复，在它情绪高涨时，它不分辨谁是否无辜，这是它所能抓住的唯一的报复的机会。

毕竟，它只是一只小狗，它不是甘地。

一只善良的小狗，就这样成了疯狗。"

我们人也是一样的。

每个人生下来，本来心理都是好好的、健康的，哪个心情愉悦的人，会没事想攻击别人啊？

可是，我们一次次被伤害、受冷漠、被迫分离、被控制、被忽略、体验不公……于是，心灵的创伤扭曲了我们的灵魂，那些压抑下来的愤怒与羞辱无处释放，就像荣格说的"健康的人不会折磨他人，往往是那些曾受折磨的人会折磨他人。"——心上的伤，太痛了，所以我们会无意识地伤害别人来发泄自己的痛苦，于是人与人之间才会相互伤害。

有一句话，说：每一次攻击，都是一次呼救。

那些攻击别人的人，本身也是受了伤的人。只要有伤就会痛，而痛不去面对和处理，靠压抑是不会消失的。于是才会用攻击别人，来表达自己的不满，来报复曾经的伤害。

对于施暴方，我们要去看看，孩子的成长环境里，是否就有人比较强势，或者喜欢用强硬甚至暴力的方式解决问题——

·这样的家庭，容易让孩子形成"强权即公理"的信念；

·容易潜移默化学会了用暴力的方式处理问题；

·用打人来发泄自己、解决问题的孩子，自己通常也是暴力的受害者；

·施暴方的孩子，通常是认同了暴力行为中施暴的一方。

另外，如果一个孩子在成长过程中，感受是常常被忽略的，也可能用制造问题的方式，吸引注意。

总之，施暴方很难是一个生长于健康、幸福家庭的孩子，很难是一个得到了充足的爱的孩子，所以，也没有学会以温暖、真诚、爱的方式，与人互动。

对无辜者施暴，当然不是一种善行，而是残暴。但善良与残暴，从心理的角度而言，并不是一种选择。更多时候，善良，那是一个接收到很多温暖之后的自然反应；残暴，则是一个接收到太多寒冷之后的自然反应。

只不过，有些人，向内攻击，把残暴指向自己，认为都是自己的错，于是对自己残忍、压抑、控制、折磨，甚至想杀死自己；而另一些人，则向外攻击，把这种残暴指向了别人，他们认为自己的不幸都是别人的错，于是让他人成为发泄自己压抑下来的愤怒、怨恨、疯狂……的工具。他们认为只能通过伤害别人才能痛快。

加伯里诺，是一位当了 20 年的谋杀案心理专家。他每次对杀人犯进行访问的时候，都会向犯人发问一组十道题目的问卷。这些问题是为了探讨虐待、家暴及童年的其他危险而设计的。

这组诊断测试正式名称为"童年期逆境经历问卷"。

大多数的人，会得到零或一分，这是一个人能得到最健康的分数，这意味着你的童年没有经历重大的心理创伤。

而那些案件的犯人回答这些题目的时候，分数很少低于八分，九或十分很常见。这意味着他们的童年有过严重的创伤经历。

加伯里诺把这种经历比喻成鲨鱼袭击：如果一个 25 岁的人不能走路，是因为在 5 岁时被大白鲨咬断脚，而没有接受物理治疗或得到义肢的时候，没有人会怪罪他。许多杀人犯也曾经历过同样的困境——

"对于许多这样的人来说，这就好像经历很多次心理的鲨鱼袭击。这种事会造成严重的创伤。我认为，我们若要了解暴力为什么会发生，或者决定如何帮助与处理个案的时候，就要考虑这方面的问题。"

这一切表明：伤害别人的人，自己也曾受到很深的伤害。

在我自己的心理疗愈咨询里，遇到过一些表达自己很想杀人的青少年，他们一致的都经历过某种形式的心理虐待：很小的时候被父母因为学习成绩不理想就关到小黑屋里跪一夜又一夜、忙碌的父母把孩子扔给别人不管不顾、离异的家长给孩子生活费万般刁难、家长心情不好就随意无缘无故对孩子非打即骂……

还有一位校园暴力施暴方的孩子，在一点点疗愈了童年创伤、恢复了正常的感知力之后，留言给我说："我忽然觉得很后悔，我把以前每个想靠近我、了解我的人都伤害透了，他们该多伤心啊！尤其是那个只是'调戏'了我一句，我就拽着他的衣领，把他推到墙边上的那个人，他以后会不会有心理阴影？你能明白那一种，是个人想和我说话，我一拳就上去了，自己还控制不住自己的感觉吗？就是，老师看见我，那个目光都心惊胆战的……我现在觉得我要是在学校里碰见以前我那样的人，回家一定要大声喊：爸爸，我们学校来了个恶魔！简直就是个刺球啊！我当时还奇怪，为啥没有人敢和我说话……我确实生活在极度强权的家庭里，我奶奶说欺负别人就是英雄，被别人欺负就是傻瓜……我总是害怕我自己不够强势，就会被人欺负……"——因为生长在极度强权的环境下，过度的恐惧让孩子变得在没有危险的环境中，依然投射着自己的恐惧，并启动了过度防卫的模式，伤害了别人，孤单了自己，原本是受害者，结果变成了加害者……

你看——人的行为怪异，都是因为缺爱。

不幸的是，多数缺爱的人没有机会求助，没有人告诉他们如何用健康的方式疏导自己黑暗的部分，而当他们的黑暗面爆发的时候，就会伤人伤己……

▶ 受暴方又是怎么来的

那么，受到暴力对待、被欺负的那一方呢？

我们要去看看，孩子的成长环境，是否压抑孩子表达自己的攻击力，或者，家庭里有人活得比较压抑、软弱、忍让，给孩子做了一个错误的榜样——家长如果有人怂，同时也要求孩子听话、遇事要多反省自己、无论如何不许跟别人发生冲突、要让别人喜欢自己、别人不喜欢你就是你自己的问题……那这样的孩子，当然容易被欺负，反正欺负你也没有任何后果，你就是个软柿子，当然谁都想捏捏啊！

跟施暴的孩子相反，受暴的孩子，认同了受暴的一方……

总之，你是磁，自然就会吸引铁。对于受暴方——我是软柿子，总是吸引人来捏；对于施暴方——我是压抑了无数愤怒的机关枪，遇到合适的靶子，我当然就要射击！

你看，哪有无缘无故地被欺负和欺负人的人呢？

被欺负的，永远都是攻击力无法被健康表达出来的孩子。比如，前面案例里面的男孩，在他的成长环境里，妈妈在情绪上的界限缺失，把自己的情绪随意地用唠叨、讽刺、否定的方式发泄到孩子身上。而孩子不得不从小就试图去理解妈妈，用理智压抑自己不舒服的那些感受，也不能为自己的感受发出声音。所以，当那位同学出言不逊，侮辱自己的时候，他做不到第一时间反抗，去表达自己的不舒服，以至于让这种语言暴力持续了很久。你看，即便在精神上已经深受痛苦折磨了，他也依然无法对对方表达自己的愤怒和痛苦，只是在不停地忍耐……因为不停地想在自己身上克服这种痛苦，而不是直截了当地解决问题的真正起因——施暴方，最终把自己逼到了强迫性思维的巨大痛苦里。

而他之所以一直忍耐，用理智自控自己的感受，不表达自己，其实根源还是在跟父母的关系上。那些错误的自我压抑式的处理情绪的模式，是在童年就已经养成了的。那个小小的男孩，看起来可以做到无视妈妈的唠叨、挖苦、否定，貌似已经想开了，不受影响了，甚至还为妈妈找到了很多理由，比如受教育程度低啊之类的，可是你看：一切伤害都没有真正过去，那些伤口只不过是被隐藏起来了而已，当被同学以类似的方式轻轻触碰，他的伤就完全暴露了出来。

孩子是通过家长的眼睛看见自己的。家长说孩子不够好，孩子就会真的认为自己不够好。妈妈无意识的否定，已经被这个事实上非常优秀聪明的孩子内化和认同了：我好像真的像妈妈说的那样无能、蠢笨……同学的话，让他隐藏起来的自我否定和怀疑被触发了，所以，面对同学，他像面对妈妈的语言伤害一样，陷入习得性无助，惯性地无法表达自己的愤怒，反而陷入了自我攻击……

而对于那些在成长过程中，被允许自然地表达自己的攻击力的孩子，面对欺负不会反过来攻击自己：谁欺负我，我就露出我的獠牙，我才不会忍耐，我要让你知道我不好惹——这样面对暴力和欺凌敢于反抗的孩子，是绝对可以保护自己不被伤害的。

你自己的力量，才是最好的铠甲。

软弱、忍让、讨好、取悦，换不来真正的和平和尊重，你自己强大，才可以。

在校园暴力事件里面，被欺负的，永远都是软弱的"好"孩子。软弱的孩子，哪怕再去讨好强势的一方，也总是被欺负。而那些面对强势方敢于反抗的孩子，则是安全的，因为他们有能力保护自己不被伤害。

成人的世界也是一样的——你自己强大有力，才能换来真正的和平，才能赢得尊重。

还有，当我们自己有力量，面对攻击敢于反抗，事实上不仅仅是帮到了我们自己，也会帮到对方——施暴者，因为你的反抗会让对方意识到自己的问题：欺负别人是不对的，而且是要承担后果的。也许，在那个施暴孩子的家里，强势的一方就是可以肆无忌惮地伤害、欺负软弱的一方，但是，你的行为会让他意识到，这种方式，在外面的世界，是行不通的，不可以学着家人用这样的行为来发泄自己的愤怒。

身为父母，如果把胆小怕事、息事宁人的理念传递给自己的孩子，是一件很悲哀的事，你其实在拿走孩子的自我保护能力，在对孩子进行心理阉割；

反过来，身为父母，如果把强权即公理的理念传递给自己的孩子，也是一件很悲哀的事，这意味着孩子失掉了以健康的方式与人建立关系的可能，也意味着给孩子的未来布满了隐形的危险——人终究要为自己的行为承担后果的。

所以，我不想对喜欢施暴的孩子说：你是个坏孩子！你的行为是错的！

也不想对受虐的孩子说：谁打你你就一拳打过去！

虽然这些话，当然也会起一些作用，但是无论对施暴方还是受暴方，我更想做的是疗愈他们心里的那些创伤——

▶ 对施暴的孩子，我想说

　　如果，你的心里压抑了很多愤怒，让我们学着用健康的方式去表达和解决：

　　·去看看在你的家庭里，谁用你欺负别人的方式欺负过你，试着在心里回到他伤害你的那个时间点，把你压抑的话表达出来；

　　·如果你父母的行为无意中伤害了你，我们可以去找个信任的人，表达出自己真实的感受，试着解决问题；

　　·我们可以打枕头，可以把枕头想象成那个强势不讲理的人的脸，打枕头的同时我们可以骂他、打他；

　　·我们可以在无人处大声呐喊，释放自己的情绪；

　　·无论如何，让你对这个世界产生负面感受的，不是你的同学，真正勇敢的人，不会把拳头挥向弱者，任何人都要为自己的行为负责；

　　·去看看自己，是不是内化了家里施暴方的行为和感觉……

▶ 对那些受暴力伤害、被欺负的孩子，我想说

　　·被欺负，是欺负人的人不对，而不代表你哪里做得不好；

　　·面对欺凌，保护你自己是你的权利，越怂，越会被欺负；

　　·不要去试图讨好那些欺负你的人，不要试图证明给他们看你是对的、好的；

　　·去看看在你的家庭里，在你成长的过程中，谁用同样的方式伤害过你，带给过你类似的感受，在心里试着回到那个时间点，把自己的感受真实地表达出来；

· 当你感觉委屈、愤怒……去陪着自己，把那些感受表达出来，不要压抑；

· 看看自己，是不是认同和内化了家里受暴方的模式……

▶ 对于施虐孩子的家长，我想说

请不要忽略你的孩子，请尊重孩子的感受，请不要把自己的期待强加给孩子，请学习尊重孩子和他人，请不要用暴力、冷暴力的方式解决问题、与人互动……请回到你的童年，看看童年的自己，是否得到了真正让自己感到幸福的健康的爱，是否有人有暴力倾向……如果你的童年有所缺失，请疗愈你自己的心，不要把自己的创伤传递给孩子。

▶ 对于受虐孩子的家长，我想说

请学会保护孩子，请你多关注孩子的感受，请你多聆听孩子，无论发生什么，都请坚定地站在孩子这边。让孩子可以做一个真实的孩子吧，而不是一个"应该"是什么样子的孩子……

请回答你的童年，你被尊重吗？你的感受可以被父母看见吗？父母无条件地支持你站在你这边吗？你遇到事情父母会毫不犹豫地保护你吗？你受到过暴力或欺负吗……总之，如果你的童年并不真正快乐，请面对自己的创伤吧，而不要一味地把情绪和创伤倾倒给孩子。

也许，家长朋友读到这里，会发出一声叹息：唉，教育孩子可真不容易啊，让孩子老实吧，怕他被欺负；让孩子厉害吧，又怕他去欺负别人！

可是，说到底，教育孩子、陪伴孩子的过程，最终拼的，是家长的心理健康度。

家长自己身心健康，教育孩子就云淡风轻，事半功倍；

家长自己不健康，教育孩子就举步维艰，费力不讨好，问题百出。

所以，每当孩子出现问题、惹来麻烦、让家长左右为难的时候，咱先别怕麻烦，不妨先来面对一下自己——看看自己被孩子激发了什么情绪、创伤——先试着疗愈自己，才会最大限度地减少育儿过程中的麻烦。

反之，越怕麻烦，孩子成长过程中的麻烦越大。

甚至，操心的日子在后头。

这就是育儿的本质：

·一次心理受伤而不自知家长的操心费力、艰辛难受之旅；

·一次心理受伤而自知家长的自我成长疗愈之旅；

·一次心理健康家长的幸福享受之旅。

亲爱的家长，你，想选择哪一个旅程？

第四部分：
跟学习有关的一些事

心 语

考试前的心理调适指南：
负面思考容易引发负面结局

入学考试的问题答案往往只有一个

如果没有找到它 那就是不及格

但是啊

人生不一样

人生有很多正确答案

继续读大学是正确答案

不去也是

热衷运动也是

喜欢音乐也好 和朋友一起玩耍也罢

这些都是正确答案

不要畏惧活着

不管考上还是没考上

都不要否定自己的可能性

你们要挺起胸膛 理直气壮地活着

——《龙樱》

从一个案例讲起

我的一位高中同学，我们姑且称呼她为李想吧。

她在我们学校很有名，甚至形成了一种以她的名字命名的现象——"李想现象"。

咋回事儿呢？简单地说，就是，她参加了 n 次高考，平时每次的摸底考试成绩几乎都是我们重点高中的第一名，基本上是全国大学指哪打哪的成绩，但一到正式的高考，就总是会比平时的成绩低上个几百分。最后一年，原本成绩优异的她，不再尝试复读，选择去读了一个很不理想的大专。

究其原因，只有一个：过度紧张，因为太怕自己考不好，结果就真的戏剧性地总是考不好……

考试差不多对我们每个曾经上过学的人来说，都是一件大事。

实不相瞒，我这样一位中学时常考第一名的学霸，毕业后，经常做的噩梦，就是各种出现状况的考试：没有复习啊，不会做题啊，找不到笔啊，时间不够答不完题啊……

还有比做噩梦更严重的。我就见到过有人因为以极小的分差，没有考上理想的大学而精神失常的真人真事。

还有的人，虽然没有精神失常这么严重，但是，因为不会疏导和处理自己的紧张情绪，也影响了自己的命运。比如前面案例提到的我的那位高中同学。

所以，如何疏导自己面对考试的种种负面情绪，对做学生的我们来说，都不是一件小事。

更何况，这些负面情绪的背后，也可能隐藏着更深的心理问题，等待着被我们及时看见和疗愈。

事实上，情绪本身是没有好坏的，每一种真实出现的情绪，都有出现的原因，也都有权利表达自己。我们这里姑且用"负面情绪"这个词，来特指那些让我们感觉不舒服，如果处理不当，对我们身心健康不利，并且容易给事情的发展带来不利影响的情绪。比如，恐惧、紧张、焦躁、担忧……

▶ 身为孩子，该如何健康地面对和处理这些负面情绪

首先，你要知道，情绪，是灵魂的信使。每一个情绪里面，都暗藏着礼物，哪怕是所谓的"负面情绪"。

透过情绪，我们能看见真实的自己，也能让我们的心理的大大小小的创伤无所遁形。

所以，当一个孩子，面对考试，出现紧张、焦虑等负面情绪的时候，就意味着你的心里面，有创伤存在。

也许，是父母把自己的恐惧投射到你的身上，给你很多有形无形的压力；也许，父母把自己的期待投射到你的身上，看不见真实的你，看不见你的感受，更在意那些实际的东西：面子、前途、荣耀……

反过来说，如果家长没有给孩子太多压力，以平常心来面对考试结果，那么，孩子也不容易感觉压力山大，比如我的孩子，无论考什么样儿基本家长都会接纳，所以他从小到大面对考试从来都不紧张，结果反而因为保留了对学习单纯的求知心态，进入中学，成绩越来越好。

所以，当面对考试，紧张、恐惧、担心、焦虑之类的负面情绪来袭，我们首先，要允许这些情绪存在，然后，可以深入这些情绪，看看如果给这些情绪一个可以表达自己的机会，它们有什么话要说。比如，当你闭上眼睛，静静地感受自己，会有深层的感受浮现出来，它们也许想说：我好紧张，我好害怕，我害怕我考不好，我害怕丢人，我害怕让爸爸妈妈失望，我害怕自己考不上大学就没有好的未来……我好累啊，我好压抑，我太累啦，我好困啊，好想好好地睡个觉啊，好想逃避啊，真不想面对啊……

你要知道，你每一个细微的感受，都有权利存在和表达自己，这才是健康的经历和释放情绪之道。

但是，我们的父母，可能当他们还是孩子的时候，也没有被允许自然地表达自己的感受，或者他们有从原生家庭带来的，跟情绪表达有关的创伤，于是，他们就把这种自我压抑、理智克制、错误的情绪处理方式，以及对情绪的恐惧和评判，带到对你的教育和陪伴之中。

比如，很多家长会对哭泣的孩子说："给我憋回去！男孩子要坚强！男孩不许哭……"之类的话。这样，作为一个孩子，我们就容易不相信自己感受和情绪的正当性，我们就不得不扭曲自己的感受去适应和取悦父母。这是一件可怕的事，因为这会让我们慢慢失去跟自己的联结感，变得麻木。

于是，为了避免感知到痛苦的感觉和想法，比如，当父母把自己的恐惧投射到孩子身上时，父母可能会说："不考上好大学，不好好学习，你长大了就得当乞丐要饭去……"那么，如果孩子不会处理被父母转嫁来的恐惧和担忧，那么我们就只好去把自己的感受功能调低——就好像把音乐开得很大声，故意让自己听不见声音，只不过这个声音是自己内在的感受和感觉。

在专门讲情绪的那部分内容里我们讲过：感受和情绪是一种真实存在的能量，

是无法被压抑掉的。压抑到身体里面的情绪，会让人能量变低。比如，被压抑起来的沮丧，会改变人体内的化学成分，让荷尔蒙、酵素和神经传导素等分泌缓慢，而这些成分又是能让身体和心里觉得有能量和快乐的因子。于是，越压抑沮丧，快乐因子分泌就越缓慢，恶性循环之下，就会让人卡在越来越没有生气、痛苦、生无可恋的状态中。

所以，亲爱的孩子，当你面对考试和学习，涌起任何情绪，特别是焦虑、紧张、担忧这样负面的、让人不舒服的情绪，一定要找到一个安静的空间，陪着自己，完整地经历这些情绪，让这些情绪能量得到释放和表达，这样，才不会带着负面的情绪负重前行。

接下来，当我们允许这些情绪表达自己的时候，如果，你发现自己恐惧的来源，主要来自害怕让父母对自己失望，那么，在你一个人的时候，在心里跟父母做一个对话，对他们表达出自己内心的真实的声音，比如：爸爸妈妈，我好害怕让你们失望，我害怕你们否定我，我好害怕我不够好、比不过别人，你们就不爱我了，我想努力做得好一点儿，这样你们才会看见我、重视我、爱我，我好恨自己做得不能让你们满意……

孩子是看不见自己的，孩子通过父母的眼睛看见自己。

所以，如果不能让父母满意，不能满足父母的期待，不能成为父母想要的样子，我们就可能会倾向于认为是自己真的"不够好"。

但是，真相不是这样的。

父母的期待，不一定是合理的。

爱因斯坦说：每个人都身怀天赋，但如果你用会不会爬树的标准来要求一条鱼，它会终其一生感觉自己愚蠢。

也许，我们是一条鱼，我们的天地是广阔的大海。

可能，父母对我们的期待，却是随大流儿的"爬树"，比如考个好大学。

可这个期待并不适合我们，或者，恰恰是父母因为自己的期待，所以在学习的过程里过于结果导向，或者把不适合你的学习方法和节奏强加给你，破坏你对学习的兴趣，才让你无法单纯地享受学习的乐趣，无法按照自己的喜欢的方式学习，学习自己真正喜欢的东西。

你的生命是你自己的，即便是你的父母，也不能代替你去决定和思考。

所以，请允许你焦虑、自责、紧张、恐惧……背后的创伤浮现出来。

你要发出自己的声音，你要跟父母的期待做一个告别，你要拿回人生的主导权——因为这是你的人生。

只有跟着你自己的感受、你自己的喜好，你才能成为独一无二的自己。

否则，即便考上好的大学，一个丧失了跟自己的联结的人，一个丢失了自己的人，一个不能按照自己的心意塑造人生的人，也很难真正地体验到做人的快乐。

如果，你感受一下自己，发现自己就是对考试这件事，甚至其他一些你在意的事，常会出现过多的担心，那么，就更加需要学会释放情绪。因为，如果你的担心紧张无法释放掉，你会不由自主地耗损过度的精力在一些不必要的担心上，那么，你就无法把能量用在该去做的事情——比如好好复习上。一个自己和自己打架的人，能量都内耗了，当然更不容易达成目标。

爱因斯坦说：物质的本质是能量。思维和情绪本身也是一种能量，当我们向一件事情里加入的信息是负面的，那么，我们就容易用自己过度的担忧，"协助"事情走向我们所担心的结局。心理学上曾经有过一个著名的实验——罗森塔尔效应（1968）。在一项双盲实验（即老师和学生都不知道自己在一个试验中）中，罗森塔尔从一所小学的六个年级中各选了三个班，并向任课老师说根据自己对学生的测验，估计在这一学期里将会有一些人表现出较大的进步，同时他还通报了这些人的名字。8 个月之后，他对这些学生再次加以测验，结果发现，被指名的这些孩子的学习成绩有了显著的进步，老师对他们在品行方面也做了较好的评价。这个实验说明：由于老师的暗示不同，所以他们对儿童施加影响的方式也不同，而学生在老师的暗示下，也往往会顺着老师的暗示发展。

所以，过度的担心压抑于心，只会让自己不停地负面暗示自己，让事情变糟。做一件事情，成功和失败的客观比率是各占一半的，但是，如果我们过度担忧悲观，就好像在戴着一副墨镜在看世界，原本的晴天，在我们看起来也会乌云密布——担忧会把失败的比率扩大化。这样的人生，自然不仅仅是考试一件事紧张，会把自己活得畏首畏尾，压力重重，过于小心翼翼，放不开手脚，而且也会让身边的人跟着累，是不是？

通常，消极情绪的产生通常是因为太过缺乏安全感，所以，才会用负面的思维模式，给自己的人生制造障碍，产生巨大的破坏力。当一个人的消极情绪占了上风，就会像蝴蝶效应一样，大幅度拉低这个人的整体生命质量。而这些紧张、担心、焦虑，只有被完整地经历、表达、释放掉，我们才能让人生重新来到艳阳之下。

▶ 身为父母，如何正确地给孩子"加油"

这里，想提醒一下爸爸妈妈们。孩子的高焦虑模式，常常来自于父母。因为孩子对父母、家人的情绪是高度敏感的，当父母焦虑时，哪怕不说出口，孩子都能捕捉到家长真实的情绪是什么，孩子的状态反映出的是父母真实的潜意识。前面讲了，紧张焦虑对孩子没有什么激励作用，反而带来很多不利。所以，家长也要学会自己去健康地面对和释放情绪，而不要发泄到孩子的身上。

孩子的紧张焦虑，也不一定会说给父母听，甚至不一定明显地表现出来。恰恰相反，很多孩子面对自己无法表达、无处释放的压力，反而容易逃避到一些成瘾性的行为中去，比如上网啊、打游戏啊。这时，家长容易误以为孩子的问题是出在不知道努力学习上，但是真正的问题是孩子不会处理自己的情绪，不会或不敢表达自己的感受，只好用自我麻醉来逃避。

如果家长能够对孩子：多问感受，充满接纳，不投射恐惧，自然放松，不折磨自己，爱意满满……那么，孩子自然也会活在当下，尽力做好过程，不去过度担忧结果。

莱蒙托夫有首诗这样写道："一只船孤独地航行在海上，它既不寻求幸福，也不逃避幸福，它只是向前航行，底下是沉静碧蓝的大海，而头顶是金色的太阳。"这首诗描述了一种很惬意、智慧的状态与意境：但求耕耘，不问收获；但行好事，莫问前程。就如同参加比赛的运动员，越是要赢，心里越紧张，越容易让动作失调，无法发挥出最好的状态。放下对结果的要求，活在当下，反而能让人轻松应对，甚至超常发挥。

所以，亲爱的你，在考前，试试释放自己的情绪吧！把那些低能量甩掉，把用来怀疑、恐惧、自我斗争的能量，一起用在眼前该做的事情上，无论结果如何，尽心尽力地活过、试过、做过，就好了。

与那些被自己的恐惧打败的人生比起来，这，就是成功的人生。

考试不是人生幸福的保障，身心健康才是啊。

如何写一手好作文：
『我好害怕自己表达失败』

莎士比亚会一边咬紧牙关

一边努力工作来写出伟大作品？

当然不是。

他在享受他的乐趣。

——保罗·格雷厄姆

从一个案例讲起

　　我的一位刚结束高考的来访者，他最大的困扰就是总是害怕自己表达失败。担心到出现了表达障碍，无法顺畅地表达自己想要表达的东西，哪怕是最基本的表达，有时也无法无成。因为害怕别人发现自己的"表达障碍"，他开始变得自闭。

　　明明初中时的学习成绩非常好，可是，因为恐惧上学，害怕人际交往，长时间缺课，最后，高考成绩极不理想……

　　他的表达障碍，很明显，完全是心理障碍导致的。

　　那么，是什么导致了他的表达障碍呢？

　　原来，这是一个从小非常缺乏肯定和赞美的孩子。唯一一个被夸赞的优点，就是"表达能力强""会说话"，而他的爸爸妈妈离婚了，爸爸很少出现，只要出现，就会把自己人生里面累积的失败感投射到孩子身上，对孩子充满否定和责备。

　　一方面，因为表达能力是唯一被肯定的优点，所以，这个孩子就开始过度重视自己的表达能力，生怕失去唯一的亮点；

　　另一方面，爸爸对他充满否定和打击的态度，也让孩子的潜意识里对自己充满否定。

　　这种自我否定，跟"我的学习成绩不错""我的表达能力出色"的事实……形成了矛盾。

　　不是有那么一句话嘛：孩子是看不见自己的，孩子通过父母的眼睛看见自己。

这个孩子，通过父母的眼睛，看到的自己是"不够好的"，于是，他的潜意识就一点点把这一自我认知变成了事实：他对自己会失去唯一的亮点——表达能力非常恐惧，对自己会"表达失败"过度担忧，担忧导致的紧张又无处释放，以至于真的开始变得无法流畅地表达自己……又因为害怕别人笑话自己连话都说不明白，就自闭，逃回家里，不敢上学，不去上学，学习成绩大幅度下降，结果，自己就真的变成了爸爸嘴里说的"不够好的"失败的孩子……

讲这个故事，是因为，写作文本质上是一种自我表达的方式，一个人的心理状态，影响生活的方方面面，包括表达能力。

▶ 细腻美好的文字，来自一颗细腻美好的心

也许，很多人会觉得写作文这样的事，纯粹是技巧的问题，为什么要写到一本心理书里面呢？

因为，言为心声，写作文的背后，是一个人表达自己的能力；

而这份能力的背后，要有一双善于捕捉和发现的眼睛；

这双眼睛的背后呢，则必须有一颗细腻、敏感的心。

如果我们的心麻木、粗糙，当然就很难想象，这样的一颗心能够写出打动人心的文字。

所以，谁能说写文章不是一件跟心理健康息息相关的事呢？

从根本上说，身心健康，有敏锐的觉察力，懂得爱，有能力欣赏美，做生活

的有心人，能够看见自己的感受，习惯听从内心的声音，信任自己的心，敢于真实表达自己，这样的孩子，自然会流畅地把心底想表达的，交付给文字，或者寄托于任何一种形式，而不会压抑自己。

我知道，有人可能会说，写作需要才华和天分。

我觉得每个人都身怀天分。

真实表达自己，其实是最简单的一件事情。

当无须担心被打断、被否定、被评判，每个人都可以顺畅地表达自己。

如果说，一颗敏锐细致敢于表达自己的心，是写出好文章的根本，是写作的"道"，那么，下面的小窍门，则是有助于我们提升表达技巧的"术"，关于这一部分，需要家长的配合，所以，诚意邀请爸爸妈妈一起来看：

▶ 大剂量的阅读，会为好的文字能力打下根基

举个我自己家的例子吧！

我的儿子13岁了，他的文字能力很棒，小学的语文老师，在他的第一本作文本上写下过这样的评语：你的文字驾驭能力，就像一位游刃有余的老司机！

他的文字能力跟他大剂量的阅读是息息相关的。

13岁的他，读过的图书应该不下千本。

每年过生日，他最喜欢的礼物通常都是书。

在买书上，我从来不吝啬花钱（其实在其他方面也毫不吝啬啦）。

关于满足孩子的需求，我想多说几句。

在我家，只要孩子提出需求，物质上的、精神上的，只要能做到的都第一时间满足。如果有达不到的，也告诉孩子真正的原因，告诉他不是你的需求不对，

而是我们大人存在客观方面原因。

你可能会觉得我太惯着孩子，孩子会无法无天的，其实一点儿都不会。孩子是很容易满足的，当他得到充足的爱和安全感，他就只是要必需的、真正喜欢的东西。

前一阵子他去上海研学，我给他500元零花钱，但是他说，300元就够了。

平时我会问他需要什么吗，他常常会说不用了，自己啥也不缺。

真的，内在不匮乏的人，不会贪得无厌的。

说到这里可能又会有家长问了：可我家孩子就是不喜欢读书啊！买了书也不读啊，怎么办呢？

首先，我要问家长一个问题：

你是一个爱读书的人吗？

如果你不是，那么，建议你哪怕是装，也要每周抽出一点儿时间在家读读书。

腹有诗书气自华。

对于多数人而言，读书都没啥坏处。

孩子身上的很多毛病都是大人的毛病，换个角度来看，不是家长引领孩子，而是孩子在帮助家长成长自己、提升短板，不是吗？

其次，我想说，小孩子天然就是喜欢探索未知的，所以，没有孩子天生就不喜欢读书。

如果，一个孩子不喜欢读书，一个重要原因可能是，父母给他读的，不是他自己真正喜欢的书。

所以，身为父母，请不要害怕孩子读了没用的书耽误学习。

尊重孩子的感受，让他选择自己真正喜欢的书去读，既有助于提升孩子的阅读兴趣，又有助于他拓宽视野、认识世界。同时，还尊重了孩子自己做选择的权利，这些对于孩子的自信心、自立、独立人格的培养，都非常重要和有帮助。

我想对孩子说的是，这个世界真的有很多美好的书，一本好书会帮你打开一个新的、有趣的、广阔的世界，除了你自己，没有别人能为你找到这份乐趣。跟着你的感觉，试着去发现它们吧！

▶ 家长要鼓励孩子多写、多表达

记得我儿子还只有 3、4 岁的时候，他看到小区的牵牛花，随口说道：

牵牛花牵牛花

吹着小喇叭

一起往上爬

可能别的家长不会很在意，可是我没有。我真的发自内心地觉得这不是几句话，而是一首诗。我不仅大大地表达了我的赞美，而且，回到家，我马上找出了一个最漂亮的本子，写上"壮壮文集"，然后把这首诗端端正正地写下来，署上他的名字。

从这以后，孩子每当有什么新的发现、经历、想法，如果他愿意，我都会让他口述，我去用笔记录在"壮壮文集"里。

所以，他从小习惯于表达自己，也相信自己表达的能力。敢说、敢表达。表达自己，对于他来说，是一件快乐的事情。

我想说，我个人在陪伴孩子成长的过程中，做事的初心并不功利。

包括我鼓励他写作文，也不是为了什么太多考试之类的现实的东西，而是我觉得：一个人，如果你能用文字表达自己，能够领略和传递文字之美，这本身就是一种巨大的幸福啊！

所以我儿子的自我表达，也没有被考试、分数之类的目的所局限。

他写东西，一定要先找一种感觉，进入一种天人合一的流畅状态，然后才下笔去写。一旦进入这种状态，他常常就能一气呵成地写出有力量、有意境、打动人的文字。

可能你会担心，只表达自己怎么行呢？写作文就要得到高分啊？不会写应试作文怎么可以呢？

其实，一个人，能力低于目标，就会觉得目标很难很难；

但是，反过来，如果能力有了，再想去达到一个比自己能力低的目标，其实相对就很容易。

落实到写作文上，如果一个孩子文字能力、表达能力很强，那么，应试作文其实是相对简单好写的，那么，写起来就不会感觉很难。

保罗·格雷厄姆说：莎士比亚会一边咬紧牙关，一边努力工作来写出伟大作品？当然不是。他在享受他的乐趣。

这句话，藏着关于写作这件事儿，我最想说的：兴趣和乐趣，才是最伟大的老师。

保持孩子对某样事物的兴趣，首先得让他自己感受到该事物所带来的美好。

就像《中国诗词大会》第二季总冠军，在2019年以高分入读清华理科实验班类（新雅书院）的"别人家的孩子"武亦姝，身为理科生的她，为啥会那么喜欢古诗词的世界？因为，她从中找到了快乐。

让我们在这里回顾一下网络上的介绍：

上小学后的武亦姝，已经爱上了全家人一起读书绘画、交流心得的温情氛围。

夜幕降临，在柔和的灯光下，一家三口都沉浸于各自的人文世界，读到欢喜处，就一起聊一聊。"哈哈哈，孙悟空好搞笑啊……""怎么好笑呢，说来听听？"

爸爸一脸期待地问，以此锻炼孩子的语言组织能力。

小亦姝向父母复述书中的有趣情节时，不知不觉就学会了概括和表达。一家人也经常玩角色扮演，而且会改编结局……

所以，亲爱的孩子，就用你自己喜欢的方式，去阅读；

就按你自己喜欢的方式，去表达；

写字，是为了表达自己，而不是取悦别人的。

是写给自己看，而不是写给别人看的。

带着这样的心态，就会敢于下笔，敢于表达，写下的文字也会有生命力。

人生，其实就是一场自我表达，我们每个人，都在按自己的心意创造自我、表达自己。

所以，好的文字、好的表达、好的人生，真正的标准只有一个：自己喜欢。

美育、快乐教育与玩：无用之事，有大价值

允许你自己

被真正喜爱的东西

默默牵引，

顺应那强大的力量

它不会将你引入歧途。

——鲁米

从一个案例讲起

说个例子吧。

这是一位深受拖延症和抑郁症困扰的"优等生"。在成长的过程中，他不允许自己做"没用"的事来浪费时间。

他唯一允许自己做的能让自己感到开心的事是踢足球，因为在他的标准里，踢球虽然也没有把时间用在"正经事"——学习上，但是，毕竟踢球对身体好啊！所以也算是唯一一件不会让自己产生罪恶感的"有用之事"！

结果呢，他就渐渐也跟很多人一样，陷入了"拖延症"的泥潭：明明是"应该"花精力去做的正经事，可就是做不进去，反而一点点沉迷手机，无法自拔……同时，人也变得抑郁，麻木，感受不到活着的乐趣……

为什么一个孩子会活得如此功利？

很简单，因为父母就是用这样的标准要求他的，于是他不知不觉地内化了这个标准来要求自己。

是不是，仅仅做一些让自己开心而没有实际"收益"的事，就是在浪费时间？

是不是，人活着，应该把有限的生命都用在"有用之事"上，才算是成功？

我们不妨试着做如下的设想——

如果，这世界没有花朵，会怎样？

好像不会怎样，因为花朵有什么用呢？不当吃也不当穿，世上没了花朵，好像什么都不影响——除了失去了太多太多的美。

如果，人生没有快乐，会怎样？

好像也不会怎样，因为不快乐又不会死是不是？我们可以照样吃，照样喝，看起来什么也不耽误，人生没了快乐，好像什么都不影响——除了失去了活下去的动力——不快乐，为什么要辛辛苦苦地活着呢？

如果，一个人不会玩，会怎样？

好像更不会怎样，没准儿反而会受到很多夸赞呢！会玩儿、爱玩儿，才可能被嘲笑：不务正业、玩物丧志、没正事、没正经的、净弄没用的……没准儿还有人会笑话一个玩得很嗨的成年人：这人是疯了吧！所以，不会玩应该是件好事啊——只是，不苟言笑地板着脸，半死不活地过一生，这会不会是另外一种"疯"？

成年人喜欢把事物分成"有用"和"没用"两种，喜欢问"这有什么用？"

花朵，没有什么价值，除了美。人生里有些事，看起来像花朵一样"无用"，比如美、快乐和玩。

所以，很多家长的教育里，就如同案例里面孩子的父母一样，不喜欢让孩子花费时间做这三样"无用"的事。

美育、快乐教育、玩，这些真的是无用、无价值的吗？

▶ 从孩子最感兴趣的"玩"说起

玩，对小孩子来说，有用吗？

在一些家长的眼里，答案是不仅没有，而且坏处多多：会弄脏了衣服好麻烦、会接触病菌不卫生、会浪费时间不如学学习练练琴做点有用的事……

这"一些家长"里，就有我的妈妈。

　　我小时候其实很乖巧，上了小学，回到家总是第一时间先完成作业，然后才做其他的事。我到现在都记得那大约是小学一年级的夏天，完成了作业的我跟邻居家的几个小女孩一起玩跳皮筋——一种我的童年特别流行的游戏。我跳得特别好，玩得特别开心，跳皮筋的我，能感受到自己身体的力量、轻盈、柔韧、灵活，就像一只小小跃动的小鹿一样优美、尽兴，我觉得自己沉浸在一种巨大的愉悦感里，每一个细胞都在快乐地呼吸和歌唱。

　　正玩得开心，我妈妈来了。她不知为什么沉着脸不高兴，可能是跟爸爸吵架了吧，她用一种恶狠狠的目光望着我，嘴上说着类似于"你长没长心，都上小学了还一天天只知道玩！"之类的话，当着小伙伴的面而被妈妈数落，让小小的我感觉很没尊严，然后呢，妈妈强行打断了我们的游戏，把我带回了家。

　　我一直想不通为什么妈妈那么生气，我的作业写完了，时间也还早得很，根本没到睡觉的时间，我为什么不能玩呢？我想问妈妈可是最终什么也没说。

　　这件事之后，一直到我工作，我都没有任何兴趣爱好。我变成了妈妈所期待的那种孩子：只做有用的事——既然妈妈不喜欢让我玩，那我就不玩！

　　后来的我，是一个基本做完作业就在家待着看书的小孩，永远成绩优异，大门不出二门不迈——直到我高中毕业考上大学，我家周围很多邻居都不认识我，只是听说我家有一个非常"优秀"的女儿。

　　但大家都不知道的是，这个优秀的女孩，长期抑郁、失眠、想自杀。以至于成年后的她，抑郁到无法正常地从事人人羡慕的工作，不得不停下来寻找一条路疗愈自己的心理。

　　有时候我想，如果，我没有坚持到自愈那一天呢？如果，我在中途就不堪心理上的痛苦而选择离开这个世界呢？

　　其实，也不能说这件事就是我抑郁的根源，但是，当我的心非常痛苦的时候，成长过程中的很多事情都记不得了，这件事却一直记得一清二楚。我常常会回味那个夏日的傍晚，我曾经多么开心。可是，那开心被打断了，再也没有回来。

当我开始为别人做咨询之后，我在自己的工作室里，听到了更多类似的故事——

一位男性来访者，自卑、胆小、自我批判、紧张、拘束……

他告诉我，自己的妈妈非常爱干净，不允许家里有一丝脏乱，也从小就不允许他玩任何会导致衣服变脏的游戏。

于是，当小朋友们打雪仗的时候，他再想玩，也只能选择不玩；

当小朋友们滑滑梯的时候，他再想玩，也只能选择不玩；

……

他确实如妈妈期待的，成为一个干干净净的小孩，却也因此失去了一个孩子的活泼、率性，变成了拘谨压抑神经兮兮的样子，他也不合群，在人际交往中特别容易紧张和自卑。

我知道，爸爸妈妈们都担心玩会带来可能的那些"恶果"：不卫生、会生病……

那么，就让我们一起来看看专业研究所揭露的真相是什么样的：

孩子的皮肤不曾和地面进行亲密接触，触觉体验学习没有得到满足，有可能出现神经体系的"营养不良"，影响大脑的辨别能力、身体的灵活性、情绪的好坏。

——儿童感统训练师岳明途

细菌并不都有害，并且宝宝自身有对抗病菌的免疫系统，过度清洁反而会破坏宝宝自身免疫系统，增加宝宝患病概率。尤其是使用各种灭菌的消毒剂，突然的病菌袭击反而更容易让适应"无菌"状态的宝宝无法抵抗。

——医学研究

孩子的免疫系统，就像大脑需要刺激才能成长发展一样，也需要通过识别细菌病毒来学习、适应和自我调节。

——中国科学院心理研究所博士王贞琳

在农场长大的孩子，更多接触到多种病原，对孩子免疫系统的发展大有好处，患各类过敏性病症以及哮喘的概率都大大低于普通孩子。

——美国权威学术杂志《科学》

我知道还会有很多家长是担心玩太浪费时间，可是，这是多么短视和肤浅的认知啊——

在玩耍中，孩子感知着这个世界，探索着这个世界，学着运用自己的双手，跟随着自己的好奇心，学着按自己的方式去创造；

在游戏中，孩子强健着自己的体魄，为自己创造快乐，也学习着如何与他人互动，界限在哪里，如何表达自己的诉求，尊重别人的感受……

这些，难道不是人生最最重要的学习吗？

不让孩子玩，就相当于熄灭了孩子的好奇心、创造力和悦己的能力，熄灭了孩子未来无限的可能性。

玩，真的不重要和没用吗？

▶ "快乐教育"会让孩子无力面对人生中的风雨吗——从生本能和死本能说起

读到这儿，可能有人会说了：好，我承认玩也是一件有用的事，但是，苦才是人生啊，让孩子快乐成长，不给孩子点挫折和考验，将来不就会变成不经风雨的幼苗吗，怎么面对人生里面的风雨呢？还有，人啊，你若不努力，就要有人为你负重前行，怎么能让孩子一心只想轻松快乐呢？

关于吃苦教育到底好不好，可以参考本书的《"我家孩子爱打人"：惩罚教育、吃苦教育、挫折教育，真的好吗？》那一章，我还想补充的是：

快乐，就像人的心理健康一样，确实是看不见、摸不着的，也带不来直接的利益，好像很没用。

但是，拥有它们与缺少它们，一个人的生命品质却会是天壤之别。

这一点，不仅我们自己能感觉到，而且每一个走近我们的人，都能感觉得到。

每个人都自成一个小宇宙，有自己的能量场。

能量就如同气息，每个人的能量场不同，散发出来的气息就完全不同。

哪怕只是一个小孩子，也能自然地感知到人与人散发出来的气息不同。

有的人，轻松自然，温暖舒服，靠近他，仿佛走近一条清澈的溪流，清爽愉悦，如沐春风，精神也会为之一振；

有的人，则沉重压抑，僵硬严苛，靠近他，会感觉紧张沉闷，仿佛靠近一条嗞嗞作响的高压线，不由自主地想要逃开透透气。

可想而知，让别人如沐春风的人，自己也会活在一个舒服自然轻松的状态里；

而一个让别人紧张沉闷的人，自己的心也一定会浸泡在一种沉重压抑的苦大仇深的能量里。

人的一生，其实就是活在自己的感受里的。

不管别人怎么看待自己，如果自己的心能感觉自己是舒服的、轻松的、愉悦的，那么，这样的一生，就是值得过一场的；

反之，即便是在别人的眼里非常成功的一生，但自己的心却常常难受、压抑、痛苦、不快乐，那么，这样的人生其实也是失败的。

在如何帮助自己修复创伤、心理疗愈的部分，我们谈到过：生本能和死本能对一个人生命品质的巨大影响，这里也让我们从生本能和死本能说起，看看快乐教育有多么重要——

生本能，让人对生命充满向往，富有活力，勇于探索和尝试，敢于坚持自我。生命里所有让人愉快的、有力量的感觉，都能滋养生本能。生本能背后的驱动力，是"爱"。

死本能，则让人消沉、悲观、僵化、教条、麻木，不愿变化，不愿探索和尝试，自我缺失，在关系中喜欢共生，容易被他人所影响。死本能让人"想死"。生命里那些令人不快的感觉，都能助长死本能。死本能背后的驱动力，是"怕"。

生本能和死本能，是此消彼长的。死本能越强的人，生本能越弱，心理越不健康，能量越低；反之亦然。

又是什么决定了一个人的生本能和死本能的状态和多少呢？

答案是：成长期的经历。

人之初受到的对待铸成了一个人一生的底色。

每一个人在生命之初，都是充满生本能的，那是我们生命的本色：能量充足，活力四射。

可是，如果在成长过程中，被死本能强的人影响和伤害得越多，那么，他的生本能就越会被死本能所取代。

当一个人死本能的力量超越了生本能，此时，人就会不受理智所控，渴望死亡，因为他的内在感受是，生所带来的痛苦和绝望，大于死所带来的恐惧。自杀之类的自毁行为，就很容易发生。

死本能是很私人的一种感受，完全不是别人所能理解的。很多自杀的人，比如张国荣，他的生活并没有遇到我们通常意义上的困难和失败，甚至，他是主流眼光里的真正的成功者：亿万身家、人气巨星、倾城美貌、亲密爱人、人缘好到爆……但这些都无法挽留住他那颗想离开的心。

还有 39 岁自杀的日本著名作家太宰治，他出生于一个巨富之家，但在成长过程中，却跟张国荣一样很被忽略，所以，他在文章里这样形容被死本能掌控的心理：连幸福都害怕，碰到棉花也会受伤。他其实是名副其实的高富帅，而且才华横溢，可是，他却说：我完全搞不懂自己为什么必须活下去。

——最终，死本能战胜了他的生本能，五次尝试自杀之后，他终于如愿离开了这个世界。

只有当一个人心理健康、能量高、生本能强烈，才可能活得有活力、有色彩、充满生命力、敢于尝试和独立判断、相信自己，有能力选择对于自己正确的方向，为自己创造高品质的生命体验。

试问，谁的人生，不想这么潇洒走一回呢？

那么，作为父母或其他关系人，如何帮助一个个体更好地保护孩子的生本能呢？

首先，从术的角度来说——

减少死本能的行为，具体来说，包括但不限于：控制、严苛、威胁、索取、欺骗、冷漠、暴力、贬低、忽略；

增加生本能的行为就要多做下面的行为，具体来说，包括但不限于：关爱、鼓励、允许、接纳、看见、真实相待、尊重、认同、理解、赞美。

简单来说，就是要多给孩子快乐的生命体验，别人为地给孩子制造痛苦的生命体验。

这就是快乐教育的重要意义：增加生本能，保证一个人心理的健康。

但是，即便知道了快乐教育的重要性，其实想真正做到也并不容易。

因为，一个人只能给出自己有的东西，自己有快乐，才能带给别人快乐。

一个人自己的气息是什么样的，就只能分享给别人什么样的气息。所以，不放松的妈妈会带出焦虑的孩子，不快乐的妈妈会带出抑郁的孩子……就如同一条被污染的河，再努力，也给不出去清澈的水。

身为家长怎样才能给孩子最好的快乐教育呢？答案就是：让自己先成为一个快乐的人。

如果我们自己都不能快乐地生活，那么，难免会无意识地给孩子的生命制造紧张和痛苦的体验，甚至会否认快乐是有价值的、对孩子的健康成长是非常重要的，就会不自觉地"帮助"孩子增强死本能。

比如我，我从小跟奶奶一起长大，虽然奶奶很爱我，但我的死本能其实被长期抑郁的奶奶影响得很强大。

我读书的时候曾经有一个时期特别想死。而且，人在能量状态低的情况下，喜欢的东西也都是低能量的。

记得中学时，我最喜欢的诗词，都是这种风格的：

寻寻觅觅冷冷清清凄凄惨惨戚戚……

可是，当我一点点疗愈了我自己，真的，我连喜欢的诗词风格都变了，现在我喜欢这样的：

仰天大笑出门去，我辈岂是蓬蒿人；

我本楚狂人，凤歌笑孔丘……

我觉得自己的能量随着自我疗愈，被一点点打开了，生本能随着情绪的释放而增强，生命变得明丽活泼，也自然能体验到生而为人的丰富、自由、美好和深刻了……

你看，亲爱的孩子——不是快乐没有价值，而是你的爸爸妈妈自己的心生病了，导致他们不会创造快乐，也不会给你快乐，甚至，他们本身对"敢于"快乐，就充满恐惧和评判，自己不敢，也不敢让你放松和快乐。

所以，亲爱的家长，不是快乐教育对孩子来说没有意义，你真正要做的，是诚实面对自己为什么不会快乐、不敢快乐。当看到孩子快快乐乐地玩耍时，去看看自己被激发出什么感受：担心快乐是错的、害怕快乐的人会被人批判、恐惧快乐之后会有不好的事发生、认为人做不正经的无用的事是在浪费时间会活不下去……甚至，可以看看，是不是还在快乐的时候，会激发你的委屈——我都不快乐，你是我的孩子，怎么能活得如此快乐……总之，在阻挡孩子快乐之前，试着先感受一下自己，去修复和疗愈自己的心，去给孩子一个快乐的家长，一个快乐的家。

▶ 美育，会不会让孩子变得虚荣又肤浅

读到这儿，可能又会有人说了：好吧，我承认玩儿和快乐对孩子来说是有用的，但是，美不美的又有什么用？小孩子爱美，不会变得虚荣和肤浅吗？把时间都用在打扮上，不会耽误正事——学习吗？

《窗边的小豆豆》里面，创建了神奇的巴学园的教育家小林先生曾说过：

"世界上最可怕的事情，莫过于有眼睛却发现不了美，有耳朵却不会欣赏音乐，有心灵却无法理解什么是真。"

一位真正的教育家，一定会肯定美的价值，也一定会小心呵护孩子们追求美、喜欢美的心——

在这所利用两棵树作为大门，挂上写着校名的牌子，没有宽阔明亮的学堂，只有六辆报废的电车当教室的学校里，小林校长接纳了不少在别的学校容易被孤立的孩子，比如患过小儿麻痹症的泰明、得了侏儒症的高桥君。

人们都嘲笑身体跟正常人不一样的孩子，小林校长为了让身体有缺陷的孩子不用处心积虑地掩饰身体缺陷，他设计了不穿泳衣的游泳课，就是为了让孩子们明白"无论什么样的身体都是美丽的"。

小林校长从未告诉过孩子们"美是不重要的""你不应该在意自己的外表"，而是以这种春风化雨的方式，承认孩子们追求美好的心，同时也最大限度地保全了这些孩子的自信。

所以，当其他学校的孩子对着它破落的大门唱道"巴学园，破学校"时，全校五十多个孩子才自发地齐声唱起了反驳的歌：

"巴学园，好学校！走进去一看，还是好学校！"

你看，真，善，还有美，是这个世界上最最有价值的东西。

一颗认为美没有价值的心，多么可怜。

真正懂得美的人，一定拥有一双懂得欣赏、善于捕捉美好的眼睛；

保护孩子的爱美之心，就是在保护孩子的自信；

打击孩子的爱美之心，则是在弄瞎孩子与美好共鸣的双眼，拿走孩子进入高品质人生的通行证。

真正懂得什么是美的人，不必把精力花费在跟自己的自卑做斗争上，更不会变得肤浅。追求美的背后，其实是一个人取悦自己、相信自己的感觉的能力。

美，并不轻浮。

一个人，有能力感受美好、追求美好、享受美好，这样的人生，才有蓬勃向上的生机和动力啊！

玩、快乐、美，看起来都是无用的。

不仅这三样，人生还有很多重要的东西，都是看起来没有实用价值的，比如，爱，尊严，自由……

但是，缺少了这些"无用"之物的人生，给你，你想要吗？

在人生的黑暗时刻，真正能安抚心灵的，都是这些无用之物；

在从生到离开这个世界的旅程里，最温暖我们的，给我们留在这场旅程里的动力的，也都是这些无用之物。

无用之物有大用。

佩索阿说：你不喜欢的每一天不是你的，你仅仅度过了它。无论你过着什么样的没有喜悦的生活，你都没有生活。……

请不要粗暴地拿走孩子享受这些无用之物的权利，因为人生啊，并不是拿来"用"的，而是拿来"感受"和"享受"的……

第五部分：
身为特殊人群，
也许这些提醒对你有用

心语

让单亲，成为一个祝福，而不是一个诅咒……

『有时好想犯罪，这样至少会有人关注我了』

在飞机上，救生守则的要求是，先把大人自己的救生面罩弄好，再去帮小孩戴好救生面罩。

在极度饥荒的年代里，如果母亲找到一个馍、一碗饭，她就不应该把食物全部给幼儿，而是首先保证自己饿不死。只要母亲能坚持下去，孩子才有活下去的希望；否则，母亲死了，幼儿即便暂时吃饱了，也仍然会很快死去。

这些故事告诉我们，先救己，再救人，哪怕那个是自己心爱的孩子。因为你活得不好，你的孩子注定是悲剧。

从一个案例讲起

这是一位来自父母离异家庭的 13 岁的孩子。下面的话来自她的咨询录音，我们一起来看看从小到大，她曾经历过什么：

大约三岁有记忆的时候，我就生活在姥姥家。爸爸妈妈都不在身边。记得有一次妈妈来，她进屋的时候，我不知道她是谁，在我的记忆里，觉得那仿佛是我第一次见到她……

再后来我爸也来过，我也不认识他，我就记得他喜欢拉着我照相，我不愿意照，可是他就拽着我照……

然后我长到上小学的时候，我就被送回到我妈身边，她一个人抚养我。

记忆里我妈总打我，因为我作业写的不够好，就天天打我。

面对我妈，我的第一感觉是害怕，第二感觉是还挺温暖的，总之，很复杂。

后来妈妈又结婚了，家里没有人对我不好，但是，我总是觉得，我自己的存在，就如同一团空气……

我不知道自己属于哪里……

我喜欢画画，可是，没有人支持我，他们说画画没有前途。

我喜欢唱歌，想考艺术类学校当演员，可是爸爸说演艺圈充满潜规则……

我感受不到爱和关心，有的时候，我甚至想要不我犯罪吧，杀个人吧，那样起码就会有警察来关注我了……

我什么都没有，就连抚养费也要我自己去要，总是很难，我觉得抚养费的事也是爸爸妈妈相互报复对方的工具。

我现在很迷茫，对世界充满恐惧，我觉得没人保护我。

我很多对美好的向往都被压抑了，都没了。

现在，大家都指责我，所有人都觉得我不够好、有问题，所有人都觉得我的想法是错的。

他们觉得我不靠谱，想法变来变去，可是，我就是很害怕，面对每一种选择都害怕……

我觉得自己是一个有缺失的人。可是，没有人想想，是谁给我造成缺失的？我是怎么缺失的？

从来没有人坚定选择我、支持我的做法，所有人都让我觉得我的做法就是不应该的："你这样就是一个小孩的思维，你很幼稚……"根本不去理解一下我为什么会有这种想法，所有人都觉得我的想法是错的。

可是，就算我是幼稚的，但我感觉我所有的想法都是希望我自己能好，但是他们这么多年的否定，让我感觉我啥都是错的，现在连我自己都开始怀疑自己……

那我就破罐破摔了。既然你们不想让我好，既然我也没能力让你们好，咱们就谁也别好，行，我按你们安排的路走，你们看我会走出个啥结果，能不能得到你们想要的东西，我也没有说跟你们对着干，你们不就想让我这样吗？毁灭就毁灭吧！可是我又没有勇气彻底毁灭，我抱着一丝希望，希望妈妈能好起来，能看见我，能来爱我……

尼采说："世界上唯一应该区别颜色的，只有洗衣服这件事。"

可是社会有时不。

有些人，喜欢给人贴标签，喜欢把不需要区别好与坏的事情区分出好坏，喜欢惯性地带着偏见去看人。于是，单亲家庭的孩子，就在有色眼镜的注视下，成了弱势群体，也常常被定义为"问题孩子"。

可是，事实真的如此吗？

▶ 单亲家庭的孩子真的更容易出现种种心理问题吗

事实上，绝非如此。

无数真实的例子和心理学的研究证明，单亲家庭的孩子并不比双亲家庭的孩子有什么不健康的心态。孩子心理不健康，也不能说就是由于单亲造成的。

也许，从前面的案例中，女孩的成长经历里，有心人就会意识到：单亲家庭教育的重点，不是教育孩子，而是成长家长。

孩子的心理状态是被养育者的心态、行为影响的。

孩子的成长需要的是健康的、流动的爱，家庭形式上的完整与否，并不是最重要的。多少表面完整的家庭，每个家庭成员之间却缺少真正的爱的联结，即便是双亲，父母不离婚天天吵架，或者冷战，这样孩子也不会健康成长的；如果是单亲家庭，父母双方对孩子很好，或者有一方不在了，但养育孩子的一方心理健康、人格健全，这样的孩子也可以一样身心健康地长大。

确实，单亲养育孩子的一方，需要一个人面对很多问题，也容易更加辛苦一些。

而且，人会有从众心理，自己突然从社会里的正常人群，变成了单亲家庭，别人眼里形式"不完整"的弱势群体，有时确实要承受来自他人的异样眼光甚至是歧视，当然容易心理失衡。

但是，任何一个让人跳出常规生活的挑战，都是一个邀请——一个请你走出心理上的舒适区，向着心灵成长、独立、强大与健康，再迈出一步的邀请。

心理上有个词，叫作集体意识，就是社会平均的意识水平和心智成熟度。平均意味着还有空间可以超出平均水准，还可以再提升。超越集体意识，其实就意味着迈向更多的健康、自由和舒适。比如，当集体意识说：裹小脚是美的，一个超越集体意识的健康人，才会意识到这并不美，这是残忍的扭曲和伤害。所以，当我们因为某种原因变得跟"正常"不一样，比如，离婚，变成单亲家庭，这本质上是一个超越集体意识的捆绑，拥抱更智慧、有力量、美好的自己的机会。

心理研究表明，养育者心理健康的单亲家庭走出来的孩子，他们的独立程度、思考深度、精神世界的丰富程度都会较一般孩子更高一些。

当然，面对命运的挑战，也会有人，被命运的泥潭深深困住，困在抱怨、恐惧、悲伤、愤怒……之中。这样的父母，无法提供给孩子强大的心理支持，那就很危险了……

▶ 身为单亲家庭的家长，怎么做，才能让单亲成为一个祝福，而不是一个诅咒

最关键的点在于：你要成长自己，提升自己。你的心理健康，人格健全独立，就是给孩子最好的礼物，也是孩子幸福最大的保障。这是根本之道，做到这一点，你自然会带出一个健康、明朗、阳光的孩子。

具体的建议是：

·单亲，要面对比双亲家庭更多的难处，如果对方不在了或者不负责任，就常常有一个人要扛起所有事情，所以，你要学会心理疏导，当各种"负面"情绪出现，请给自己一个独立安全的空间，真实面对和表达自己的各种情绪，不要压抑。抱怨、悲伤、愤怒、孤独、恐惧、委屈……这些情绪只要是真实的，就有权

利表达自己。否则，压抑的情绪，会始终控制着你的生活，而且，作为一种能量，这些情绪是不会消失的，压抑，只会变成对你自己健康的攻击，也会抑制不住地发泄给孩子，这才是最伤害孩子的。要知道，你是成年人，是你把没有选择权的孩子带到这个世界的，你没有资格怪孩子，要孩子为你的情绪负责。

·不要把大人的恩怨带给孩子，要让孩子知道，无论大人之间发生了什么，都是大人的事，与孩子无关，更不是孩子的错。你就安心做好孩子就好了，我们都会以自己的方式尽力去爱你。如果是有一方离世了，那么，就可以告诉孩子真实的情况，然后，告诉孩子，离开的爸爸或妈妈，在天上也在护佑着你，留下来的人完全可以照顾好你，给你一个安全温暖的港湾，属于你的爱不会减少一点点。特别想提醒的是：不要在离婚之后，让孩子成为彼此牵制、报复的工具，包括满足孩子的需求、给孩子生活费……都不要附加一些条件，用孩子来惩罚或控制对方。

·如果遇到来自他人的歧视，那么，家长的心态就会决定孩子的心态。你不在意，孩子也不会。一个能轻易被别人的眼光杀死、左右的人，本质上就是一个没有自己力量的心理不成熟的胆小鬼，这样软弱，即便不成为单亲家长，也不是心理健康的人，也无法成为真正合格的家长。

·爱不是占有，而是让他成为独立的自己，不要因为单亲，而与孩子形成过分彼此依恋、占有的关系，不要把情感需求全部放在孩子身上。让孩子多接触其他亲人，不要让孩子成为你的私有财产，邀请和鼓励更多爱孩子的人，进入孩子的世界。让孩子有能力跟更多的人建立亲密关系。否则，一旦与孩子形成共生关系，习惯了"相依为命"，对孩子的心理成长不利。

·你的境遇，就是你的潜意识。你在意，别人也会像镜子一样，照出你内心真实的想法。所以，你自己首先就要放下心里的标签，不要把单亲这个词整日挂在自己脑袋上，该怎么带孩子怎么带孩子，该怎么生活怎么生活。爱自己、爱生活，把自己的人生过得有滋有味、有色彩，无论身处婚姻，还是单身生活，这都是拥有一个高品质人生的基本功。否则，你就是一个无趣的人，一个无趣的人，对孩子、对伴侣，都不是礼物，而是一种折磨。你自己活得好了，孩子也会很棒，这跟单亲还是普通家庭没多大关系——不要把自己活不好怪在单亲这件事上。

▶ 生长于单亲家庭的孩子，如何帮助自己

　　如果，周围有人瞧不起单亲家庭的孩子，那只能说明他自己的心很苦、扭曲又肤浅，才会靠贬低别人找到一点儿幸福感。

　　如果，你的父母出现了前面列举的一些问题，比如，把情绪垃圾带给你，把大人之间的恩怨带给你，想让你来满足自己的期待……那么，请你首先知道，这些不是你的问题，是家长的心理出了问题，请你试着对他们真实表达自己的感受，对伤害你的行为，及时说"不"。

　　如果，他们就是听不见你的心声，那么，请你不要压抑自己的情绪，陪着自己去经历所有的感受，哪怕只有自己听得见，也不要否定自己的感觉，你要一直站在自己这边，相信自己的感受。

　　还有，不要相信"单亲家庭的孩子一定会有问题"之类的偏见。单亲真的不是一个人幸福生活的必然障碍。

　　事业高度无人能及、婚姻幸福美满的山口百惠，来自于单亲家庭，她几乎没有见过自己的父亲；

　　美国第一位黑人总统奥巴马，也是从小由单亲妈妈一手抚养长大；

　　华语乐坛地位超然的周杰伦，14岁的时候，父母便离婚了，在采访中，他曾说：父母离异对我并不会有负面的影响，他们能做各自喜欢的事，负担压力都变得比较小，不管是父亲也好母亲也好，都变得比较自由，所以离婚有时也不见得是坏事。

……

这样的例子数不胜数。

你看，一个家庭，只要有完整的健康的爱，就足够了，形式上的完整与否并不是最重要的。

形式完整而内在破碎，才是对孩子伤害最大的。

如果，单亲家庭的孩子不健康，那只能说明家长自己心理不够健康，而不仅仅是单亲的错。

不够健康也没什么，发现问题、真实面对、自我修复、疗愈自己……这些真的比起逃避问题，更容易。

仔细想想，人生真的其实只有三件事儿：一件是自己的事儿，就是自己能掌控和把握的事；一件是别人的事，就是别人主导的事；一件是老天爷的事，就是所有我们能力范围以外无法掌控的事。

我始终相信，上天绝对不会给一个人超出他承担能力的困难。我们做好自己的事儿，剩下的，上天会来帮忙的。

一个健康独立的个体，才有能力建立健康的家庭；

一个健康的家庭，才能给予孩子健康的爱和成长环境。

这跟外在的形式，关系不大；跟父母自身的心理健康度，完全正相关。

单亲，到底会变成一个诅咒，还是一个祝福，答案最终掌握在我们自己手里。

多子女家庭，每个孩子都有资格感受到健康的爱：
『我思念离开的大宝，不知道怎么做小宝的妈妈』

每一个孩子都是独一无二的，

都配得上一份不会因为任何人的出现

而改变的独特的爱。

从一个案例讲起

这位妈妈来求助的时候，出生只有几天的小宝还躺在医院的监护室里。

这是她的第二个孩子，大宝在一年前，意外离世了。

二宝是早产儿，状态很不好。可是，现在，妈妈出了问题：她回避去看小宝，她完全不知道该怎么面对这个正需要妈妈关爱的孩子。

身为妈妈，她自己陷入了混乱……

下面的话，是我们深入妈妈的潜意识，她哭着表达出来压在心里的话：

大宝，是妈妈不够好你才离开我的，是吗？是妈妈不够好，所以你不要我了吗？你不要妈妈了吗？为什么抛下妈妈就走了？你为什么不想想妈妈的感受就走了？你让妈妈怎么活？让妈妈怎么去面对生活？妈妈好想逃避，弟弟代替不了你，他一点儿都代替不了你……妈妈以为能代替，可是代替不了……你是独一无二的，你是我最宝贵的孩子……妈妈不能失去你，我不能失去你，你在哪儿啊？妈妈想去找你，好想去看看你……这个世界吸引不了妈妈了，妈妈心里只想着你，这个世界上所有的东西都没有办法再吸引我了，弟弟也不行，弟弟也不行……什么也代替不了你，什么都代替不了你……如果妈妈爱弟弟，我就背叛了你，妈妈就更加对不起你……

这位妈妈，没有从失去大宝的创伤里复原，就选择了生下小宝，可是，这份未愈的伤痛，阻隔在她和小宝之间，无法对小宝给出真正的爱……

你看，爱，不仅仅是一种意愿，更是一种能力。爱孩子，特别是多子女的家庭，想让每个孩子都得到健康的爱，这真的需要父母自己拥有一颗健康的心灵……

▶　现身说法：作为多子女家庭里的姐姐，弟弟的出生让我对爱充满危机感

　　也许中国社会倒退十年，一本谈青少年心理的书里，就没有必要专门为多子女家庭写些什么，因为毕竟那个时候全中国都在实行独生子女政策，根本就很少有家庭是多子女的。

　　可是，自从开放了二胎之后，多子女的家庭渐渐多了起来。

　　不过，让我特别想写这一方面内容的根本原因，我想可能是因为，我自己就是一个两个孩子家庭里面的姐姐，在和弟弟一起长大的过程里，我还是留下了一些父母无意识造成的心理创伤。

　　其实，我的父母对我很好，可以说一点儿都不重男轻女，但是随着我自己渐渐长大，那些隐藏的创伤还是会像潜伏期比较长的病毒一样发作，让我的人生受苦——或者换个角度来看，是让我再次遇到相似的情境，激发我深埋的情绪，从而帮助我看见那些创伤的存在，进而有机会疗愈它们。

　　比如，我发现成年之后的我，不敢相信爱，或者说对爱这件事，怀有很大的危机感。说些具体的表现吧——

　　在感情中，我总想表现得满足对方的期待，不敢让自己非常放松地做自己。我会敏锐地捕捉对方可能喜欢我是什么样子的，然后尽力去做，哪怕做起来自己并不舒服。比如说，我觉得对方可能喜欢我是努力工作的、能干的，那么，哪怕我自己很累很累，也要撑着去拼命工作，否则我觉得对方就会不喜欢我了……这真的让我筋疲力尽，甚至身体都吃不消亮起红灯。

　　当我深入到因为迎合别人而带来的种种感受里：委屈、累、悲伤、失望、害怕……我发现，天哪，这跟整个成长期里面，拼命学习，想满足父母期待的动力和感觉是一模一样的！从弟弟出生那天起，本来跟妈妈睡的我，被迫离开妈妈，

被安排去跟奶奶睡。这个安排其实并非不合理，但是，父母并没有跟我解释一下，也没有问过我的感受，所以，在小小的只有三岁的我的感受里，就是我的爱——妈妈——被弟弟夺走了，妈妈不要我了、妈妈不爱我了。作为一个孩子，我只会向内归因，我相信一定是因为我不够好，没有弟弟可爱，所以妈妈才抛弃我的，所以我一定要努力向妈妈证明，我有价值，我比弟弟还乖、还好、还可爱，这样，被弟弟抢走的爱，就可能又会回到我身上一些或者很多了。

我记得当时还有一些大人来逗我，说：弟弟是男孩，你看，这回有了弟弟，你妈就不要你了吧，你害不害怕？

本来不能跟妈妈睡就让我很自我否定，也怀疑妈妈抛弃了我，这下我就更相信妈妈真的更爱身为男孩的弟弟，不爱我了。

我好害怕从此失去妈妈的爱，我暗暗下决心要让妈妈为我骄傲，我要努力让没有男孩有价值的我变得有价值，我要把我的那份爱夺回来。

经过我偷偷的观察，发现妈妈特别喜欢自己的孩子学习出色。于是，就有了那个一路学霸的我，在初中几乎总是考第一名的我，总是能考上妈妈期待的学校的我……

而因为我成绩好于弟弟，妈妈夸我的时候多了，关注我的时候多了……这就更坚定了我的信念：爱是有条件的，只有表现出色，让对方满意，满足对方的期待，才有可能得到爱。

这个信念真的害惨了我，让我一路走来，仿佛一直在背负着千斤重担前行，一刻不敢放松，同时呢，又深深自卑。

事实上呢，我根本就不需要活得那么扭曲和辛苦。

如果回溯到弟弟出生的时间点，只要妈妈对我说一句："妈妈没有精力做到晚上同时照顾两个孩子，但是，这并不代表妈妈不爱你了，更不代表你没有弟弟值得得到妈妈的爱，妈妈爱你跟爱弟弟一样多，跟从前一样深，一点儿都不会变……"真的，我就不会在无数个日子里默默地去想那么多关于"妈妈还爱我吗""是不是我自己不够好""我该怎么办"的问题，我就会有足够的安全感和自信，我就不会把自己逼得那么辛苦，我就不会在爱里那么小心翼翼……

真的，这些痛苦，原本只需要妈妈的一句话，就可以改变和终止的。

现在的我，当然知道妈妈不是故意这样做的，她只是没有意识到：自己的处理方式，只要稍有改变，就会对她孩子的人生产生天翻地覆的影响。

她的孩子就会成为另一个人。

一个健康、轻松、自信、阳光的人。

正是身为一个孩子，意识到父母的一点点改变，对于孩子的人生会有多么重大的影响，所以，我才会想写这样的一本，既可以帮助孩子从创伤中恢复健康，又可以帮助父母改变认知和做法的书吧！

▶ 多子女家庭里的孩子，内心最深的需求是什么？如何给每个孩子足够的爱和安全感

事实上，父母不可能做到完美，更何况是辛苦的多子女家庭的父母。但其实，保护孩子的心灵，也不需要父母做得完美。孩子的心灵没有那么复杂，只要抓住最重要的核心，即知道对孩子来说，最深刻的需求是什么，然后去满足他们，就基本可以避免给孩子的心带来伤害了。

那么，这个最深刻的需求是什么呢？

答案是：对父母是真的爱自己的并且不会因为什么而改变和减少这一点，一直都感到放心。

当孩子的这个最深刻而基本的需求得不到满足时，不安全感就会带来心理上的创伤和扭曲，而心理创伤和扭曲又一定会带来行为上的扭曲。

比如，可能会像我一样，拼命努力证明自己的价值，以求得一些关注、认可和爱；

也可能，用生病、制造麻烦之类的"笨"方法，来吸引父母的注意力，试探父母对自己的爱；

……

这不仅会伤害孩子，也会带给父母很多的烦恼和辛苦。

为了让多子女家庭里面的每个孩子，都能感受到健康的爱，在一些生活里常见的事情上，做父母的应该格外注意啦：

· 这是最重要的一点：要多关注孩子的感受。无论孩子多小，都是有感受的。有时候，一个孩子身上看起来很严重的问题，只要你能看见和懂得孩子背后的感受，可能就会简简单单地迎刃而解。比如，有的老大在有了弟弟妹妹之后，会变得更容易生病、哭闹、犯错，或者喜欢欺负老二，心理学上有这样一句话："每一次攻击都是一次求助。"此时，父母要去关注孩子行为背后的情感需求。当孩子出现这些行为，或者表现出烦躁、愤怒、恐惧等"负面情绪"时，不要急着去批评、制止孩子，去试着问孩子的感受是什么，然后，试着摸摸孩子的头，或抱抱孩子，对孩子说"那你一定很伤心吧""那你一定很害怕吧""那你一定很生气吧""你担心妈妈对你的爱没有对弟弟的多是吗""妈妈知道了""爸爸理解你""妈妈在呢，妈妈一直都在你身边"……这些暖心的话语和动作，会让孩子知道：我的这些感情和感受，都是正常，我有资格表达自己的感受，而且爸爸妈妈也会在意我的感受，我是被爱的，我是安全的。相反，如果家长简单粗暴地去惩罚、指责孩子，不仅不会让孩子停止无意识的自我伤害、伤害他人的行为，反而会内化成自我否定、自我攻击，孩子会解读为：我的这些感受是不对的、不被接纳的，我就是个不值得被爱的坏孩子，我比不上别人……从而埋下可能终身都无法愈合的心理创伤。而孩子这些行为背后，只不过是想确认自己依然是被爱的。

这里也想提醒一下孩子们：如果你的父母，不太懂得看见和尊重你的感受，那么，你可以试着，直接对父母表达出自己的那些感受，比如，如果当年的我，可以把心里的疑惑和担心表达出来，对妈妈说："妈妈，你是不是不跟我睡，就是不要我了？你是不是只要弟弟不要我了？我是女孩，我不如弟弟好，是吗？"我想，并没有想不要我的妈妈，看到我的这些担心，一定会给我一个肯定的答案，就是她依然爱我，不会因为有了弟弟就不要我了。那么，我就不会长期被这样的担心困扰，变成一个拼命努力证明自己的女孩。

还有，哪怕你表达了自己的感受，可是父母却没有给你一个正面的回应，那么，亲爱的宝贝，你一定要知道：这不是你的错，不代表你的感受是不应该的、是不对的，更不代表你有问题、你是坏孩子，你不值得被理解、被爱。你当然是好孩子，不懂得倾听你、尊重你、满足你，那是父母的问题而不是你的问题，你依然有资格被爱、被满足。人的一生很漫长，即便你的父母不懂爱你，只要你是一个能尊重自己的感受的人，那么，你在这个世界生活，会遇到很多爱你、尊重你、理解你的人的。

·当孩子之间发生冲突时，永远不要有倾向性，比如，对老大说：你是哥哥，你是姐姐，你就应该让着弟弟妹妹！你就应该有个老大的样子！你的东西就应该给弟弟妹妹用！你的玩具就应该给弟弟妹妹玩……这样的做法真的会伤害那个大一点儿的孩子，让老大感觉到自己没有老二重要、不被爱，甚至在成年之后，也不会用健康的方式解决冲突，习惯忍让，或对冲突、对别人的情绪有过激反应。

蒙台梭利曾说：每一个孩子从出生就懂得如何成长。

不要总是对孩子不放心。孩子具有天然的解决冲突的能力，孩子间冲突是非常正常的，父母们大可不必随时去干涉孩子们的吵架和争执。否则，父母用自己觉得"对"的方式去处理孩子之间的冲突，可能看似让孩子暂时停止了争吵，但却忽视了孩子们的感受，让孩子遇到争执只知道用"对错"来处理，影响了孩子解决冲突的能力，也让孩子成为情绪表达无能的人。

心理学的研究表明："那些不会处理冲突的成年人，大多是在小的时候，父母没给过解决冲突的机会，从而变为冲突无能儿。"冲突无能儿，要么害怕冲突，不敢表达自己，要么容易僵化地活在对错的二元对立的世界，无论哪一种，都很难与人建立深入的情感联结，很难享受亲密无间的情感关系。

当然，如果孩子的冲突持续时间长，或者很严重，孩子们向父母发起了求助，那父母介入时，一定要一碗水端平，避免不公平对待孩子。然后，要分别给每个孩子表达自己感受的机会。我在网络上看到一篇文章，写一位妈妈发朋友圈分享一次处理两个孩子之间的冲突的经历：

她说，两个孩子又吵架了，吵架后两人进入了冷战，本以为会和之前一样，没过一会儿就好了，可是这次，无论弟弟怎么逗姐姐，姐姐就是不理。

她观察了一天，准备和女儿谈一谈，"今天又吵架了？"

女儿点头。

"你们为什么吵架呢？"她问女儿。

女儿一听就哭了起来，说道："我讨厌弟弟，他弄坏了我的洋娃娃！"

看着女儿难受的模样，她将女儿揽入怀中说："我想你一定很生气，如果是妈妈，妈妈也一定很生气，那我们能不能想办法将洋娃娃修好呢？"

女儿好奇地问："可以修好吗？"

"我们试试吧！"妈妈对女儿说。

于是她拿起坏了的洋娃娃，对一旁小心翼翼的儿子说："你也来吧，我们一起帮姐姐把洋娃娃修好，好吗？"儿子也开心地加入其中。

这位妈妈的做法真的让人印象深刻。既关注到了每个孩子的感受，又让孩子感受到妈妈对自己的理解、尊重和爱，同时，又教会了孩子如何面对问题，如何用爱去解决问题，也让两姐弟之间的感情更加深化，真的是润物细无声啊！

·不要拿两个孩子来对比。孩子和孩子的特质是不一样的，虽然你有几个孩子，但是每个孩子都是独一无二的自己，不要按自己的标准去比较，在陪伴和养育中也要因材施教。在教育、生活资源的分配上，特别是精神和情感的关注上，不要有所偏向，否则，都会让孩子感觉自己不被爱，都会伤到孩子的心。有些家庭有重男轻女的思想，可能无意识地从小压抑女儿的自我，这种培养方式很容易把女儿培育成一个丧失自我的女人，对不公正的对待不敏感，别人容易对她予取予求，这对孩子来说，是一种巨大的伤害和危险。当然，做父母的很难做到绝对的平衡，但是，孩子的需求也很简单，只要做到让每个孩子都感觉到自己的需求被父母看见、尊重和满足了，孩子就会产生安全感。这就足够了。

·多子女家庭界限的设定。多子女家庭，随着孩子的长大，一定要给每个孩子创造一个相对独立的空间。这个时间点的选择没有一定之规，但是，也不要太晚，大约三四岁，可以征求孩子的意见确定。这可以保证每个孩子都不被干扰，比如姐姐正在搭的积木被弟弟毁掉……可能对成年人来说这都是小事，可是对培育孩子的专注力、独自完成一件事情的成就感、独立自主意识的培育、边界感的建立……都非常重要。对于家里两个孩子性别不同的，这一点尤其重要。

·如果家庭里有养子女或继子女的，也是一样的，要尊重两个孩子的感受，不要让其中一个孩子感受到危机感和不安全感。哪怕你是让亲生的孩子让着不是亲生的那个，也不是一种无私的美德，而是一种忽略孩子感受的残忍。

·有些特殊情况，比如如果是大宝意外离世，而选择生下二宝的，请尊重二宝的独特性，而不是让孩子感觉自己好像是大宝的替身。

·有很多方法，增加大宝对二宝的手足之情，比如，鼓励大宝多照顾和参与二宝的生活，给二宝取名，帮忙拿纸尿裤、冲奶粉……

·非常重要的一点提醒：不要让老大或其中某个扮演类似于家长的角色，比如，当父母因为忙碌或其他原因疏于照顾孩子时，很多姐姐就会扮演弟弟、妹妹妈妈的角色，这是一种角色错位，对于接受和给予照顾的孩子，都会带来负面的心理影响，照顾人的那个，可能会早熟、过度承担、越界、不会以健康轻松的方式与人联结……被照顾的那个可能过于依赖或者变得叛逆、容易被人越界、不能承担自己的人生、不会自我负责……再多子女，父母也依然要对每个孩子负起责任，绝不能把这种责任推给自己的孩子。

把一个生命带到这个世界上来，是一件需要勇气和智慧的事，因为需要为这个小生命负责，需要满足他的需求，需要给他满满的爱。

更何况是两个、甚至更多生命。

以上说了这么多，我想最最重要的，其实是父母自己准备好了迎接新生命，自己是懂爱的人。

所以，愿每个选择生育多子女的父母，都是准备好了的父母，如果没有，起码愿意为了孩子们真心地跟孩子一起自我成长；

也愿每一个多子女家庭的宝贝，无论父母做得如何，你都知道自己是独一无二的，更是值得被爱的；

拥有兄弟姐妹的你们，比独生子女更有机会学会如何与人相亲相爱；

愿所有的兄弟姐妹，都能成长为彼此生命中的温暖。

学习好的『好学生』，也可能没有那么『好』

——关注『好学生』的心理健康

绝大多数的心理问题都是因为忽视乃

至扭曲了自己的内心体验。

内心的力量是最强大的，

当我们过于在乎别人的看法时，

我们就丧失了自由，

自我的力量也就越来越弱，

最后变得对外界的变化过于敏感。

——罗杰斯

从一个案例讲起

下面的这个个案，我取的名字是：一直活在比较里的优等生。

这位来访者说：

我觉得我会希望自己可以得到每一个人的认可。

在关系里面，面对他人，我总是不知道该如何相处，我内心当中一直觉得和别人的关系就是一个强弱对比关系，我要全方位地比别人强，我才踏实，如果自己变弱就不踏实。

这让我很累，迷茫、紧张又难受……

当我们深入进去，那个产生这种心态的根源慢慢地浮现了出来：

两岁半的时候，因为父母工作忙，家也不在城区，所以，为了让我接受最好的教育，我就被寄宿到一个城区的家庭里，去上父母觉得最好的幼儿园。

可是，比起最好的教育，我更需要妈妈的爱！

我觉得自己两岁半就没有爸爸妈妈了。

平时我在别人家里好害怕。

我好美慕留在父母身边的姐姐，也好美慕别人，他们都有妈妈陪着，那意味着他们有人爱，有人心疼，有人保护。可是我没有。我知道我没有，我好害怕，我好自卑，我没有安全感，我恐惧，我总是提心吊胆，我不敢出大气，因为我没有底气。我没有依靠。我觉得别人给我一些什么都是有条件的，没有人会无条件支撑我，所以我永远都要自己撑着，好紧张……

我总是觉得自己比别人要差一些，所以我总是无意识地跟别人比较，努力用学习来证明自己。

　　虽然我成绩很好，可是我感觉好累，快撑不住了……

▶　学习好，容易让人只看到成绩，看不到那个真实的孩子

　　不知你有没有发现，很多人把"好学生"等同于"学习好"，一个孩子只要"学习好"，就差不多可以一白遮百丑。

　　比如我自己。跟这个女孩一样，从小到大，我都是那种比较标准的"学习好"的"好学生"，因为成绩不错，所以处处受到夸赞，仿佛我就是一个完美小孩，没有任何其他方面的问题。

　　但是，真相却并非如此，跟这个女孩一样，我有非常多的心理问题。

　　我的心理不健康，有很长一段时间想自杀，却无人知晓……

　　我特别缺乏动手能力，因为家人让我把所有精力和时间用在学习上。

　　确切地说，我不仅仅是缺乏动手能力，而是全方位的不独立。上大学之后，这些问题一一暴露出来：

　　不会洗衣服，要把衣服每周带回外地的家里洗，这又同步地带来心理上对自己的独立生活能力过于担心和不自信；

　　不敢也不会坐火车之类的公共交通工具，很长一段时间需要爸爸妈妈接送；

　　心理上特别幼稚、单纯、傻白甜，以为坏人只存在于电影里，人际交往上没有成年人应有的判断力……

　　进入社会生活，一向只需要做好一件事——学习——就万事大吉了的我，面对复杂多维度的社会，真的特别惶恐和蒙圈，适应社会生活对我来说是一项非常

艰难的挑战。

当我开始进入亲密关系，这种不独立导致我在感情中像个小女孩，而不是一个成年人。我想找个人依赖，像父母那样照顾我，帮我面对和解决问题，让我逃避面对琐碎复杂的人生……这样不成熟的我，当然无法收获健康幸福的亲密关系。

另外，在相当长的一段时间里，我在所有的事情上都表现出来一种缺乏独立思考所带来的肤浅和僵化：我遇事不会变通，没有独立判断、思考、创新的精神，凡事习惯于去寻找别人给我的标准答案，甚至我认为所有的事情都只有一个标准答案，没想过还有其他的可能性。即便当我一点点意识到这个问题，试着去用自己的方式面对问题，我也非常非常的不自信，对自己充满怀疑，不敢相信自己的感觉……

还有一些说不出口的内心的变化，比如，从一个能享受当下的乐趣的人，变得做事比较功利；从一个单纯的人，变成嫉妒心强烈……

也许，这些问题看起来都不是特别大的事情，可是，在我个人的人生里，却让我栽了很多很大的跟头，真的吃了无数的苦头。比如，在职业上，我能从注册会计师变成心理医生，这巨大的转变中间，这外在的重塑背后，是我整个心理上的摧毁和重建，宛如重生一般。这场浩大的内心革命，我很庆幸自己走过来了，可是，如果我倒在中途呢？又有多少人倒在中途？

当然，我身上存在的问题，不等于是所有"学习好"的"好学生"的问题，但是，据我观察，我这种心理有病的"好学生"绝非特例。比如杀了自己妈妈的北大优等生吴谢宇，一个从小到大所有人眼里的好孩子。我们不知道具体是什么心态导致了他做出这样的行为，但是，做出如此极端之事的人，不可能有一颗美好健康的心。

当然，并不是说，学习好的好学生就一定会有问题，而是想说：学习成绩绝对不能作为判断一个孩子优劣的标准，更不能作为唯一的标准。

学习成绩好，反而容易让人们只关注到那些傲人的成绩，却看不见背后的那个真实的孩子：他的感受、他的需求、他的喜怒哀乐⋯⋯

▶ 写给成绩优秀的"好"学生的提醒

从心理健康的角度来看，做一件事，是否会带来心理上的负面影响，主要需要看一点：做事的出发点，是为了自己还是迎合别人，或者说，是为了满足自己的需求，还是别人的期待。

做发自自己内心喜欢的事、想做的事，那是来自"内驱力"，那是出自于"爱"，那是为自己做的，那是在滋养和增长自己的"生本能"，自然就不会留下负面影响；为了别人的期待而做，那是出自"恐惧"，那是为了迎合别人，不是发自内心，在强迫自己去做的过程中就容易造成自我消耗和自我攻击，就会增长自己的"死本能"，当然容易扭曲心灵，遗留负面影响多多。

那为什么会有孩子不想尊重自己的感受，而一心想要迎合别人呢？

因为，一个拥有足够的安全感的小孩，自然可以安安心心地发展自我。

可是，当安全感不够的时候，不确信只是做真实的自己就可以被爱、被接纳的小孩，就自然会被迫去迎合别人的期待。

事实上，好好学习跟打架一样，都可能是吸引关注、看见的一种方式。

比如我自己，我为什么要那么努力地学习？因为，我有弟弟呀！我对爸爸妈妈爱我这件事没有信心啊！我要证明自己比弟弟更值得被爱啊⋯⋯也因为妈妈不快乐啊，我想让妈妈开心一点啊！所以，当我发现妈妈喜欢努力学习的我，我就去做这样的我好了！至于我自己喜欢什么，想成为什么样的人，对什么才是真的有兴趣学习……都通通没有精力和空间去探索。

还记得上中学的时候，我特别喜欢三毛的书。有一次，我在完成作业之后，拿出一本《撒哈拉的故事》来看，结果被妈妈发现了——在她眼里，三毛的书跟琼瑶的书一样，都是台湾人写的情情爱爱的"没用的有毒的闲书"——真的，我至今都深深地记得妈妈当时的眼神，那是一种狱警抓到犯人做坏事的眼神……然后妈妈喊了一声我的大名，说：我没想到你能干出这样的事儿！

咋说呢，我当时感觉不到委屈，我只感到无地自容——我已经不会看见自己的感受，也不会做出一个人正常的反应了，我只会从妈妈的感受去感受，我也变得对自己失望……

虽然三毛的书并不是写情情爱爱的，那只是一本游记，文笔非常好，对我写作文也大有助益，但是，作为一个乖孩子，我已经不会申辩，我只会听话。从那以后，整个上学期间，我没有读过一本"没用的"课外书。

当我自己成为妈妈，一点点走出心理创伤的阴影之后，我只做一件事：给孩子充足的空间和自由，让孩子成为独立的自己。

我绝不会以学习成绩为标杆判定孩子的价值，我支持他所有的爱好和兴趣。

他的爱好之一是收集鞋子，各种各样的运动鞋。

作为妈妈，我全力支持。

在他集鞋的第二年，有一天，他对我说：我现在对第一年收集的鞋，感觉很复杂，里面有些的性价比并不高，不太值得收藏。

我说：那如果去年妈妈没有全力支持你买鞋是不是就好了？

他说：也不是，我还是必须要经历这样一个不断成长和累积经验的过程，你如果不支持，我就不会变成今天的懂鞋的我，只是会把探索和摸索的过程延后了。

听到这样一番话我很欣慰。

他刚满 14 岁。在我眼里，教育的重点就是让孩子通过实践去发现自己，成为独立又独特的"我"，成为一个有主见的、有独立思考和判断能力的、与众不同的、不依附于他人的个体，这个自我发现和独立的过程，就像我的孩子所意识到的，越早发生越好，因为这样孩子就可以越早独立，心理上越早独立，孩子就会越早知道自己想要什么，越自信，越有力量，越能保护自己，否则，就会像表面上的"好孩子"我一样，让自立的过程无限延后，长成身体成年、心理婴孩的"残次品"。

作为一个单一的价值评判思维所培育出来的"残次品"，只有我自己才知道，别人的赞誉所带来的虚荣，与内心的压抑痛苦比起来，真的是太得不偿失了。但可怕之处在于，正因为自我的缺失，我就更依赖于别人的评价，把面子和别人的眼光看得比自己的感受更重要，而我越是在意别人的眼光忽略自己，自我就越是萎缩——恶性循环。

所以，读了这一篇的"好学生"的你，也许可以展开一场自我对话：

好好学习，我的动力到底是为了自己还是家长？

如果是为了自己，那么，恭喜你！

如果是为了满足家长的期待，那么，不妨跟爸爸妈妈说说自己的心里话吧！

也许，爸爸妈妈会因此而能看见真实的你，而不是他们期待的你。

也许，爸爸妈妈会给你讲一堆应该好好学习的大道理。

如果是这样，那么，通常，每一个像我妈妈那样，努力地逼着孩子朝单一目标往前冲的家长，可能从小他们自己也没有被鼓励做自己，没有被鼓励表达和尊重自己真实的感受，所以才会无意识地把自己的恐惧传递给自己的孩子。

你要知道，不会尊重孩子感受的家长，忽略孩子感受的家长，在意别人的眼光大于孩子的感受的家长，他们只是自己的心也生病了。

他们那样对你，并不是你的问题。

也不意味着只有符合某些标准，比如学习好，你才是值得被爱的。

真实的你，最可爱。

如果你的父母传递给你只有满足他们的期待，你才是好孩子，那是他们的问题，不是你的问题。

如果你出于对父母的爱与忠诚，无底线、无原则地迎合他们，那会让你的心受伤的。

我相信父母是发自内心地希望孩子拥有美好的人生的，但是，当一个人的心受伤，就会缺乏爱的能力。他们爱的意愿和爱的能力很可能并不成正比。

另外，还建议你去感受一下自己：学习这件事，是否也会触发你什么不舒服的感受呢？比如，感觉好枯燥，学习的方式里面有不适合你的，作业太多带来很大的压力感，等等。

总之，你要学着疏导自己的情绪，一个人只要自己站在自己这边，自己可以听见自己内心最真实的声音，可以为自己发出真实的呐喊，那么，这个人的心理就不会积压负面能量，就不会出现心理问题。尊重自己感受地去做每一件事，包括学习，有能力随时去发现、表达、改进里面不适合自己的部分，是一种非常重要的能力。

还有，孩子就是孩子，你不需要拯救父母。

如果父母不开心，那也不是你的错，你不需要为父母的情绪负责。

请记住：

孩子不需要为成年人的情绪负责，孩子的情绪和感受却值得被成年人看见和尊重。

如果反过来，就是一个孩子人生里的灾难。

学习好，当然好；不过，学习好，并不是人生幸福真正的保障——身心健康才是。

祝福每一位"学习好"的"好学生"，不仅学习倍儿棒，而且身心健康！

请滚开，性别偏见和性别期待：

『我害怕所有男人』

很多人觉得他们在思考，

而实际上，

他们只是在重新整理自己的偏见。

——威廉·詹姆斯

从一个案例讲起

一位三十几岁的女性来访者，她有一个很顽固的"病"——恐惧男人。

当然，准确地说，她是恐惧全部的人类，但是，对女性会好很多，面对男性，她会变得十分紧张，紧张到完全不能表现真实的自己，强迫自己做到乖巧、懂事……说话也会完全迎合对方，甚至强迫性地不能允许出现任何冷场……有时，会紧张到说话结巴……为了控制自己不表现出巨大的恐惧和慌张，她就努力地压抑自己紧张的感受，慢慢地，她的身心都出现了问题：胸闷、上不来气、脊柱痛、躁郁症……

当我们一点点深入到她过往的生命，问题产生的根源开始慢慢浮现：她的妈妈是一个没有自我，整日以男人的感受为中心活着的女人。她的脑海里总是出现妈妈的声音：你是女孩子，你就应该乖巧懂事……你是女孩子，你怎么可以大声讲话……你是女孩子，你必须文静一点儿……你是女孩子，不能提出要求……你是女孩子，你怎么不好好配合别人……你要那样做那样做爸爸才能喜欢你……

所以一遇到男人，她的神经就立即紧张起来……

▶ 无论你是男孩，还是女孩，都可能遇到那些限制你的偏见

亲爱的孩子们，不知道你们有没有发现，这个世上有一种让人讨厌的东西，

叫作"偏见"。跟性别有关的偏见，是其中比较顽固的一种。

身为女孩，更容易在生活里猝不及防地遇见它。

比如，时至今日，依然有一些家长重男轻女，更喜欢男孩，认为生男孩比生女孩好。

跟性别有关的偏见和角色期待，可以说是形式多样，数不胜数：

"上了高中女孩的成绩就容易下降，没后劲儿"

"女孩理科一般不如男孩好"

"女生的方向感不好"

"小姑娘家家的就应该文静点，喜欢踢足球怎么行，还有没有个女孩的样子"

……

其实，不仅是对女孩，"角色期待"同样对男孩也有束缚和伤害。

"男子汉，就要坚强，哭哭啼啼像什么样子"

"男孩喜欢粉色就是娘娘腔"

……

其实，男孩和女孩并没有那么多不同，即便有不同，也没有优劣之分。这些刻板、僵化的性别偏见其实是一种束缚，是加在我们所有人身上的枷锁，对女孩、女性不公平，对男孩、男性也不公平。

我们每个人都是独一无二的个体，怎么能仅仅因为别人的偏见就成为什么样的人呢？

无论你是男孩，还是女孩，都不需要相信那些限制你的偏见。

哪怕，用那些偏见来要求你的，是你的父母。

我知道，冲破这些偏见，对一个孩子来说，不是那么轻松的事情。因为小孩子是看不见自己的，常常要通过父母的眼睛来看见自己、认识自己。

但是，我们要知道，其实，父母也不总是对的，父母可能也有自己认知的局限。

▶ 当性别偏见来自身边最亲近的人，我们该如何摆脱

如果父母本身有性别偏见或性别期待，比如，身为女孩，却有重男轻女的爸妈，那么，我们该怎么来帮助自己摆脱这份创伤呢？

首先，你 定要知道：身为女孩，绝对不是你的错，更不代表你不值得被爱。错的，是怀有偏见的那些人。

你，不需要变成男孩；

你，不需要跟男孩比较；

你，也不必刻意去证明自己。

然后，亲爱的宝贝，如果你愿意的话，可以试着做一下下面的心理小练习：

请回想一下，在你的生命里，有哪一个时刻，父母或家人做了什么、说了什么，让你感觉到他们更喜欢和重视男孩？或者，让你感觉到他们对你有性别的期待？

接下来，请你试着回到那个时间点，看看那个时间点的自己，如果可以真实地表达自己的心情，会说些什么，做些什么呢？

不要小看这样的一个心理练习，它可以帮助我们把受到伤害时，压抑起来的情绪疏导掉，让我们学会相信自己的感觉、表达自己的感受，学习拿回自己的力量、为自己发出声音，这样，我们才能不那么容易被别人伤害和影响，才能保护自己的身心健康。

举个例子吧！

有一位高中女孩，在做上面的练习时，她回想起有一次父母骂她，原因是当时还是小学生的她，做完作业跟同学一起到足球场玩耍，结果回到家衣服都弄脏

了。回家的时候正好有爸爸的领导在，爸爸妈妈觉得像假小子的她，没有一点女孩该有的淑女、乖巧、懂事的样子，于是领导走了之后，就狠狠地骂了她。

她让自己回到那个事情发生的时间点，她去感受那个时候的自己，她觉得自己好委屈，也好愤怒，同时，也非常非常的恐惧。

她试着替那个时间点的自己表达心声，她想象那个时候的父母就在自己的面前，她说：为什么女孩不可以踢足球？踢足球让我快乐，这有什么不对吗？衣服弄脏了可以洗干净啊！我的快乐就这么不重要吗？我没有做错什么，为什么要骂那么难听的话？你们知道我有多伤心、多害怕吗？从那以后，我再也没有玩过足球，我变成了一个察言观色讨好你们的"乖女孩"，可是你们知道我有多难受吗？如果连我的父母都不接纳真实的我，那么，谁会接纳我呢？

她看到了自己一直以来的自卑、压抑和恐惧来自哪里，她也意识到为什么自己一点点丧失了热爱生活的能力，为什么自己总是觉得自己不可爱，也不配爱，为什么自己总是抑郁不快乐……她哭了好久好久。

我还在一次咨询里，遇到过另外一位女孩，她在这个小练习里，回忆起父母因为重男轻女，心里向往男孩，又因为独生子女政策的原因，不能再生男孩，于是，就从小强迫身为女孩的她穿反性别的男孩的衣服。她回到这样的一个时间点，然后，哭着喊出了当年的那个小小的自己没有胆量发出的声音：我不想穿男孩的衣服！我不是男孩！我要做回女孩！为什么让我穿男孩的衣服？你们知道吗，这会让我在举止上也想满足你们的期待，逼着自己用男孩的方式生活，可是，我的心都痛苦死了！我很迷茫，你们知道吗？我不能接纳我自己，我讨厌我自己，你们知道吗？我很生气！为什么你们生了我却不能接纳我的全部呢？你们喜欢男孩，让我潜意识里觉得自己不被欢迎，觉得是自己占了你们孩子的位置却不是合格的孩子，你们并不欢迎我，这让我从很小的时候就想杀死自己，你们知道吗……

她也一样，哭啊，哭啊，哭了很久。

这样的小练习，能帮助我们在自己的心受到伤害的时候，不去压抑自己，让那些被残忍地压抑下来的感觉可以被表达和释放出来。否则，这些被压抑的感受就如同压抑在身体和心理上的毒，会持续地伤害我们，我们就真的可能因为别人的错误，而轻视自己、否定自己、扭曲自己。

作为孩子，我们当然需要来自父母的关爱、肯定和保护，可是，当有些时候，父母没有站在我们这边的时候，只要我们自己可以相信自己、看见自己、尊重自己、爱护自己、站在自己这边，我们的世界就不会陷入混乱。

而对有重男轻女偏见的父母，或者抱持着性别期待的父母，希望你能意识到，不能被父母接纳、肯定，对一个孩子的心理来说，是一种巨大的伤害。

孩子，是没有出生选择权的。

女孩，不是累赘，不是次品。

她们，值得得到爱护，得到公正，得到温暖。

从小不给孩子爱和尊重，长大之后他们就会不知道什么是真正的爱和尊重。

在重男轻女家庭长大的女孩，心理上会留下很多创伤，比如，她们可能会在潜意识里想证明自己不比男孩差，行为举止倾向于男性化，心理上背负重担，找不到自己的性别角色定位，恐惧男性……失去自我的女孩，也更容易在亲密关系里缺少价值感，自我牺牲，成为男性的猎物……

爱不应有性别差异。无论你的孩子是男孩还是女孩，都请不要用你自己的偏见，亲手毁了自己的孩子。

如果你不能接纳自己孩子的性别，那么，去试着看看自己这些偏见背后，有着怎样的跟性别有关的创伤吧！比如，是否身为女孩，你的童年也有人告诉你"女孩没有价值""女孩要懂事、乖巧、能干才有人喜欢"这样的信念；是否身为男孩，你的童年也有人在你摔倒受伤的时刻，告诉你"男孩要坚强！男孩不许哭"……

这些，不管你有没有意识到，都是不讲理的性别偏见。

男孩子也可以玩洋娃娃，

女孩子也可以开小汽车；

男孩子也可以喜欢粉色，

女孩子也可以喜欢蓝色；

男孩子也可以脆弱哭泣，

女孩子也可以坚强勇敢。

我们是男孩，我们是女孩，但是，更重要的，首先我们是一个人。

我们不需要为那些僵化的标准而活。

无论你是男孩，还是女孩，都请那些混蛋的偏见滚开吧！

你，有权利用自己的心意创造人生；

你，值得一切美好，为你而来！

身体残障，该如何面对人生：
『我不想让脑瘫的儿子去上学』

我出版了好几本自己的书。

我通过我的书告诉大家：

我有选择，你也有选择。我们可以选择
对那些令人失望与不足之处念念不忘，
可以选择苦涩、愤怒或悲哀；或者，在
面对艰难时刻和那些对我们心怀恶意
的人时，我们可以选择从经验中学习，
然后继续往前走，为自己的快乐负责。

——天生无四肢的力克·胡哲

从一个案例讲起

六年前，一位脑瘫孩子的妈妈来求助，她的困扰是：

我的儿子六岁半，他出生就患有脑瘫，肢体经常会出现抽搐，行动上会走路不稳，很费力，我教他写字，因为手抖动，所以写得也慢……我知道孩子的智力是可以的，孩子自己很想上学，去跟学校沟通，学校也愿意接收孩子，孩子走路费力，他爸爸说会每天送孩子去学校……可是，我不想让孩子去上学。这些天我一直失眠，一睡觉就梦到孩子在学校被其他孩子欺负、嘲笑，我梦到孩子被打，我梦到孩子痛哭……我觉得孩子在学校无法保护自己，我怕孩子还意识不到上学可能面临别人不一样的眼光，我怕孩子心理上承受不了……从知道他是脑瘫儿的那天起，我就下决心要一辈子好好保护他，不能让我儿子被别人欺负、受委屈……我发誓要努力赚钱，让我儿子一辈子不需要面对社会和他人的眼光……可现在的情况是，孩子自己想走出家门，想进入正常人的世界……我好害怕啊，没有人保护他，他受伤害怎么办？他能行吗？我对他没有任何要求，我只希望他平平安安，不被伤害……

作为心理医生，我当然不能替来访者去做决定。但是，我试着陪她深入内心，让那些恐惧、焦虑表达出来，通过深入这些情绪，也让她深埋在潜意识里的创伤暴露出来，再一点点修复……

大约一个月后，妈妈发来信息说：孩子上学一周了，头三天是我陪他在学校的，后几天我没有去，孩子适应得很好。能进入正常孩子的世界，他好开心……有个调皮的孩子学他走路，他也能很淡定地面对和处理……我真的感觉自己好像从来都不认识他一样，我第一次意识到原来我努力保护的孩子并不是我想象的那么脆弱无能……我现在真的非常清楚地意识到，那些对孩子的担心，完全都是我自己的问题，是我内心的创伤，把困难和恐惧无限放大，然后投射到孩子身上……我那么努力地想保护孩子不受伤害，可是，却没有意识到，那个阻碍孩子健康成长和幸福的人，居然是我自己……因为我自己害怕，我就不想给孩子走出家门的机会，不想给他尝试的机会，我居然差点用自己的担忧阻碍了孩子未来的无限可能……我当时怎么那么固执啊！现在想想都后怕……

　　而刚刚得到的消息是，这个孩子，以全校第二名的成绩，考入了重点中学……

▶ 这个世界本来就是多样化的，并没有什么是绝对的"正常存在状态"

　　身体残障的孩子，是一群特殊又不特殊的孩子。

　　说特殊，是因为，如果说每个人都是一只苹果，也许因为我们的身体太香甜了，于是就被上帝咬了一口；说不特殊，是因为，无论我们的身体跟其他人有什么不同，只要拥有一颗健康的心，我们跟所有内心健康的人一样，都可以美好地活着，享受生命。

　　不管因为什么原因，我们被上帝咬了一口，但是，这都不是我们个人意志能做出的选择，更不是我们做错了什么而被惩罚。事实上，这个世界本来就是多样化的，并没有什么是绝对的"正常存在状态"。

记得几年前，在《中国达人秀》的舞台上，我深深地被一位无臂少年用脚弹奏出的美妙的钢琴声所打动。

我自己也曾经非常想学弹钢琴，可是，最终却被身边的人和自己设置的一些限制，给吓得打了退堂鼓：手指不够长啊、家里没人有音乐天分所以我也没这个基因啊……可是，当我听到这位少年的琴声，我才意识到当年自我设限的自己有多蠢。

好奇心驱使下我到网上去查了关于他的资料，原来，他叫刘伟，10 岁时，和邻居家的小伙伴一起玩捉迷藏，跑进了一个简陋的配电室想躲得更隐蔽一些，结果碰到了配电室里裸露的高压线……

由于这个事故，他不得不告别自己喜爱的足球运动，不过他迅速恢复了对生活的信心，挑战自己，开始学习游泳。两年之后，他在 2002 年全国残疾人游泳锦标赛中摘取了两枚金牌，一枚银牌。

刘伟从 19 岁开始学习钢琴。最初学习弹钢琴，是因为妈妈说："儿子，你没有什么和别人不一样的，别的孩子能干的事，你都能干！"别家的孩子能用手弹钢琴，无臂的刘伟就用脚弹，很快就达到了钢琴七级的水准。

读到这里，你有没有像当年的我一样，觉得他妈妈简直太了不起了？

我不就是被身边的人说的那些"你的手指不够修长"之类的话，失去了去尝试的勇气嘛！其实，我的手指并不是很短啊，再短也不会比脚趾短吧！可见，对于孩子来说，父母家人的话对于孩子有多么重要的影响！

这也说明了，我们做一件事的真正障碍，并不是外在的困难，而是内在的认知。如果我们被偏见所局限，觉得千难万难，那么，可能就会连尝试的勇气都会没有，遇见一点儿挫折就会止步不前；可是，我们如果带着欢喜尝试的心，单纯地去尝试，不自我设限，真的每个人都有无限的可能。

▶ 心理不设限，人生就会拥有无限可能

　　身体上的残障，确实会给我们的生活带来一些不便，但是，这些不便到底会有多严重，更多的时候，跟我们自己心里的投射有关。如果，我们生活的环境里，家人传递给我们的信念是积极的、不设限的，那么，我们就会更愿意去跟着自己的兴趣去尝试，就不会像当年的我一样，对想做的事情做出悲观的预期，被自己的不自信打败。

　　但是，亲爱的孩子，无论是你身体残障还是无残障，我们都有一种可能，就是遇见像我家人那样，给孩子的人生预设障碍，把自己的恐惧、担忧、局限投射到孩子身上的父母，对不对？那么，如果我们遇到这样的父母，难道就像当年的我一样，乖乖地放弃自己想尝试的事情吗？就这样被吓住，活在无法跟自己想要的一切在一起的无望里吗？

　　当然不！他们的悲观和局限，并不代表事情的真相。不去尝试，没有人有资格去预设事情的结果，每个人都有跟随自己的心去尝试喜欢做的事情的权利。

　　但是，不可否认，他人的影响对一个孩子来说是很大的。所以，如果有人试图用自己悲观的心态来影响你，甚至有人质疑你、否定你时，你要知道，无论你的身体状况如何，你都是一个独一无二的个体，你有着和别人完全不同的兴趣、爱好、潜能所在，也有着和别人完全不同的内心体会，你的需要与渴求，能触动你生命活力的那个点，和任何人都不同——哪怕是爸爸妈妈，也不能代替你去感受、判断和决定。没有任何人有资格评判你，也没有任何规律可循。这个人生是你的，什么是适合你的路，必须由你自己跟随内心去探索和发现。唯一有发言权和选择权的，只有你自己。

　　在这个过程里，如果你感受到恐惧、委屈、伤心、愤怒……那么，也不必逼着自己必须做到坚强。就去陪着自己去经历那些感受，像个朋友一样倾听那些感受和对你所有的诉说。就算身外没人理解，也要自己倾听和理解自己，站在自己这边。

其实，身体是有代偿功能的。比如，盲人的听力比正常人更敏锐，盲人能更精确分辨声音来源；失聪的人具有更好的视力……就像那句话说的：上帝关上了一扇门，必然会为你打开另一扇窗。身体残障带来的局限，如果我们用心去寻找，就可能会发现这背后，也有着所谓"正常人"得不到的礼物。

我知道，时至今日，依然有人喜欢给人贴标签，用主观的刻板印象来评判别人，给别人下定义。

不只是残障人群，只要是"少数群体"，比如单亲家庭，就都有可能承受比多数群体更大的压力和偏见。

但是，跟别人不一样，并不是错，也不是一个诅咒。相反，这可能是一个祝福。

成为跟多数人不一样的少数，会帮助我们更深刻地思考人生、认知世界、了解他人、懂得自己，让我们超越普通人的认知水准，意识到并没有那么一种绝对正确、标准的生活状态，让我们的心富有感受力和弹性，更能在任何状态下都爱惜自己，接纳和疼爱跟别人不一样的自己。

而一个人，如果意识不到这些，去追求一种绝对正常、正确的生活状态，反而可能变成一个从众的、愚昧的人，跟着别人的眼光跑，被别人的评价所局限。拥有这样的一颗心，才是真正的残障，这样的人生，才真正可悲、扭曲、有病。

海伦·凯勒，是一位集盲聋哑于一身的女子，但她却是最伟大的感官享受者。

没错，是享受者。

当她把手放在收音机上欣赏音乐时，可以分出小号与弦乐器的不同，她可以倾听色彩缤纷的生命故事沿着密西西比河倾泻而下。

不仅如此，她还长篇大论地写下生活的香气、味道、触感、感觉……

虽然她残障，但却比许多人都生活得更精彩丰富和深刻。

她的存在，向我们展示了一个伟大的真理：

生命的品质，是由你拥有一颗怎样的心决定的，跟身体状况并没有必然的联系。

向我们彰显这个真理的残障者真的太多了。我最喜欢的一位影评人，名字叫作罗罔极。刚刚 20 岁出头的他，已是多家媒体的特约影评人和特约作者。他还有另外一个身份，就是肌萎缩性脊髓侧索硬化症（即俗称的渐冻症）患者。医生预言，他很难活过 3 岁，即使能够不死，也将终身瘫痪。结果，从不放弃对未来的希望和期待的他，创造了医学奇迹，医生说，只要坚持用药，他就可以拥有与常人相当的寿命。

不仅活下来，连幼儿园都没能顺利毕业的他，还在家里凭小霸王游戏机，自学了识字和拼音。然后靠写稿，他拥有了养活自己和家人的能力。他在采访中说：

"2018 年底，我们全家人搬进了市中心的房子，买房、装修的费用都来自我写影评的稿费。搬家当天晚上，母亲看着新家的陈设，坐在床边，掉了眼泪，她从来没想到，有一天能住进儿子买的房子。"

他为自己取名"罔极"，因为"罔极"的意思，与"无极"相近，就是"拥有无限的可能性"。

看，如果一个身体看起来很健全的人，像曾经的我一样，活在自我设限里，总觉得自己不行，那么，这样的人，就拥有了一颗残障的心。心灵残障才真的可怕，因为这样的心会不敢尝试生命的各种可能性，宁愿活在阴暗中；可如果一个人，身体看起来是有残障的，但却不自我设限，也充满力量，不被别人的否定和评判所影响，敢于尝试，跟随内心，尊重自己的感受，那么，这样的人，就拥有了一颗健全的心。

心灵健全，人生哪怕暂时遇到一些路障，又怎么样呢，谁能杀死一个用希望和好奇超越了恐惧的人呢？

拥有健全内心的人，生命必将迎来耀眼的光明。

亲爱的你，无论拥有怎样的身体，都不要放弃去拥抱无限可能！

『我无法信任任何人』：当爸爸妈妈选择分开

生活真是充满阳光的

我妈妈让我吃了蛋

上补习班 成绩单 拿来看

好难好难 好难好难

爸爸妈妈又吵了起来

我只想点开歌单

坐窗台 望着外 想未来

早已无所谓这陪伴

但我不能不能不能置身事外

妈妈妈爱你

爸爸妈妈为了你永远不分开

等你长大以后你就会明白

妈妈妈爱你

妈妈为了你这个家永远不会散

可是妈妈 这房间已满是伤害

爸爸一身酒气来我的床头

我猜他以为我睡了

我也希望我睡了

做着走出房间的美梦

拉着妈妈的手

带她环球旅游

洗净她眼里的挣扎 苦痛

妈妈 我也很爱你

但你得学会更爱你自己

——秦凡淇《不透气的房间》

从一个案例讲起

一位男性来访者，大约 30 岁，刚结婚一年多。

他的问题是：无法自控地想家暴妻子。

在找我寻求帮助的前一天，他曾经狠狠地卡住妻子的喉咙，就在差点掐死妻子的瞬间，看到妻子痛苦扭曲的脸，他才好像突然惊醒，意识到自己在做什么。

我问他：你为什么对妻子充满仇恨？她做错了什么？

他回答说：我怀疑她出轨，每次她回家晚一点，或者不及时回复我的电话，我就快疯了，我就觉得她肯定在背着我做坏事。可是，我每一次都找不到什么具体的证据，妻子也委屈得要死……但是，我就是无法停止怀疑她……事实上，我不相信任何人，对，一个都不相信……

我问他：这种不相信全世界，觉得被全世界欺骗了的感觉，最早出现在什么时候？

他说：从初中的时候，我在读初三，一次偶然在柜子里，发现了爸爸妈妈的离婚证书，其实，他们一直感情都不是很好，一直吵架，我并不是不能接受他们离婚，我反而觉得他们分开更好，可是，他们居然骗我，那个离婚证的日期是一年前，也就是说，我最信任的父母，原来一年前就离婚了，可是，他们却都住在这个家里，在我面前演了一年的戏……我真的觉得好难过，如果爸爸妈妈都这样骗我，我不知道这个世界我还能相信谁……

你看，这就是他为什么不相信伴侣、不信任整个世界的根源。

　　在传统的观念里，大家都觉得让孩子觉得自己有一个完整的家，是对孩子的保护，所以，哪怕已经离婚了，也要尽量装作什么也没有发生一样，不让孩子受伤害。岂不知，欺骗孩子，常常对孩子的伤害更大。

　　一个感觉自己被父母欺骗了的孩子，他的内在可能压抑了非常多对父母的愤怒、怀疑、失望……

　　这些能量如果没有得到健康的释放，那么，他自然就一定会在亲密关注中，把这些能量投射和发泄到伴侣身上……

　　如何健康地、不留负面影响地分离，也是一堂课啊！

　　有一个形式上完整，内里也健康、美满、轻松、愉悦，给人安全感和幸福感的家庭，当然是一个孩子来到这个世界所能遇到的最棒最幸运的一件事了！可是，事实上，总会有一些孩子，生活在一个已是满是伤害的家里。

　　当一个家里，支起这个家的两根擎天柱——爸爸和妈妈之间，出了问题，无法在一起开心地生活，那么，会有一些父母，选择"为了孩子永远不让家散掉"——哪怕这个家对孩子来说已经充满伤害。还有一些父母，则会选择离婚，分开。

　　无论选择哪一种方式，父母们可能都会觉得自己是出于对孩子的爱，所以选择一种对孩子来说最好的生活方式。

　　但问题是，很多父母的"为了孩子好"，常常是一厢情愿的自己的主观判断，并没有真正问问孩子的感受是什么。

　　孩子天然地会像海绵一样，吸收和捕捉父母的讯息——哪怕是那些隐藏起来的。

可能身为孩子的你也曾有过这样的感受：如果爸爸妈妈不快乐，哪怕是那些不明显的很难被人察觉的情绪：愤怒、焦虑、烦躁、忧虑……其实，你也是有感觉的，他们的不快乐也会成为你心里隐约的不安感。我的一位 20 多岁的来访者曾这样描述这种感受：

前些日子，妈妈告诉我，爸妈正在协议离婚，因为她不久前发现爸爸出轨了，并且事实上是出轨已经十几年了……妈妈无法接受这个事实……但我涌起的感觉居然是"第二只靴子终于落地了"——因为从很小开始，我们这个人见人夸的"幸福家庭"，我就一直觉得哪里不对。爸爸妈妈看起来很恩爱，可是，我总是觉得真相不是这样的，那种感觉就如同那个小故事说的，楼上的小伙子晚上很晚回家，习惯把靴子脱掉后扔到地板上发出咚咚两声，结果楼下的老人家来抗议说影响自己休息，第二天小伙子回到家，惯性地扔了一只靴子，然后突然想起楼下老人家的事，就把脱下的第二只靴子轻轻放到了地板上。结果，第二天，老人家又找到小伙子，说道："小伙子，你还是继续扔两只靴子吧，昨天晚上，你扔了一只靴子，我等你的第二只靴子落地，结果一夜没敢睡觉……"我听妈妈说爸爸出轨了，我虽然不开心，但是却好像那个老人家，终于可以不悬着自己的一颗心了……而且这个让人感觉不对劲儿的家，也带给我深深的阴影，我快 30 岁了，却对感情没有信心，直到现在也没有谈过恋爱……

所以，你看，生活在形式完整内里破碎的家庭，孩子并不容易感受到真正的幸福，不和谐的氛围对孩子的身心健康不利，而且也无法从父母身上学到健康的关系互动的榜样。

当父母之间的关系确实出了问题无法弥合，怎么努力也实在无法真正亲密、高品质地一起生活，那么，分开也不失为一个明智的选项。

▶ 当父母选择分开，身为孩子，如何面对才能最大限度地保护自己呢

　　首先，亲爱的宝贝，你要清楚地知道以下三件事：

　　第一，在一起，或分开，那是爸爸妈妈之间的事，与你无关，知道这一点可以帮助我们避免试图越界去掺和进去，作为孩子我们很容易有拯救父母或同情弱势一方的情结，或者想去分担他们的痛苦，但是，父母是成年人了，要为自己的人生负责，关系中的滋味只有他们自己才最明白，我们并不能代替他们去感受，如果我们参与进去只可能让这个关系的选择变得更复杂；

　　第二，只要他们都依然爱你，那么，你并没有因他们的分开而失去父母；

　　第三，父母分开，是他们的选择，不是身为孩子的你的问题，更不是你的错，也不是因为你不够乖、不够好、不够懂事，你不需要承担责任，你只要做你自己这部分就好了。

　　当然，面对生活的重大改变，连成年人都可能处理起来不那么淡定，何况对于一个小孩子呢？

　　所以，接下来，非常重要的一点就是，我们要在父母分开的过程中，觉察到懂得自己的种种感受，也最好能表达出自己最真实的感受。

　　经历同样的事件，不同的人，感受也常常是完全不同的。

　　比如父母的分开。这跟每个人的个性不同有关，更是跟不同的父母处理离婚事件时，不同的方式和态度有关。

　　有些父母所采用的方式，可能会很好地照顾到每个人，特别是小孩子的感受；但有些父母，可能就做的不是那么好。不那么懂孩子感受的父母，就可能在这个过程中伤害到孩子的心。

　　此时，我们要自己帮助自己。最重要的就是，要试着看见父母分开的事带给

了自己怎样的感受：如果有担心，我们要看见；如果有愤怒，我们要看见；如果有悲伤，我们要看见……

无论有什么情绪，我们都别压抑它们。

如果想哭，当然也没什么，就找一个安全的空间，让泪水流出来好了。

如果感受到的不是负面的情绪，而是一些正向的：觉得如释重负，甚至有些开心，那也是非常正常的。

分开，并不一定就是坏事啊！对自己感受到的情绪诚实就好了！

然后，如果，某些感受很强烈，那么，不要憋着，要学会可以试着把自己的感觉跟父母表达——表达自己的感受，别人才能看见我们的感觉，也才会知道我们需要什么啊！

还要唠叨和提醒几点——

如果你周围有人因你的父母离婚而对你有歧视，那么，你要知道，这是他们的问题，不是你的问题。你不需要为别人的眼光负责。

如果你的父母无意识地在分开的过程中给你带来了什么伤害，比如故意说对方的坏话，或者没有尊重你的感受，那么，你也要知道，你是孩子，他们是成年人，你理应被保护，被尊重，如果他们没有做好，这是他们的问题，不是你的问题。你依然值得被爱、被呵护、被尊重。

如果养育你的那个人，比如妈妈，因为离婚而情绪不佳，甚至对你发泄自己的负面情绪，那么，你可以提醒她，告诉她你的感受；如果提醒不管用，那么，你要自己学会把自己的情绪释放出来：写日记表达自己的感受啊、找可信任的小伙伴倾诉啊，甚至对天空怒吼，打打枕头啊……总之，不要压抑自己，否则会憋出病来，或者扭曲自己的心的。

总之，亲爱的孩子，你要知道，无论父母之间发生了什么，那都是他们之间的事，你都是一个好孩子，你依然值得好好被爱，你的每一个正当的需求——物质上的、情感上的、精神上的，都有权利被满足。

如果他们有做得不好的地方，你当然可以表达自己的感受，提出自己的需求，让他们及时调整。

如果他们依然做得不好，那么，这不是你的问题。不是你不值得，而是他们不懂爱。你依然是一个好孩子。不管别人如何对你，都要好好爱自己、珍惜自己、善待自己。

你依然值得被满足、被爱。

有一天，你会长成有力量有力气的大人的，你依然值得拥有美好的未来。

其实离婚并不必然伤害孩子，是不懂爱孩子的父母在有意无意地伤害孩子。

▶ 身为父母，如何在变故中最大限度地呵护孩子的心灵

既然作为成年人，已经做出了分开的选择，那么，你就要在这个过程中尽量保护好孩子，照顾到孩子的感受。而保护好孩子最大的保障其实就是你自己的心态。

你要知道，无数的案例和实践已经表明：父母离异本身，并不会导致孩子不幸福、心理不健康，而是社会上的一些偏见，比如认为父母离异，孩子就一定会受伤害、不幸福、不健康的观念，或者父母本身对于离婚这件事无法接受、备受打击，或者人格不独立，长期无法从负面情绪中走出来，并且影响到孩子，因此而忽略孩子，或者不能好好地在离婚后承担各自的责任，甚至相互用孩子来当成惩罚对方的武器……这些错误的做法，才会让离异家庭的孩子饱受伤害、充满心理负担，导致他们不能健康成长、不幸福。如果家长自己能坦然面对一切，为孩子遮风挡雨，给孩子一个安全轻松的成长空间，那么，无论孩子在哪种家庭形式

中生活，都自然没有精神上的伤害、扭曲和压力，自然就会专注地把心思和能量用在自我健康发展上面了。

父母稳定的婚姻关系固然对孩子健康地发展自己、成长自己非常有益，但是，对孩子的健康成长最重要的保障其实是父母稳定的自我、健康的心态、健全的人格。

反过来，如果一个家庭只是形式看起来完整，有爸爸，也有妈妈，可是，父母却有身心不健康，人格不独立，对孩子情感忽略，情绪不稳定，动不动就拿孩子当出气筒，把自己的情绪垃圾倒给别人，让别人为自己的人生负责，控制欲强，不允许别人成为自己，想要别人来满足自己的期待……这样的家庭，父母自身都不完整，人格不健全，自我都是残破的，即便跟另一个人组合起来，也是彼此消耗、东倒西歪，自己都活不明白，自然也难以给孩子健康的陪伴和养育，这样的家庭，外在完整，内在破碎，称不上是完整的家庭，也无法为孩子提供一个良好的成长环境。

离婚，真的不必然对孩子造成伤害。

在你自己的心态稳定的情况下，你还需要告诉孩子两件事——

第一件事是：婚姻是父母的事，我们分开，跟你没有关系，不是因为你不够乖不够好，是我们不适合生活在一起，跟你没有关系，你就做好你自己就好了；

第二件事是：我们选择分开，但我们依然是你的父母，这一点永远不会改变，我们对你的爱一点儿都不会减少。

“我们对你的爱一点儿都不会减少”——这件事，不只是说给孩子听的，如果你不想伤害到你的孩子，就一定要真正做到。

生命和情感的无常，让你无法给予孩子一个形式完整的家庭，真的也不要紧。

父母是孩子的天。孩子是通过大人的眼睛来看到自己的，不要把悲悲切切的病态的心态，投射到孩子身上。只要你自己是健康、人格健全的，或者至少陪伴孩子的是一个开明的、不自以为是的、能学着倾听孩子、看见孩子感受的、陪伴孩子不断成长自己的人，那么，你的孩子也一定可以成长为一个身心健康，有能力给自己幸福的人。

不是家庭形式完整，孩子就可以幸福；而是你有能力活得幸福，孩子才能跟着幸福。

去完善自己吧，只有这样，你才能给孩子一个真正完整的家庭，真正幸福的人生。

孩子们要的并不多。就像那首歌写的：无论形式如何，孩子最需要的，只是一个透气的、安全的、温暖的、没有伤害的房间。

请为你的孩子，创造这样的房间。

继子女与继父母如何相处：
被百般挑剔的继母

无论一份先天的关系，

还是一份后天形成的关系，

关系的远近，

都最终取决于

心与心的距离。

从一个案例讲起

　　一位 29 岁的女性来访者，是两个 1 岁、3 岁孩子的妈妈，同时，也是一个 15 岁孩子的继母。

　　当她来到我的工作室时，她的婚姻正面临着解体的危机。

　　她说：我可以接受离婚，可是，我觉得自己太委屈……我们离婚的主要矛盾是：丈夫觉得我对他与前妻的孩子不够好。还有孩子的妈妈，虽然自己不带孩子，但总喜欢在孩子面前说"她不是你亲妈，怎么会对你真的好……"这样的话。我为孩子做了什么，他们根本看不见，看见了，也不相信我对孩子的心是真的，总是喜欢寻找蛛丝马迹，挑剔我对孩子哪里哪里不用心，如果是自己亲生的孩子，就一定会做得更好……我和丈夫结婚六年了，这六年，孩子爸爸忙，孩子几乎所有的大事小事，都是我做的，我跟孩子的年龄差距小，只差 14 岁，所以，可能确实母亲的感情不是很强烈，可是，我把孩子当亲人、当朋友，我很用心地照顾他，希望他好……为什么一定要求我做得跟亲妈一模一样呢？那个标准到底是什么？亲妈自己也没有选择跟孩子一起生活，明明是我在替她照顾孩子，为什么还是在孩子面前说我的坏话呢？还有我丈夫，最让我伤心的是，他看得到我为孩子做的一切，可为什么因为我不是亲妈，就总是投射我对孩子不好呢，我觉得我对自己亲生的孩子，是一种天然的母爱，对继子的感情，可能跟亲生的孩子不一样，但同样我也是真心对他好的呀……我真的想不开，越想越伤心，现在严重失眠……

▶ 陪伴质量的高低，比家庭模式"正常"与否更重要

当我们翻开课本，或者打开电视机，看到有关家庭的内容、图片、影像，我们会发现在大多数情况下，指的都是一个爸爸、一个妈妈和一个孩子，这就是我们最常见的家庭形态。

这些都在传递出一种信息，这才是正常的家庭状态，于是让我们很多人都无意识地认为，其他的家庭形态，比如单亲家庭，有继父或者继母存在的重组家庭，领养家庭，就都是不正常的，进一步，就会默认形式上不正常的家庭，就对孩子的身心成长不利。

但事实并非如此。

心理学表明，一个孩子的身心健康最重要的影响因素，是抚养者是否能给孩子健康的陪伴，尊重孩子的感受，满足孩子的正当需求，给予孩子健康的成长空间，与家庭形态并没有必然的联系。

所以，不管身处何种家庭形态，只要陪伴孩子长大的人本身是心态健康的，孩子就可以健康成长。

有一个误区是：大家常常会用亲生父母的标准来要求继父母，就像我们案例里面的那位丈夫，明明妻子对继子已经很用心了，可还是希望孩子得到一份跟亲生母亲一模一样的爱，有时，甚至会把自己孩子没有生活在一个"完整"家庭的遗憾，希望通过继母做得完美而得到补偿。但是，这种想法就是没有尊重事实：继父母不是亲生父母，而是一份新的家庭关系。

很多时候，恰恰是这种"亲生父母可能会怎么对孩子，但继父母就做不到"的比较，制造出很多的家庭矛盾。

如果放下"一定要跟亲生父母一样"的执念，事实上，人和人之间，孩子跟

养育者之间，只要真心地、平等地相待，只要在彼此面前可以安心地做真实的自己，尊重对方的感受，就都可以建立起真正亲密的联结，不管对方是谁。

反过来，如果彼此不能真心相待，看不见真实的对方，总想让对方满足自己的期待，总想控制、压抑、否定、批判……对方，不想满足对方，甚至打骂对方，那么，不管什么关系，哪怕是有血缘的关系，哪怕是亲生父母与子女，也是无法建立起真正亲密、有爱的联结的。

所以，继父母和继子女，跟亲生父母与亲生子女一样，说到底都是一份人与人之间的关系。

▶ **后天关系相处的秘诀**

只是这份关系跟亲生父母不同，这是一份后天的而不是先天形成的关系。既然是后天的关系，那么，就不必要求它一定要相处得像一份先天的关系一样，就尊重这个事实，彼此才不累——

·给彼此一个自然的相互熟悉、了解的时间；

·在相处的过程中，都试着可以真实表达自己的感受，毕竟，你不表达就没人能知道你的感觉，只有表达出来，才可能让彼此舒服；

·不要试图取代亲生父母，彼此尊重，保持好个体的边界，然后顺应彼此的天性，合得来、受到邀请就多参与对方的生活，否则就保持健康的距离。

如果一个孩子的父母都很负责，哪怕是形式上分开了，不能跟孩子一起生活，但是能在物质、精神、情感上，继续给予孩子健康的滋养，那么，孩子当然就是有自己的爸爸妈妈的，他并没有因为父母婚姻关系的解体而失去父亲或者母亲，他当然可以健康地成长。继父继母的存在，其实是多了一个或者两个帮助孩子的亲生父母照顾和爱护孩子的人。

　　亲生父母那一方也应该多理解继父母对孩子的爱护和照顾，不要老想拿着亲生父母的标准来要求继父母。

　　当然，如果亲生父母本身就是不健康的、不会爱孩子的父母，那么，无论你给孩子的家庭形式上是什么样的——完整的或者是重组的，其实，你的孩子都会因你的不懂爱而受伤。

　　无论家庭的模式如何，无论亲生父母还是继父母，任何人都没有资格忽略孩子的感受，在物质上、精神上、情感上否定孩子的需求，打骂孩子——这些才是家庭功能不良的标志。

　　所以，亲爱的孩子，如果你生活在有继父母的家庭，这本身并没有什么"不正常"的。

　　你依然有权利安心地做你自己，依然有权利被满足、被尊重、被爱。

　　如果没有被满足，你有权利表达自己的感受，向值得信任的人求助。

　　如果周围有人喜欢给别人贴标签，用有色眼镜来看人，那只能说明这个人非常肤浅。

　　如果你因为周围人的眼光，而产生了"我好可怜"之类的情绪，那就释放和表达它们就好了。

　　这里特别想提醒一下没有陪伴孩子成长的那一方家长：孩子不是属于任何人的，他不属于爸爸，也不属于妈妈，他只属于自己。所以，我们做一切事情的出发点，都不能以自己为中心，而应以孩子为中心。千万不要对孩子有占有欲，生怕另一个人取代了自己在孩子心中的位置，甚至在孩子面对故意说继父母的坏话，给孩子与继父母的关系制造障碍。多一个人关心、照顾、爱护你的孩子，这对孩子来说是好事啊！你只需要做好自己这部分就好了，尽你的所能，继续给孩子提供最大限度的爱，这才是对孩子来说最好的事。孩子的心都是雪亮的，谁真的爱他，对他好，他就自然会跟谁建立亲密的联结，他就自然跟谁亲近。

　　每一个孩子，都如同一株幼苗，这株幼苗想健康成长，就需要充足的阳光、雨露，不管这些阳光、雨露是谁提供的，不管园丁具体是谁，都不重要，重要的是这些生命必需的养分都供应充足，就可以了。不管是生长于什么形态的家庭，给孩子爱、尊重、理解、支持、鼓励、赞美、自由——这些孩子成长必需的阳光、雨露，你的孩子啊，想不健康都不可能啊！

第六部分：

人生中不可不知的几件事

当生命里发生分离与失去：
我想把一岁多的孩子送去寄宿

心理上有一个重要的情结

叫作未完成情结

如果我们没有真正在一个关系结束时

从心理上完整面对所有的情绪

那么

压抑到潜意识里面的情绪

还是会吸引来类似的剧情

以便在灵魂里

画一个完整的圆

让创伤真正得以疗愈

从一个案例讲起

　　一位年轻的妈妈，非常"爱"自己的女儿，想把最好的一切送给自己的女儿：最好的衣服、最好的房子、最好的教育……在女儿一岁多的时候，为了给女儿"最好的"教育，想把女儿送到一所昂贵的全托幼儿园。

　　可是，对于一个一岁多的孩子来说，"最好的"幼儿园，真的比"亲生父母"的陪伴，更重要吗？

　　当我们深入她的童年故事，真相就浮出了水面：原来，她自己的妈妈，也是在她不到两岁的时候，把她寄养在别人家里。一个小小的孩子，没有人问过她的感受与意愿，就被迫与妈妈分离，去适应一个陌生的环境，这其实是一个巨大的心理创伤。

　　那个小女孩，压抑了太多恐惧、委屈、伤心、愤怒……这些压抑在潜意识里没有得到修复的创伤，驱动她在自己的女儿身上去创造一个轮回：被迫与妈妈分离、被抛弃的剧情与痛苦，在女儿身上重新上演一遍。

　　人，怎么对待自己内心的那个孩子，就会无意识地怎么对待自己外在的孩子。

　　那个在别人家里瑟瑟发抖、迎合讨好别人的小孩子，也许无数次压抑自己的各种感受，不敢为自己发出声音，不敢提要求，不敢任性，给自己讲道理让自己忍耐下去……这些做法，对一个人来说，会带来严重的身心创伤。这些创伤从没有被真正看见，妈妈就携带着这些创伤生活着，所以，哪怕她在意识层面非常想爱自己的孩子，给她最好的，可是，因为自己的创伤，她无法感知孩子的需要，以至于把自己认为的好强加给孩子，给孩子制造了人为的分离。她的潜意识，也在试图借助女儿来疗愈自己。

你看，这个案例印证了那句话：大自然是非常有耐心的，所有你不愿意面对的功课，都会遗留给你的孩子。

这个案例里的妈妈，当她意识到自己在无意识地制造轮回的时候，马上就打消了送女儿寄宿的决定。

但是，案例里面妈妈的童年所经历的分离，却是每分每秒都在实实在在地发生在一个又一个人身上的。如果，不能及时地、健康地处理分离与失去所带来的心理影响，那么，这些积压在潜意识深处的创伤，就会给我们的人生制造很多问题。

现在，问题来了：当生命里发生分离与失去，我们该如何应对？

▶ 生命是流动的过程，生命是不停地与未知相遇

亲爱的孩子，不知道你意识到没有——生命，其实是一个流动着的过程，在这个过程里，我们在不停地与未知相遇。

既然是流动的，那么，就会不停地有些东西流进来，也会自然地有些东西流出去。

有获得，也会有失去；

有相聚，也会有分离；

有出生，也会有死去；

……

万事万物，流转不息。

对于孩子，有时也会与一些分离与失去的事情相遇：出国留学啊、移民啊、被寄养在别人家里啊、寄读啊、有人离世啊、转学啊、父母离异啊、父母因工作原因不能陪伴孩子啊……

那么，如何去面对生命里跟分离和失去有关的课题，就是每一个人，而不仅仅是我们孩子要去学习的功课。

其实，最好的处理方法，就是最自然的处理方法：真实地在那些分离与失去的事件发生时，经历那个自然的情绪起伏的过程，完整地感受事件带给我们的感受，让内心最真实的那些情感可以表达出来——无论那些感受是什么，都有表达自己的权利：哀伤、愤怒、恐惧……或者兴奋、期待、祝福……

如果我们被告诉应该坚强，或者没有一个空间可以让那些真实存在的感受表达，那么，我们的心就可能因此而受伤，留下对一生都有影响的伤疤，我们就可能被卡在那些分离或者失去的事件所激发却没有得到表达的感受里，对未来的人生投射自己的不安全感和恐惧，无法真正走出失去带给我们的阴影。

▶ 当孩子的生命里发生分离与失去，父母们不可不知的事

这里想郑重地提醒一下父母们——

有些成年人会自以为是地认为小孩子什么都不知道，他们是没有感受的。

所以，对于发生在他们身上的事，不需要征得孩子的同意，甚至不需要问他们的意见。

但真实情况当然是：孩子都是有感受的，甚至他们的感受比成年人还要清澈、干净和敏锐，他们什么都知道。

如果，我们忽略孩子的感受来决定一些跟孩子有关的事情，那么，就很容易会对孩子幼小的心灵带来巨大的伤害。

我们更不能只是把孩子当作自己的所有物来对待，而是要当成一个人——独立的人来尊重孩子。

当孩子的生命里发生那些我们主观上无法左右的分离事件，比如，亲人的离世，此时，我们需要做的，就是在事件发生时，陪伴在孩子身边，允许孩子表达出自己的感受，给孩子足够的安全感。

但是，还有很多时候，孩子生命里发生的一些分离和失去的事件，本身就是父母的决定而带来的，比如寄宿、留学、转学……

建议做这些决定之前，一定要倾听一下孩子的心声。否则，生命越早期的分离事件，越容易给孩子造成严重的分离焦虑、不安全感、被抛弃创伤。

我知道，当你决定把孩子交给爷爷奶奶或者外公外婆带，可能确实是因为工作忙；

当你决定送孩子出国留学，可能确实是想让孩子有机会接触一个新世界，拥有一个更美好和更多可能性的未来；

当你决定离开家出门去打拼，可能确实是想给孩子一个更好的生活……

但是，如果你在这么做的时候，没有关注到孩子的感受，或者逼着孩子去做到"坚强"，那么，你的孩子就可能要经历心理上被称为"童年期情感忽视"的创伤。

童年期情感忽视——简称 CEN (Childhood Emotional Neglect)，是由临床心理学家 Dr. Jonice Webb 提出的一个概念。指的是一种由于父母没能给予孩子足够的情感回应所造成的创伤。

Dr. Jonice Webb 总结情感忽视的表现"有多种形态，从父母对孩子期望过高，不关注子女的真实心声，到忽视孩子的情感体验，造成他们的低自尊与自卑……父母是孩子的一面镜子——这不仅仅是指榜样作用，亦是指孩子能从父母那里找到回应和反馈。

而情感忽视下的孩子得不到回应和反馈，他们发出的所有信号，喜怒哀乐，都如同投进了深不可见的海底，没有回音。"

当一个孩子的人生面对分离和失去这样重大的变化时，如果父母忽视孩子的感受，甚至粗暴地做出决定，要求孩子去适应，那么，太多的案例说明：这真的是一种非常严重的"童年期情感忽视"创伤了。

以下摘录的是研究人员总结的，一些典型的童年期情感忽视留下的后遗症（包括但不限于以下的情况）：

1. 自我价值以及自尊缺陷

童年期情感忽视的人通常会表现出"低自尊"，一个人自尊以及自我价值的形成和你的家庭密切相关。你在家庭中成长，观察，反馈，被爱，被赞扬，被指引和鼓励。

但当父母因为种种原因没能提供这些时，你的自我价值以及自尊就很有可能受损。于是，在成长的过程中，你可能会觉得自卑，得不到支持，很容易被打倒，气馁，孤独，丧失归属感。

2. 表达障碍

无法明确自己的感受与需求，更无法对外界表达出来。在意识到自己有对于爱、关怀和赞扬的需要时，觉得这是羞耻的，自己是不值得的，是需要被隐藏的。

3. 感觉被剥夺，有缺失感

在潜意识里，你总觉得自己缺乏了某些东西，但又难以名状。你也有可能觉得自己的生活中缺乏各种东西：爱、乐趣、金钱等等。更极端的情况，可能是觉得自己的生活空虚无意义。

4. 抑郁

一直以来，抑郁都和丧失、剥夺感、需求不被满足、低自尊、缺乏支持、无法明确的痛苦和失望等因素相关。因此，抑郁也是童年情感忽视的一个常见后果。

5. 成瘾行为

童年情感忽视会造成孩子对生活丧失控制感，因此，一些人会转而从成瘾行为中寻求慰藉，重获控制感。比如食物成瘾、进食障碍、爱情成瘾、性成瘾等。

而这些后遗症在我个人的临床咨询里，一再得以印证。在我自己的另一本讲心理疗愈的书《唯有痛苦从不说谎》里，我写过这样一段话：

为了避免感知到痛苦的感觉和想法，他们会把自己的感受功能调低——就好像把音乐开得很大声，故意让自己听不见声音，只不过这个声音是自己内在的感受和感觉。

但是，情绪作为一种真实存在的能量，是无法被压抑掉的。

压抑到身体里面的情绪，会让人能量变低。比如，被压抑起来的沮丧，会改变人体内的化学成分，让荷尔蒙、酵素和神经传导素等分泌缓慢，而这些成分又是能让身体和心里觉得有能量和快乐的因子。于是，越压抑沮丧，快乐因子分泌就越缓慢，恶性循环之下，就会让人卡在越来越没有生气、痛苦、生无可恋的状态中。

被情感忽略的孩子，即便在物质上得到充分的满足，但是精神上和情感上的匮乏，还是很容易对身心健康造成影响。

没有被健康面对过的分离和失去，不仅可能会对孩子的身心造成伤害，还很可能给亲子关系留下严重的裂痕。比如小时候把孩子扔给老人，青春期又回到父母身边，就是一种很危险的设定，最后父母可能会发现，自己迎接回来的孩子，可能是一个自己都不认得的"陌生人"，而不是一个自己理想中的孩子，接下来，会有太多的亲子关系里的功课去完成。

分享这些，就是想提醒爸爸妈妈、养育者们，不要忽视孩子的感受！是的，心理上的创伤不是完全不可以修复，是可以的，但是，就像真正高明的医生是治"未病"，一个真正爱孩子的家长，最好的做法就是在成长的过程中，尽最大的努力减少对孩子的伤害，不是吗？

如果不懂，我们可以学啊，成年人学，总比孩子们容易吧？！

不要把功课扔给孩子们，好吗？

▶ 面对出国、寄养之类的分离事件，身为心理医生的我有如下的建议

决定前，一定要说清为什么，征得孩子的同意，询问孩子的感受；

过程中，一定要随时关注孩子的真实感受，让孩子遇到任何问题都可以得到支援，建立心理上的轻松感和安全感；

如果孩子适应非常困难，最好做到让孩子可以及时回到父母身边。

作为孩子呢，你一定要知道：我们有知情权，也有表达自己感受的权利，并不是乖乖听话才是好孩子。如果我们有担心、有害怕，那就说出来，不必用格外懂事来伪装自己——如果我们不表达自己，别人怎么知道我们的真实想法呢？又怎么可能得到帮助呢？就算有人不尊重我们的感受，忽略我们的感受，强加给我们什么安排，那这也不是我们的问题，而是对方的问题。不是你不值得被关注、

被爱，而是他们不懂爱与尊重。此时，我们更要自己好好尊重自己的感受，好好倾听自己、爱自己。感受力是生命里最大的礼物，也是人生里最大的防护线，它可以给我们提醒，也可以让我们体验生而为人的种种滋味，不要因为害怕就压抑它的声音，也不要因为害怕就麻木自己。

其实，分离和失去，是生命里最稀松平常的事。

带给人伤害的，并不是这些分离和失去，而是不会健康地处理这些事情的人。

面对分离和失去，我们不需要刻意做到什么，我们唯一需要的就是拿出真诚的态度去面对自己，拿出尊重的心情去面对别人——特别是心地干净敏锐的小孩子。

万事万物，永远都流转不息。

好好地跟旧的告别，才能以最好的自己去迎接新的。

就像树叶，春天里绿了、生发，秋天里又会变黄、飘落……而明年，枝头又会抽出新绿。

我们永远不知道接下来会发生什么，那么，我们只需要让自己是最棒的自己，来迎接生命带给我们的奇妙和相遇，这不正是生命值得我们期待的美好之处吗！

金钱教育：
从总是被拖欠付款的『包工头』说起

金钱教育是人生的必修课，

是儿童教育的重心，就如同金钱是家庭

的重心一样。

——教育家默克尔

从一个案例讲起

　　我的一位来访者，他的困扰是：包工包料地垫付很多钱去做工程，可是工程干完了，却总是会遇到拖欠，不能及时拿回钱。

　　我问他，这种得不到原本就属于自己的东西、被延迟满足的难受感，在之前的人生里还有什么时候有过？

　　他说，小时候，跟家长提出自己的需求的时候。

　　每当他提出自己想要什么，家长就会说："等你期末考个好成绩就给你买"之类的话……

　　结果，他的潜意识里就有了"我的要求总是被拖延的"这样的限制性信念。而这简直成了他生意中的噩梦。

　　认识到这一点之后，他的收账工作奇迹般地顺利起来！

　　生活里，很多这种我们习以为常的事，其实，背后都可以隐藏着自己没有意识到、感知到的创伤。

　　那些创伤很像穿牛鼻，我们被它们看不见的力量牵着鼻子走，却丝毫没有停下脚步想一想，没有任何质疑。

　　所以，作为家长，你要知道，你的无意识行为，其实，是在给你的孩子写人生剧本。

　　那么，你到底在帮孩子铺就坦途，还是无意识地设置障碍呢？

▶ 痛快地满足孩子的需求，会不会把孩子"惯坏"

让我们来模拟一下这样的场景。

有三个孩子，都喜欢上了一款帅气的球鞋，它的售价是 1000 元。

于是，他们都跟自己的妈妈表达自己想买鞋子的渴望。

而这三个家庭，经济状况差不多，都有二十万的存款。

第一位妈妈，拒绝了孩子的请求，并且对孩子说：我们是穷人，爸爸妈妈赚钱容易吗？你怎么不体谅父母的辛苦，想要什么要什么呢？你太不懂事了！

第二位妈妈，毫不犹豫地买了鞋子，并对孩子说：好啊，只要你喜欢咱家也能承受的，爸爸妈妈就一定会买给你的！

第三位妈妈，则这样回答：那你得乖乖听爸爸妈妈的话，好好学习！这样吧，还有两个月就期末了，如果期末考试你能考班级前三名，妈妈就买给你！

好，亲爱的孩子，如果你分别是这三个孩子，听了妈妈的话，你的感受会是什么呢？你，又想做哪个孩子呢？

同样的问题，我也想问一问家长：如果你可以选择做其中的一个孩子，你想做哪一个呢？你想生活在哪一个家庭呢？

我们每个人的感受都是诚实的，如果可以选择，我相信任何一个感受力正常的人，都希望自己的正当需求可以被及时地满足吧！

否则呢，人就会如同一颗得不到足够的阳光、雨露滋养的幼苗，再怎么想健康成长，也是不可能的啊！

我知道很多自己内在匮乏的家长，潜意识里会有"小孩子如果什么都满足他，就会变得贪婪，见啥要啥，不知节制，无法无天"这样的信念，但事实上呢，这通常只是从小没有被健康地满足过的人，被灌输的一个"妄想"。

讲一个实际的例子吧！在前面的内容里，我分享过：

我的儿子 14 岁了，他非常喜欢读书，从小到大买下来阅读过的图书应该不下千本。

小时候过生日，他最喜欢的礼物通常都是书。

后来，到了 13 岁，他又迷上了收集鞋子。

在买书上，和后来的买鞋上，以及其他方面，我从来都不吝啬花钱，只要孩子提出需求，物质上的、精神上的，只要能做到的都第一时间满足。

可能有家长会觉得我太惯着孩子，孩子会无法无天的——其实真的一点儿都不会。

孩子是很容易满足的，当他得到充足的爱和安全感，他就只是要必需的、真正喜欢的东西。前一阵子学校组织去上海研学，我给他 500 元零花钱，但是他说，300 元就够了。平时我会问他需要什么吗，他常常会说不用了，自己啥也不缺。

你看，内在不匮乏的人，不会贪得无厌的。

相反，如果一个孩子从小在物质上、精神上、情感上的需求，总是被父母忽视、否定、打压、批判，那么就很容易把匮乏感、"我不值得"、"我不配"这样的信念写入潜意识，那么，从内心到神态，都可能变得紧绷、不舒展，也容易把这种艰难感带入人生的方方面面，不仅真的可能吸引来一个辛苦、不轻松的人生，连人都可能变得卑微和扭曲。

一个人的高贵，来源于他作为一个个体，在这个世界活着，得到了充分的满足和尊重，于是他也会自然以尊重的态度对待他人，也会喜欢去满足别人，这份人性的高贵，来自童年被善待、满足的每一个瞬间，也必将会延续到整个人生的每一天、每个生活的细节中。

所以，身为成年人，在选择生育孩子之前，最好做好充分的物质、精神上的准备，这样，我们才有能力给孩子充分的爱，满足孩子成长所必需的需求，当孩子提出自己的愿望时，我们才能及时地满足孩子，不给孩子的身心带来阴影。

退一步来说，如果，在没有做好准备的时候，就选择了生育孩子，那么，当我们的能力无法满足孩子的正当需求时，那就请诚实地告诉孩子真相，对孩子说：不满足你，是我的问题，不是你的问题；不是你的需求不对不正当，不是你不值得被爱和被满足，而是我们客观上的原因无法满足你；对不起，我们会加油的。

▶ 金钱，肮脏吗？爱钱，丢人吗？你的家庭在传递"富足感"还是"贫穷感"

金钱是一个工具，一个可以帮助我们拥有更大的自由、更多的选择权的美好的工具。它当然一点儿都不肮脏，爱钱，当然一点儿也不丢人。只要我们取得它的方式是不伤害任何人的。

金钱独立是人格独立的重要的基础：什么都自己有，什么都自己买得起——这些对于一个人来说不重要吗？这难道不会给人带来一种从容和笃定吗？

身为父母，在能力范围内及时地满足孩子的正当需求，不要让孩子受困于金钱和自我价值上的匮乏，是父母能给予孩子的一份丰厚又宝贵的礼物。

其实，传递富足感甚至跟父母是否真的有钱，并没有绝对的关系。

讲一个真实的故事。

二战期间，伦敦大轰炸，一位从事心理研究的女士注意到防空洞里的婴儿却是一如既往地平静，不哭闹。在他们周边，炸弹呼啸而过的声音、地面轰隆声、防空洞里墙壁的震动声，都没能震撼到他们。理由很简单：对这些婴儿而言，世界并没有改变。他们依然在母亲的怀抱中受到保护。如果母亲从容宁静，婴儿在她的双臂中自然感觉到安全，但是，如果母亲发抖或紧张，宝宝的世界就会受到扰动、倾塌。日后，当孩子进入语言阶段，依然会深受他人情绪影响。就像电影《美丽人生》里面的爸爸，用游戏来诠释发生在孩子世界里的残忍的事，让孩子受到保护。可见，影响孩子的，常常并不是事件本身，而是养育者的情绪带给他们的感受。

这也很好地诠释了，为什么我会在咨询中遇到这样的案例：一位十几岁的孩子，因为紧张焦虑而求助，困扰他的一个担忧是：我未来会有足够的钱活下来吗？而事实是，这个孩子是一个可以称为巨富家庭的唯一继承人——看，再富有，如果父母传递给孩子的是匮乏感、紧缩感，那么，孩子也依然会活在匮乏的恐惧里，依然会遭受"心理贫穷"带来的焦虑与折磨……

▶ 身为父母，怎样做，才不会为孩子设置金钱上的限制

爱的本质就是看见对方的感受和需求，并愿意去满足。

爱绝不是要求对方来满足自己的期待和需求。

父母是孩子第一任爱的关系人，你给孩子爱的品质决定了他将来爱的品质。人生初始尝到的爱的品质，对人的一生来说，太重要了——吃到过好东西的人怎么会轻易地选择坏东西呢？

如果家长不懂、不尊重、不满足孩子的需求，他会觉得自己不值得被满足。

或者家长一边满足他，一边设置很多条件，甚至羞辱孩子一番，让孩子感受到想得到满足，是非常不容易的，是给父母添麻烦和负担的……怀着这样的信念，一方面，即便有人愿意来满足，他都有可能因为自卑、害怕有一天会失去而推开真正的爱；另一方面，伴随着的那些深埋在潜意识里的艰难感、不配得感、愧疚感……很可能会让孩子无意识地吸引来跟这些感觉相匹配的人生剧情。这可能听

起来很玄，其实，孩子是会接受父母催眠教育的暗示，形成心理上的"潜意识"，这些潜意识如果不深度疗愈，就会贯穿孩子的一生——对人和事物的感觉、判断、向往和决定，最终都会出自这些暗示。

所以，身为父母，第一，如果你很富有，那么请传递给他丰盛轻松自然的"内在富足安全"的感觉，请及时地去满足孩子正当的需求；第二，如果你没有那么富有——事实上，富有本身也是一个相对的概念，那么，请先试着做到以下六个"不要"：

- ✓ 不要去否定孩子的需求；
- ✓ 不要让孩子感觉自己不配提出自己的需求；
- ✓ 不要让孩子感受到自己是让父母辛苦生活的罪魁祸首；
- ✓ 不要让孩子感觉自己是不值得被满足的；
- ✓ 不要传递给孩子贫穷的思维和感觉，让孩子感受到"心穷"；
- ✓ 不要用穷限制住孩子的视野和探索。

不过，这里有一个温馨的小提醒是：满足孩子，请以孩子的需求为中心。否则，花再多的钱，也是白花，孩子并不会真的满足的。

我知道，如果一位身为父母的人，明明有能力满足孩子，却就是有一股力量让自己不想去满足孩子，那么，这可能代表父母自己的童年，就有着跟金钱、需求不被满足的创伤。但是，亲爱的家长，你要意识到，你的创伤不是孩子造成的，你的孩子是无辜的，更重要的是，你要清楚你曾经被灌输的那些"孩子一旦被满足就会变得贪婪"的信念也不是真实的！我们就不要一代一代地去传递创伤和匮乏感了！

我的建议是：当孩子提出需求，触发了你内在的创伤——匮乏、恐惧、紧张、压力……请你自己去面对和处理，保持情绪界限，不要无意识地转嫁给孩子。

▶ 作为孩子，你既要摆脱家庭传递给你的"贫穷感"，又要学会守护你的"金钱边界"

　　而你，亲爱的孩子，如果你的父母不能及时满足你的需求，请你一定要知道：你的需求是值得被满足的，你的需求没有问题，不是你不应该有需求，而是父母方面也许有着跟金钱和价值感有关的创伤。你有什么需求，当然有权利跟父母说，这绝不代表你是不懂事的坏孩子！

　　如果你的父母就是不愿意满足你的正当需求，那么，你去试着经历和表达自己的失望、压抑、难过、伤心、愤怒、我不值得的感受……

　　下面敲黑板时间又到了：建立健康的金钱观，还包括一个重要的方面，就是跟金钱有关的边界意识。

　　金钱，是跟个人自由一样，神圣不可侵犯的。

　　保护自己的金钱，就是在捍卫自己的边界。其他人，包括父母兄弟姐妹，也无权不征得你的同意，随意占有你的物品、支配你的金钱，或者绑架、操控、干涉你的金钱和物品的使用。

　　也许我们还是孩子，还没有自己赚钱，但是，这不等于我们就没有属于私人的财物，比如过年收到的压岁钱、玩具、书籍、衣物，保护好这些属于你的身外之物，就是我们个人的责任。

　　身为父母，请不要用"慷慨、无私、礼让才是好孩子"的观念来破坏孩子在金钱上的边界感。因为金钱观也是人生观的重要组成部分，一个人如果没有能力保护好自己的金钱，就无法拥有一个边界清晰的成熟的人格。一旦一个人的边界可以随意被打破，那么，这个人必然会丧失人际关系中的自我保护能力和安全感，被别人用装可怜之类的方式操控，就很容易陷入混乱不清的关系，很可能一边奉献，一边委屈；一边想与人联结，被人看见，一边过度防卫，不相信任何人……这不仅仅会带来金钱上的混乱与危险，这种混乱和危险也必然会延伸到人生的方方面面。不夸张地说，金钱上的边界不清，可能会带来整个人生的混乱。

所以，请不要对自己的孩子说：你是姐姐，你要大方点儿，要把玩具让给弟弟玩！

请不要不经孩子的同意，就随意处置他的私人物品：玩具、衣物、书籍……

请不要不经孩子的同意，就随意偷窥他的私人领域：日记、信息……

我自己的孩子，是从上小学就给一定数量的零花钱，随着年龄的增长，给的数量也会更多，因为我觉得从小培养孩子对金钱的概念、学习如何去使用金钱，是很有必要的一种能力。如果从小不学，孩子也不可能到了18岁就突然之间掌握了这些人生必须要面对的功课。

孩子通过管理自己的零用钱，会自然地建立收支平衡的概念，会明白什么才是值得自己花费金钱的，会学会衡量一件物品的性价比，甚至，在这个消费的过程中，更加懂得自己喜欢什么，更加有辨别力，更会跟从自己的内心。

在这个过程中，要确立金钱使用中简单的风险意识，不随便借给别人钱，如果自己同意借给别人钱，那么，要打借条、收利息……大一点儿了，偶尔和同学一起出去吃饭，如果不是有人事先说要请客，那么大家也都是默认 AA 制……就这样一点点建立起自我意识，学会保护自己的边界。

家里也从没有任何人在孩子面前说过"赚钱好辛苦啊！都是为了你啊！你要懂事啊！否则你对得起谁啊！为你付出这么多，你要感恩啊！以后要孝顺我们啊……"等等类似这样的话。

是成年人选择生孩子的，不是吗？那有什么好抱怨的，既然做了选择，当然要满足孩子成长过程中的需要啊！否则难道是生出孩子来折磨他、虐待他吗？！

▶ **金钱不是万能的，但能以自己喜欢的方式赚钱，真的会很爽**

我之前的职业是注册会计师，也是一家会计师事务所的合伙人，按理说这样的赚钱方式也不错，收入也很有保障。但是，事实上，我自己并不喜欢这份工作，所以工作起来就不快乐，也会把情绪带回家，没有办法以轻松的态度来陪伴孩子的成长。

所以，我一点点走向了自己喜欢的心理方向，现在的我，真的是在以自己喜欢的、快乐的方式在赚钱，赚钱的过程对我而言，也充满了新鲜感、创造力，我是充满激情和活力地去做心理相关的事情的。

我也很开心，可以通过我，让孩子感受到赚钱可以不是一种沉重的负担，也可以是一种宝贵的、愉快的、充满乐趣的人生体验。

不是有那么一句话吗，你想让孩子成为什么样的人，你就先自己活出它。

我想让我的孩子，活成轻松、自由、智慧、有力量、是他自己、充满活力、懂得爱……的人，我想把所有人间美好的感觉都让他可以品尝一遍，那么，我自己当然就要去活出这些啊！

想活出这些，金钱，绝对是人生必不可少的一个课题。那么，我当然就要诚实地去面对，然后才可能传递给孩子健康的金钱观念啊！

所以你看，对于一个孩子，金钱教育其实是非常有必要的。

这世间当然有很多东西，比金钱要宝贵，也不是仅仅用金钱就能换来的，比如健康，比如真正的情谊，但是，学不会金钱这一课，却绝对不可能过好这一生。

金钱也是度量衡，可以判断一个人是否值得做朋友，一份感情是否值得去付出……

死亡教育可以帮助我们更好地面对死亡和失去，而金钱教育呢，则教会我们如何健康地获得和拥有。

　　所以，亲爱的大孩子和小孩子们，让我们一起好好地面对跟钱有关的事吧，然后，让自己真正成为一个能够自给自足、承担起一个成年人的责任、用喜欢的方式赚钱、再用钱去创造美好的生命体验的人——这是一件多了不起和美好的事啊！

『我不敢看男性的眼睛』：
性教育，是一种非常必要的教育

性能量是我们生命能量的重要组成部分，

当一个人屏蔽、打压、滥用自己其中的

某一部分，

他伤害的也依然是自己。

从一个案例讲起

一位毕业于顶尖大学的女生，刚参加工作不久。她非常苦恼地来寻求帮助，因为，她有一个严重的心理问题：不敢直视男性的眼睛——

我真的好困扰，我就是不敢看男性的眼睛，越是要求自己表现得正常点儿、大方点儿，越是做不到。结果每一次需要跟男同事打交道，我都紧张得要死，眼睛不知道望向哪里……大家都觉得我奇怪，本来我的工作做得很好，可是，因为这个毛病，特别恐惧上班，晚上忧虑得睡不着觉，每天都在担心自己被当成精神病……我现在已经感觉心力交瘁，再不好起来，我就只能辞职了……我感觉我的人生都要完了……

当我们一起深入进去，原来，她有着一位整日提醒"孩子，这个世界很危险，男人没一个好东西，你不要跟陌生人说话哦，女孩子很容易被性侵的"妈妈，还有一位思想极度保守的爸爸："女孩子就要有个女孩子的样，正正经经的女孩子才能让别人瞧得起。不要穿颜色鲜艳的衣服，不要穿没有袖子的衣服，不要打扮，不要跟男生靠近，没事不要跟男生讲话……"

作为一个听话的孩子，从小到大，她看到男性就躲得远远的。结果，当她开始工作，她发现自己无法在工作中也保持不跟任何男性接触，于是，靠近男性，她就紧张，她就害怕，她觉得潜意识里，仿佛有一个声音在说：你做错了，你在做坏事，你怎么跟男生说话……

渐渐地，所有内心的恐惧，都从一个地方表达了出来：不敢看男性的眼睛……

　　你看，这个案例里，本来家长是想保护自己的孩子的，出发点并没有错，可是，如果方式方法如此直白、简单、粗暴：妈妈一直在提醒孩子性侵犯危险的存在，爸爸不允许女儿展现任何跟性有关的魅力，那么，结果只会给孩子灌输更多的恐惧，把自己扭曲的观念强行扣到孩子身上，扭曲和伤害了孩子的心。

　　性教育是一种非常必要的教育。

　　但孩子需要的是正确的性知识、性教育，而不是心灵恐吓。

　　事实上，国际上主流的性教育课程，不只包括性和生殖健康，还包括人体发育、性行为、性关系、价值观、态度和技能，甚至还有文化、社会以及人权。

　　其实，在孩子眼里，性器官跟脚趾头并没有什么区别，只是身体的一部分而已。可是，好多家长，偏偏要把跟性有关的一切，弄得神神秘秘支支吾吾模棱两可甚至可怕……

　　性教育，就让我们从一个著名的问题开始讲起吧——

　　亲爱的孩子，你有问过父母这个问题吗：我是从哪儿来的？

　　相信很多人都会回答"有"吧！

　　因为，我是怎么形成的，我是如何来到这个世界上的——这是绝大多数孩子都会好奇的一个问题，再正常不过了。

　　那么，不知道你从父母那里得到的答案又是什么呢？

　　还记得我小时候得到的答案是：捡垃圾时捡到的。

　　据我所知，孩子们得到的答案还包括：从树上结出来的、充话费送的……

五花八门的答案背后，是我们的爸爸妈妈面对这个问题的难以启齿的难堪。

我的一位来访者甚至说，因为妈妈说她是在家门口的大垃圾堆捡到的，所以，小时候一受了委屈，就会一个人偷偷跑到垃圾堆前去哭，觉得垃圾堆好亲切，这里才可能遇见自己的亲妈……而且，既然是垃圾堆捡来的，可见自己毫不宝贵，就是个垃圾而已，这种心理暗示极大地影响了她，加上父母的忽视，她就真的一点点把自己活成了"不值钱"的样子……

其实呢，真正的答案很简单：每一个孩子都是来自爸爸的精子和来自妈妈的卵子结合在一起，然后在妈妈温暖的子宫里安然生长 10 个月，就长成了一个可爱的小宝宝——我们就是这么来的。

就这么诚实地回答，有什么不好意思的呢？

爸爸妈妈们，如果你面对这个问题感觉不好意思，那很有可能是你小时候的成长环境，对性的问题有偏见。

其实，性是这世上最最自然、正常，还会带给我们的生命很多美好体验的一件事了。

男孩和女孩的性器官，也跟我们的手、脚……一样，是我们身体再正常不过的组成部分了。

既然是我们身体的一部分，我们就有了解与之相关的知识的必要，这样才能帮助我们更好地了解自己。

随着我们的成长，我们每个人都会经历生理发展过程中自然经历的那些事情，比如，男孩子会变声，会长出喉结和胡须，会出现遗精现象，女孩子会出现乳房发育，会来月经……

这些在生理上被称为第一第二性征的发育，可以说是自然而又美好的事。这代表着我们的身体在逐渐成熟，一点点拥有了建立更亲密的关系和带来新生命的能力。

如果在这个成长的过程中，你对自己身体上发生的变化没有什么困惑的，那么，你什么也不需要做，就让一切身体的改变自然发生好了。接受身体的自然成长，在身体发育的每一个阶段都爱自己的身体，是我们自我接纳和自爱的一部分，是我们身心健康的表现。

如果在这个成长的过程中，这些新鲜的体验带给我们什么困惑和烦恼，那么，一个健康的家庭，一个健康的爸爸或妈妈，是可以跟我们坦诚地探讨关于性的问题的，进而帮助我们消除这些忧虑和疑惑。

但是，如果，碰巧你的父母在性的问题上观念比较保守，知识比较贫乏，那么，除了利用一些健康的途径，比如阅读国内外正规出版的性教育书籍来探索和解惑，以下的提醒或许对你也有所帮助。

▶ 性不是一件羞耻的事

性是最自然和正常不过的事了。如果你的周围有人对性抱有羞耻的看法，那很遗憾，是他们的认知出了问题，而不是性本身有问题。如果我们被他们影响，那么很容易给我们的身心健康带来负面的影响。比如，有些女孩子在胸部发育的时候会很害羞，于是躬起身体试图隐藏自己的胸，于是本来挺直的腰杆慢慢会因为胸部的发育而开始驼背……这真的是大错特错啦！身体的每一部分都值得我们好好珍爱，身体的每一个自然的变化也都值得我们好好尊重，喜欢不同阶段的全部的自己，接纳自己身上的每一个特点，我们才算得上是一个会自爱的人，自爱的人，才能真正尊重别人、爱别人、学会如何与喜欢的人相处啊！

性是不肮脏不羞耻的一件自自然然的事，所以，对于性，孩子像对其他所有的事物一样产生好奇，也是非常正常的。这当然跟思想、道德一点儿关系都没有。那些喜欢回避性的问题的家长，就像我们前面提到过的，回答孩子是从垃圾桶里捡来的父母，以为这样就可以保持小孩子的纯洁，可是，这样的纯洁，搞不好会成为无知的代名词呢！

其实一个孩子越是对性一无所知，反而越会成为一件危险的事：当面对别有用心、试图侵犯自己的"坏人"时，搞不清楚发生的是什么事，这样就无法快速有效地做出反应，保护自己。

还有，性不是一件肮脏的事，也意味着，即便有人受到了跟性有关的侵犯，那也绝对不代表这个人就不再纯洁、不再美好、不再值得被珍视了。该被指责和攻击的是侵犯别人的人，而绝对不是被侵犯的人。

▶ 尊重身体和自己的感受，建立身体界限保护自己

性不污秽，身体也不羞耻。

我们的身体是只属于一个人的，那个人就是我们自己。

所以，如果有成年人做出一些忽视我们的身体界限和感受的行为，比如，一边说："宝宝，你好可爱啊！"一边想拥抱我们、亲吻我们、随手摸我们的身体部位，或者，有人强迫我们唱歌跳舞给成年人看，等等，请记住，如果这些做法让我们感觉不舒服，那么，无论这样做的人是谁，我们都有权利说出自己真实的感受——"不"，都有权利拒绝和反抗。

这里特别想提醒爸爸妈妈们，家庭教育里，我们一定要懂得去尊重孩子，倾听孩子的感受，而不是总是让孩子听大人的话。

如果我们强迫孩子做一些自己并不真正喜欢的行为，比如当众唱歌、跳舞、

表演，或者不允许孩子拒绝别人的拥抱，那么，我们就在传递给孩子一个暗示：不可以根据自己的感受选择拒绝别人，否则就是不礼貌，就不是值得被喜欢的好孩子了……这样的暗示，就是在拿走孩子保护自己的天然屏障：自己的感受力。

当一个孩子不再尊重自己的感觉，那么，如果有人试图图谋不轨时，当熟人笑眯眯地把自己的侵犯处理得轻描淡写时，孩子就很可能会违背自己的意志，因为习惯了即便自己感觉不舒服也不能拒绝别人……这是非常危险的。

对孩子最大的保护，就是把孩子当成一个独立的人，个人界限分明；感受能被看见和尊重，个人意志可以自由表达。

而不是成为一个满足父母和别人期待的"乖孩子"，一个丧失了自己的力量的人，一个牺牲自己的感受去讨好别人的人，一个只懂得"顺从"的人。这样一个只懂得顺从的人，即便没有遇到危险，也是对孩子心灵的一种不尊重和扭曲啊，这是真正的教育失败。

我们每个人的身体都是宝贵和神圣的，生殖器官是身体的一部分，当然也是宝贵和神圣的。拥有一套完整、健康的生殖器官是你的权利，你有义务保护好它。所以，要记得自己永远都有权利，在任何时间点、任何关系中，拒绝未同意的、不卫生的、不安全的性行为，也有权利拒绝任何人超越身体界限来触碰你的身体。如果，一个人对你的身体所做的事，让你有不舒服、不妥当的感觉，你一定要坚定有力地拒绝，如果对方是个懂得尊重别人的人，会尊重你的感受；如果说了还是继续动手动脚，那么这样一个没有界限、不懂尊重的人一定要离他远点儿。

建立身体界限还包括另一件事，就是孩子要尽早有自己独立的个人空间、居住空间和行为空间，不仅是青春期的孩子。

孩子跟父母"分居"没有绝对的时间标准，但是，夫妻关系越是健康，父母之中没有人的心理跟孩子共生在一起，没有人把自己的恐惧投射到孩子身上，孩子的心理有充足的安全感,这个身心跟父母分化的过程越会自然、顺利、及早发生。

否则，失去身体界限容易导致对性的过早好奇、羞愧感，甚至是不纯洁感。

▶ 关于早恋

其实，早恋这个词，是一个带有成年人自以为是的偏见的词。

因为一个人喜欢另一个人，是一件非常普通也非常美好的事，没什么可大惊小怪的。

我还记得我的儿子在大约 5、6 岁的时候，激动地告诉我说自己特别喜欢班上的一个小女孩，我说那太好了，有喜欢和欣赏的人是好事啊，妈妈为你开心！真的，我现在都记得他当时兴奋的样子！

其实，孩子的喜欢只是单纯的喜欢，喜欢本身是一种美好的情感，如果没有成年人的过度解读，其实这跟孩子漫长人生里会遇到的无数事情一样，根本就只是孩子生命里一份美好而又正常的体验。

我知道做父母的在担心什么，但是，以我的观察，越是成长的过程里被爱、被尊重、被理解得足够的孩子，越不容易发生早恋。

说白了，早恋，是在寻求一种情感上的联结，如果一个孩子在原生家庭、父母、抚养人身上，这种情感联结的需求已经被满足，那么，就自然会把精力放在自己身上，比如发展和探索自我啊，做自己喜欢的事啊，在这个过程里会塑造出一个成熟、健全的自我，而不会试图在别人身上寄托自己的情感，试图通过另外一个人来满足自己。

我在咨询里，无数次地听到过早恋的中学生，他们说：我想找一个人，可以怎么怎么对我……而这个怎么怎么，都是在原生家庭里，没有被爸爸妈妈满足的正当需求，比如可以温柔地对我说话而不是骂我啊，可以多些时间陪着我啊，可以在我害怕的时候摸摸我的头说不要怕有我在啊，可以给我一个温暖的抱抱啊……多少孩子早恋的背后，并不是对性有兴趣，而是因为缺爱，对爱有需求。

喜欢一个人，当然是一种美好的感觉。但是，爱情，却需要成熟和独立的人格做支撑，否则，即便进入情感关系，也很难真正给予健康美好的爱，也不一定会健康地接受别人的爱意。这就很可能带给自己和他人不愉快的经历。

所以，准备好了，成为一个懂得爱与被爱的人，再进入一个关系，爱情才会是一件带给双方美好的事。

看到这里，有心的父母也许不应该去指责和担心孩子早恋，反而应该反思一下自己：有没有给孩子提供一个情感联结紧密、深厚的成长环境，有没有给孩子足够的理解、爱和尊重，有没有及时地看见孩子的感受和需求，有没有给孩子足够的安全感。

缺爱的孩子更向往爱，更容易不顾一切地早恋；越是家庭联结感差的孩子，越容易"早恋"——内心渴望被人看见、珍惜、建立联结。

心理学家科胡特曾说，对孩子来说，父母是什么人，比父母做什么更重要。

身为父母，如果你真的"为了孩子好"，那么，就请成为一个真正懂爱的人吧！

▶ 请摆脱关于性别的刻板印象

这一部分，请参考"请滚开，性别偏见和性别期待"那一章。

真的，男孩应该不能哭啊、必须要坚强啊、不能喜欢洋娃娃啊……

女孩应该文静啊、乖巧啊……

这些刻板的性别期待，其实是对一个人的不公平的束缚，阻碍我们发展自己，成为自己，甚至会带来心理上的扭曲。

我们每个人都是独一无二的个体，怎么能仅仅因为别人的偏见就成为什么样的人呢？

无论你是男孩，还是女孩，都不需要相信那些限制你的偏见。

▶ 跨性别者和不同的性取向都不是病

你知道吗，我们多数人的心脏都长在左边，但是，有一小部分人的心脏却是长在右边的。

凡事皆有例外。具体到性这件事情上也是如此。

比如，在德国，除了男性和女性，还有一个选项是第三性。就是有些婴儿出生后，无法百分之百地确定性别，那么在出生证上就可以选择登记第三性，这样孩子就不用在某种特定性别身份下成长。

除了第三性，也会有一些生理性别和心理性别不同的人，他们被称作跨性别者；也会有些人的性取向不是通常的异性，而是同性。

这些，跟有些人的心脏天生跟多数人不一样，不是长在左边而是长在右边一样，对他们而言都是正常的，更不是一种病。

其实，每个人都是独一无二、与众不同的。

不同并不是一种病。

只要我们的选择没有让自己不舒服，也没有影响他人，让他人不舒服，那么，我们每个人都可以自然地跟随内心，成为自己想成为的样子。

也许，这会遇到一些人的不理解，但是，跟成为"别人认为你该成为的样子"比起来，尊重自己的内心"成为自己喜欢的样子"才能真正活得舒服，不是吗？

任何时候，跟被别人认同比起来，自我接纳永远是一件更重要的事。

自我认同和接纳的人，就像心里有一个笃定的核，有了它，任凭风吹雨打，都不怕。

没有这个核，即便迎来全世界的赞美，也很难真正安心。

而作为家人，当然最希望孩子一生能幸福和快乐。

如果不照孩子自身真实的样子接纳他们、爱他们，而是试图去按自己的期待去改变他们，他们不会得到一个快乐人生的。

比起对与错，比起应该和不应该，一个人一生幸福快乐才真正重要啊。

好啦，关于性，值得探讨的还有很多，也并没有一个标准的答案，但我们就先探讨到这里吧！

就像人生里的所有其他事一样，你不需要盲信任何人的理论和答案，而是要跟随自己内心的感觉，用自己的方式去探索答案，这才是一个健康的认知过程。

体会到作为一个人，如何自我接纳，如何成为自己、悦纳自己、爱自己，进而学会人与人如何亲密无间，如何相互尊重和联结，如何爱与被爱——我想，这才是性存在的真正的意义。

后记：不一样的导盲犬

在这本讲教育的书正文全部写完之际，本来觉得按理应该写一篇后记，可来到电脑前，却觉得想说的话在前面都说尽，似乎已无话可讲。

我想，无话可讲，那就跟着感觉走，不写后记好啦。

于是，一本没有后记的书，就准备这样交稿了。

我上初三的儿子马上就要中考了，于是就收拾了一下他之前用过的书书本本。

无意中翻到了一本他小学五年级的作文本。

里面居然都是我之前没有读到的作文。

他的文字充满童趣，让我忍不住边读边笑。

当读完一篇题为《不一样的导盲犬》的小寓言时，看着他当时的语文老师的评语，我发现——这篇作文，连同老师的话，做这本书的后记，真的是再合适不过了！

因为里面，有着我写这本书，最想表达的话——

从前，有一个动物王国，它的律法与人类世界一模一样，只是那里没有人类，只有动物，在那里，狮子都能与兔子和平相处。

有一个狗家庭，里面生活着一只小狗乔丹。

乔丹的父母都是著名的导盲犬，他们可以帮助那些失去视力的动物正常生活，所以十分有名。

他们望子成龙，希望乔丹能做一个拥有声望的导盲犬。

可惜事与愿违。

乔丹十分淘气，一会儿也待不住，所以每次帮助那些盲狗、盲猫的时候，他就会先谎称自己要去上厕所，让他们不要动，自己则去和狮子老虎打篮球，等玩够了，再回去对客人说自己拉肚子，并诚恳地道歉。

客人看他态度那么好，便也不说什么。

可总是这样，也让人怀疑。

终于，有一位客人对乔丹爸爸提出了疑问：

——"你儿子是消化不好吗？"

——"不，为什么要这么问？"

——"他一帮我，就上厕所，所以我觉得很奇怪……"

这样，乔丹就露出了马脚。

屁股受了一阵暴风雨后，乔丹爸爸决定带全家去海滨旅游。

途中他们碰到了一只盲猫，他也很想体验冲浪的感觉……

就在所有人都感到无能为力时，乔丹挺身而出对盲猫说：我可以帮你！

然后，大家就惊讶地看到一只狗带着一只盲猫，快乐地冲浪、跳跃、旋转……

后来呀，乔丹成了一个出色的冲浪导盲犬！

语文老师的话：

你的故事揭示了一个道理：因材施教才是最好的教育。

爱因斯坦说：每个人都身怀天赋，可如果你用会不会爬树的标准来要求一条鱼，它会终其一生感觉自己愚蠢。

这样的道理，我用了整整一本书去试图表达出来，可是，一个刚满 11 岁的孩子，用一则短短的小寓言，就说得清清楚楚。

亲爱的孩子们，我深深知道，你们每一个人都是这么棒！

只要不打扰你们的成长节奏，不侵犯你们的成长空间，不因为自己的局限而给你们设限——你们，每一个人都身怀天赋，每个人都超乎大人期待的棒！

而如果只是因为自己是成年人，就怀有"我吃的盐比你吃的饭都多，所以你就应该听我的"的心态，这又是多么狂妄、无知、自以为是啊……

作为一位不停地成长自己，才看见"真实的孩子"而不是"我期待的孩子"和"我投射的孩子"的家长，我真的为我也曾经有过一丝丝这样的自以为是而深感脸红……

给鱼，一片海；

给鸟，一片天；

给猴子，一片森林……

让鱼，去游；

让鸟，去飞；

让猴子，去爬树……

这样，就不会有孩子的心被扭曲、伤害到生病了。

爱、看见、尊重，允许孩子如其所是，而非如己所愿，这，就是最好的教育。

是成年人对待孩子的方式出了问题，孩子才会像乔丹一样，成为"问题少年"。

作为孩子，你要知道，爱、看见、尊重——这些是你生而为人的权利，也是你身心健康的保障。

如果父母没有尊重你的这份权利，你可以表达自己的感受和需求，你更可以去修复受损的自己。

你越修复自己，就越有力量去感受美好，就越有能力去爱了……

也许，有人会说，心理健康看不见摸不着，有那么重要吗？

请允许我讲一则让人心痛的新闻：

2020 年 7 月 7 日中午 12 时，安顺市一辆公交车在行驶过程中撞坏湖边护栏，坠入安顺市西秀区虹山水库中，造成包括司机本人在内的 21 死 15 伤。

安顺市公安局于 7 月 12 日发布《警方通报》，据调查，事故为司机因拆迁问题心生不满，故意报复社会所致。

那么，这个做出疯狂行为的人，到底是为了什么？

很简单，他是在用这种方式"表达"自己。

为自己发出最后的声音，最后的怒吼。

可是，为什么一个人不选择好好说话，非要用这么极端的、害人害己的方式发出声音呢？

也很简单，从心理规律的角度来说，通常是因为在他的成长过程中，好好表达自己是不能被别人真正听见和尊重的。当一个人在生命的早期不停地重复这种让人绝望的经验，就会慢慢陷入"习得性无助"——他会失去自己的声音能不被忽视的信心，他会惯性地预期没有人会倾听和回应自己的表达。于是，才会在绝望到极点时，选择以极端的方式表达自己。

每一种攻击都是一次求助。

人活着，都有表达自己诉求和需要的愿望，都必须要有人可以听到自己的感受和声音。否则，没有一个可以求助的通道，没有人能看见自己的感受、听见自己的声音，那么，这种无助的状态，会让人压抑下来无数的情绪。长期活在这种不能被看见、不能表达自己的状态里，会让人越来越绝望、扭曲，就像一个大坝，能量累积，却没有疏导出来的渠道，最终，一个小小的导火索，也会让其爆发。

公交车，是一个意味深长的隐喻：大家都在同一辆车里，如果一个人绝望，那么，所有人都不安全。

这个公交车，小到一个家庭：一个家庭，你不真正用心去感受家人，以真正的爱联结，那么，家庭这辆公交车就一定充满痛苦、风险和隐患；

大到一个国家、一个地球：一个社会，不真正尊重每个个体的需求和福祉，那么，一个人心里的痛，就可能伤害到这个系统里面的任何一个人……

一个人心理受伤、扭曲，最终伤害的不仅仅是他自己，更是跟他产生关系的所有人。

这，就是心理健康，看不见摸不着，却极其重要的原因。

改变世界，要从改变每一个个体开始：让每一个个体都有一个健康的管道，可以发出自己的声音、表达自己的诉求，不积压过多无处释放的"负面情绪"，以至于某一天失控，都可以以健康的心态活着；

改变命运，就从看见自己的每个感受开始：让自己的每个感受，都可以真实地表达自己，发出声音被自己听到和尊重，进一步，才可以用健康的自己与他人建立联结，去面对世界……

在完成这本书的此刻，我不想祝福整个世界；

我只想祝福活在这个世界里的那个一点儿都不卑微渺小的尊贵的个体——你！

（注：本文中有心的你可能会发现，我一会儿说自己的孩子13岁，一会儿说他14岁，好像还说过他15岁……这可不意味着我有好几个孩子，只意味着：这本书的内容，是差不多用了三年写完的！）